「士農工商」はどう教えられてきたか

小中学校における近世身分学習の展開

和田幸司 著

ミネルヴァ書房

はしがき

二〇〇七年七月四日、大村はまが六三歳だったときの教え子苅谷夏子さんの講演を聞く機会を得た。それからもう一〇年になるが、あの苅谷さんの鮮やかでくっきりとした言葉の心地よさを、今も忘れることはできない。「言葉に無駄がない」とはよく言うが、真の意味で「言葉に無駄がない」とは苅谷さんのような彩りのある言葉の繰り返しにあることを学んだ。

苅谷さんは、当時、「大村はま記念国語教育の会」事務局長をしており、他界されて間もない大村はまの言葉と人生について話された。そのなかで印象的だった大村の言葉を、苅谷さんの著作『優劣のかなたに――大村はま60のことば』（筑摩書房、二〇〇七年）から抜粋したい。

「研究」をしない教師は「先生」ではないと思います。まあ、今ではいくらか寛大になって、毎日でなくてもいいかもしれないとも思ったりしますが……。子どもというのは「身の程知らずの伸びたい人」のことだと思うからです。……一歩でも前進したくてたまらないのです。そして、力をつけたくて、希望に燃えている、その塊が子どもなのです。……（略）……研究をしていて、勉強の苦しみと喜びをひしひしと、日に日に感じていること、そして、伸びたい希望が胸にあふれていることです。私は、これこそ教師の資格だと思います。

＊

同和対策審議会答申が出された年に生まれた私は、熱心な同和教育が行われている学校環境のなかで小学生時代を過ごした。当時は近世政治起源説に基づいた社会科教育あるいは道徳教育が連動して行われていたと思われる。

そのような学習状況のなかで、子ども心に違和感を持ったのは、武士身分が「上見てくらすな、下見てくらせ」と言って、人間の心の弱い部分に働きかけて、民衆を支配したとする論法であった。それまでの歴史学習で、政治制度的側面を中心に学習した一二歳の私たちにとって、情的な部分で民衆支配が行われたとする説明にちょっとした違和感を持ったことを覚えている。それに伴って、近代になり「四民平等」の政策が出されたにもかかわらず、差別解消がなされなかったとする説明に、「なぜ、政治が決めた身分が、政治によって解消されないのだろう」と不思議に思ったものだ。しかしながら、それ以上に差別を許さない心情は強く心に刻まれた。

小学校教師になって、初めて六年生を担任したのは平成元年（一九八九）のことである。当時使用していた社会科教科書には参勤交代の大名行列の横で土下座をする通行人の挿絵があり、「江戸幕府は、将軍をかしらとする武士の支配を固めるために、秀吉のころよりも、身分の差別をきびしくしていきました。人々を、士（武士）・農（農民）・工（職人）・商（商人）の順に分け、その下に、さらに低い身分をおきました」との教科書記述を、補足説明を加えながら教えた。その補足説明は私が小学校時代に教育を受けた手法と同じく、ピラミッド型の模式図のなかに、「士農工商」を示し、ピラミッド図の外に「えた・ひにん」と記した。そして、幕府の分裂支配政策をもとに、身分によって支配した強固な幕藩体制を強調したのである。大名行列の土下座の挿絵は、こうした身分制社会の実証性を、子どもたちに感じさせるには充分な資料であった。部落差別の解消のためには「科学的認識」の定着が必須であった。その「科学的認識」は当時、教科書記述とともに、ピラミッド型の模式図として定着していたのである。

平成元年（一九八九）といえば、近世身分制研究の大きな転換期を迎えた時期と重なる。一九七二年には、脇田修氏が「身分的所有」という観点から近世社会の身分制を捉えようとし（脇田修「近世封建制と部落の成立」『部落問題研究』第三三輯、部落問題研究所、一九七二年）、一九七六年には、高木昭作氏が近世国家によって課せられた役負担と近世身分との間に対応関係があるという「国役」論を示し、近世国家史研究に大きな影響を与えている（高木昭作「幕藩初期の身分と国役」『歴史学研究』一九七六年度歴史学研究会大会報告別冊、歴史学研究会、一九七六年）。さらに一九八一年には、朝尾直弘氏は町中あるいは村中が、町人あるいは百姓の身分を決定したという「地縁的・職業的身分共同体」について論究している（朝尾直弘「近世の身分制と賤民」『部落問題研究』六八、部落問題研究所、一九八一年）。こうして、一九七〇〜八〇年代にかけて、近世身分が政治と社会の対抗関係のなかで成立したことが学界共通の財産となった。このような近世身分制研究の成果が教科書記述として変更されていくのは二〇〇〇年前後となる（第三章・第六章）。私は新しい研究成果に目を配ることなく、十数年前に自分が教えられたように、当時の子どもたちに教えたのである。

＊

冒頭に紹介した大村はまの言葉の省略部分は次のとおりである（苅谷前掲書、一八八頁）。

勉強するその苦しみと喜びのただ中に生きているのが子どもたちなんです。研究している先生はその子どもたちと同じ世界にいるのです。研究をせず、子どもと同じ世界にいない先生は、まず「先生」としては失格だと思います。子どもと同じ世界にいたければ、精神修養なんかじゃとてもだめで、自分が研究しつづけていなければなりません。研究の苦しみと喜びを身をもって知り、味わっている人は、いくつになっても青年であり、子どもの友であると思います。

（大村はま『教えるということ』共文社、一九七三年、二一頁）

この言葉から判断すると、平成元年（一九八九）の私は「先生」としては失格であろう。自分が教育を受けた経験をもとに、未熟な授業設計を行っていたのである。では、大村教室は何がそんなに特別だったのだろうか。苅谷さんは大村教室を生徒の視点から振り返り、大村の研究的な姿勢を第一に挙げている。苅谷さんは大村が「教室の隅々まで工夫と配慮をして、もっと高く、もっといきいきと、と研究し続ける、その前のめりの姿勢」「現役選手だけがもっている若々しい勢い」を有しており、「新しい単元の一式を抱くように持っていそいそと教室に出る、こんないい材料があったと誰よりも喜ぶ、なぜもっと本気を出さないのかと歯がみする、慎重にいかにも大事そうに作業手順を伝える、きりりとした顔で発表を聞く、便利な文房具が発売されたと小躍りする、そういう小さな日常に、大村が研究と勉強の現役であることはくっきりと表われていたのだ」と述べている（苅谷前掲書、一八七〜一八八頁）。大村の言葉にかける人生に圧倒されるばかりである。私たちが大村のこの姿勢に出会うとき、平成一八年（二〇〇六）の中央教育審議会答申の教職に求められる専門性を表すキーワード「理論と実践の融合」が、とてもちっぽけに感じてしまうのは私だけではないだろう。

＊

本書は「『士農工商』はどう教えられてきたか」、翻せば「近世身分をどのように教えるのか」という点を中心として、研究（理論）と教育（実践）の双方からアプローチした論考をまとめたものである。本書が近世身分の学習において、大村が述べるところの教師が「先生」であり続けるための道標的役割、いや、そのヒントにでもなれば幸いである。

なお、本書収録にあたっては、一書としての統一性を図るために、若干の改変および分割・統合を行っている。また、誤記については可能な限り修正を行った。最後に、以下に初出を記しておきたい。

第Ⅰ部　近世身分の特質
第一章「小学校社会科における近世身分制学習の課題――日本文教出版（六年上）の分析を中心として」（近大姫路大学人文学・人権教育研究所編『翰苑』第四号、海風社、二〇一五年）
第二章「江戸時代中期における『士農工商』観」（『人権教育研究』第一七巻、日本人権教育研究学会、二〇一七年）
第Ⅱ部　小学校における近世身分学習
第三章「小学校社会科における近世身分制学習の課題――日本文教出版（六年上）の分析を中心として」（近

大姫路大学人文学・人権教育研究所編『翰苑』第四号、海風社、二〇一五年）
第四章　「小学校歴史学習『近世身分』の授業改善――『単位社会集団』を中心概念として」（『近大姫路大学教育学部紀要』第八号、近大姫路大学教育学部、二〇一五年）
第五章　「『士農工商』的身分観の払拭をめざす社会科歴史授業開発」（姫路大学人文学・人権教育研究所編『翰苑』第六号、海風社、二〇一六年）
第Ⅲ部　中学校における近世身分学習
第六章　「中学校社会科『近世身分』学習改善の視点――日本文教出版（歴史的分野）の分析を中心として」（近大姫路大学人文学・人権教育研究所編『翰苑』第五号、海風社、二〇一六年）
第七章　「社会科における『理論と実践の融合』の現状と課題」（『姫路大学教育学部紀要』第九号、姫路大学教育学部、二〇一六年）
第八章　「中学校歴史学習『近世身分』の授業改善――『士農工商』観の転換を中心に」（『部落解放研究くまもと』第七三号、熊本県部落解放研究会、二〇一七年）
第Ⅳ部　先行研究を生かした授業づくり
第九章　「中世職能民を事例とした小学校社会科教材開発」（『兵庫教育大学教科教育学会紀要』第二一号、兵庫教育大学教科教育学会、二〇〇八年）
第十章　「市民的資質を高める総合学習の授業構成――開発教育協議会編『難民』を手がかりにして」（『兵庫教育大学教科教育学会紀要』第二〇号、兵庫教育大学教科教育学会、二〇〇七年）
第十一章　「『合意形成』の視点を取り入れた市民的資質育成の学習」（『人権教育研究』第七巻、日本人権教育研究学会、二〇〇七年）
第Ⅴ部　教師の力量形成を目指して
第十二章　「アクティブ・ラーニングによる教員研修プログラムの開発――近世身分学習の授業改善をねらい

として」（姫路大学人文学・人権教育研究所編『翰苑』第七号、海風社、二〇一七年）

第十三章　「校内研修を通した教員の資質向上への一考察——『単元授業研究』を中心として」（『人権教育研究』第九巻、日本人権教育研究学会、二〇〇九年）

第十四章　「教員相互の協働する力を高める問題解決型研修の有効性」（『兵庫教育大学教科教育学会紀要』第二二号、兵庫教育大学教科教育学会、二〇〇九年）

終　章　近世身分を学ぶ意義（新稿）

「士農工商」はどう教えられてきたか――小中学校における近世身分学習の展開　目次

第Ⅴ部 教師の力量形成を目指して

第Ⅰ部　近世身分の特質

第一章　近世身分をめぐる研究の進展

近世身分制は、「士農工商」あるいは「士農工商・穢多非人」と一般的に理解されている。しかし、実際にはこうした序列では捉えきれない多くの身分が存在している。現在、研究史では実態としての「士農工商」と解される序列身分があったとは考えられていない。「士農工商」がもともと古代中国で使用されていた文言であることはずいぶんと熟知されるようになった。すでに多くの論文や著作で指摘がなされているが、本書の目的への必要性から、朝尾直弘氏・堀新氏の先行研究に従って再論しておきたい[(1)]。

「士農工商」の文言は中国の古典に頻出し、「古は四民あり、士民あり、商民あり、農民あり、工民あり」（『春秋穀梁伝』）、「士農工商の四民は石民なり」（『管子』）と記されている。「石民」とは国を支えるという意味であり、「士農工商」が序列を表していないことは明白で、社会を構成する人々を意味していると考えられる[(2)]。「士農工商」の概念がいつ、どのように、日本化したのかは明らかではないが、一四世紀に北畠親房によって著された『神皇正統記』には「およそ男夫は稼穡をつとめてをのれも食し人にあたへてもうへざらしめ。女子は紡績をこととしてみづからも衣人をもあた、かならしむ。賤に似たれども人倫の大本なり。天の時にしたがひ地の利によれり。此外商沽の利を通ずるもあり。工巧のわざをこのむもあり。仕官に心ざすもあり。是を四民と云。仕官するにとりて文武の二道あり。坐して以て道を論ずるは文士の道なり。此道に明らかならば相とするにたへたり。征て功を立るは武人のわざなり。此わざに誉れあらば将とするにたれり。されば文武の二はしばらくも捨給ふべからず[(3)]」とあり、社会一般の人々を職能によって分類していたことが分かる。また、「士」が文武二官を指し示すことから、ここでの「士」は上級武士を表すと考えられる。さらに、戦国期に至っては蓮如の『御文』（「侍能工商之事」）に、「一、奉公宮仕をし、弓箭を帯して、主命のために身命をもおします」とあり[4]、「士」が「侍」と解されていく。次いで、慶長八年（一六〇三）の『日葡辞書』では「四民」を「サブライ・ノウニン・タクミ・アキウド」としていることからも、ここでも「士」が「侍」を指し示している。下級武士を包含する概念に変化していくことがうかがえよう。

このように、「士農工商」がもともと古代中国で使用されていた文言であり、社会一般の人々を指し示す言葉であったことが明らかである。一方、近世社会に生きた人々が「士農工商」を強く意識していたことも事実である[5]。

では、近世身分制の特質はどこにあるのだろうか。寺木伸明氏の整理に従って論じていきたい[6]。

一九七二年、脇田修氏は井上清氏の提唱した、身分・職業・居住地に対する「三位一体」的差別の捉え方を被差別部落だけの特徴ではなく、「全社会的におこなわれていたといってよい特徴[7]」であるとした。換言するならば、身分は職業・居住地と一体となって、近世身分制を形成するものだという出発点となったのである。そして氏は、「近世部落がまさに近世封建制の体制的環として成立していることは、従来からいわれていることでありますが、それが封建的身分支配、その分裂政策によって成立したということはもちろんとして、部落の成立が、まさに近世封建制の本質そのものにつながっていることをここでは分析したものです[8]」と述べ、近世政治起源説に直結する指摘も行っている[9]。このような研究状況を背景に、三位一体説と近世政治起源説がセットとなって捉えられることが一般化されていった。さらに脇田氏は、三位一体説への指摘に加え、近世における身分の特質を〈所有〉との関係で論じた。氏は「私は、封建的所有が身分的所有であるということに注目したいと思います。つまり、封建社会においては土地所有関係はもちろん、都市に成立した資本ですら、身分的な特質をもっています[10]」と述べ、封建的所有が身分的所有であることに注目し、兵農分離を身分制の問題として取り上げたのである。封建的所有と身分的所有を同義とする見方については後に批判されるが[11]、近世身分の特質を〈所有〉との関係で論じた先駆性は現在も評価されている。

一九七六年、高木昭作氏は「農・工・商の近世社会における被支配身分と国役負担には対応関係がある。すなわち近世の国役には、百姓の負担する国役と、職人の負担する国役とがあり、町人はこれを免除されていたと考えられる」[12]と述べ、近世国家によって課せられた役負担と近世身分との間に対応関係があることを明らかにし、近世国家史研究に大きな影響を与えた。[13]塚田孝氏によれば、高木氏の論旨は「身分というものを、封建的な土地所有関係（領主－農民関係）の表現である石高制の問題ではなく、社会的分業の編成とかかわるものだと問題提起する」ところにあり、「身分を社会的分業との関係で位置づけている点も十分意識化されず、高木説は国役による上からの身分編成」と認識されていったと補足している。[14]

この高木氏の役負担（「上からの編成」）の対極として位置づけられたのが、朝尾直弘氏の「地縁的・職業的身分共同体」の概念である。一九八一年、朝尾氏は町中あるいは村中が、町人あるいは百姓の身分を決定したという注目すべき見解を提起した。[15]氏は「近世の身分制度の変化についてのイメージが、一般に太閤検地や身分法令によって、まず整然とした身分制度ができて、それが次第に解体していくにつれて複雑になっていく、というふうにとらえられているると思うのでございますが、私は、どうもそうではない。むしろ、当初はきわめて複雑な身分関係であったものが、次第に整理されていく、むしろ、均質化していくというイメージが事実に合っておるんではないか。どうも、『士農工商、穢多非人』ときれいにできておるイメージがあるのですけれども、それは一八世紀以降のことであって、それ以前は、上は大名同士から、下は賤民同士にいたるまで、同じ枠の中での身分格差がもっと大きく、複雑で、社会的な意味あいも強かったと考えないとよくわからないんじゃないか。そこをわかるためには、上からの制度をかぶせた側の立場でみるのでなく、下で生きている人の立場、とくに、その人の生活の場である町と村から、いわば下から組み上げていく方法でないといけない」[16]と述べ、三位一体の母胎は共同体の内部にあったことを指摘したのである。[17]

以上、寺木氏の整理に従い、高木氏と朝尾氏の研究成果の引用を行ったが、現在、両者の関係性、つまり、近世身分社会における支配権力と社会動向との関係は双務的・相互規定的としての理解が定着している。[18]それに伴って、近世政治起源説については宗教起源説や民族起源説を否定する意義を有していたが、戦国史研究の進展とも相まって実証的に批判され、三位一体説とともに近世身分制理解の捉え直しがなされている状況である。

次に、朝尾氏の「地縁的・職業的身分共同体」の議論を承継したのが身分的周縁論である。朝尾氏の提唱した規定を批判的に継承するなかで、町、町人、自治、商工業などの問題が改めて見直され、これまでの研究で軽視されてきた都市社会全体を視野に入れた研究が進展し細分化されている。身分的周縁論では「集団・関係・場」「身分と所有」など様々な分析視点が提示され、近世被差別民の多様性、朝廷と結び付くことで集団化した層の研究、都市下層社会の解明など多様な研究が行われた。このような近世身分社会についての理解は、吉田伸之氏が、「固有の身分が成立しうるための要件としては、(a)職分＝所有と経営の質、および分業における位置、(b)共同組織＝所有と経営の集団的保証、(c)役＝社会のなかでの地位の公定と合意、の三点が不可欠のものとしてあげられる。職分、共同組織、役のそれぞれにおける固有性、固定性、排他性こそが、当該の身分に独自の性格と内容を与えるのである」[19]と述べた点が我々に示唆を与えてくれる。この職分・共同組織・役という要件が、塚田氏の言葉を借りるならば、「武士、百姓や町人、かわたや非人については言うまでもなく、諸身分全体が単位社会集団を形成し、社会的役割を担い、全体社会に位置づいている」[20]という近世身分秩序となったのである。近世身分理解が「三位一体」的身分観から「単位社会集団」としての身分理解へと進展したと言えるであろう。しかし、身分的周縁論については集団と集団の分析に集中し、権力との関係が見えにくくなったとの批判もある[21]。また、当初に塚田氏が分析概念として用いた「身分的周縁」の理解が論者によって多様になり、方法論としての課題も指摘されている[22]。こうしたなかで、身分を集団から捉えるのではなく、個人としての「人」に焦点化し、「人と身分」との関係から分析し、近世人のライフコース、東アジアの身分制的展開をふまえた身分論が提唱されているのが今日の研究状況である。

最後に、近世権力を王権論として議論する可能性について指摘しておきたい。近年、近世権力の宗教性についての研究は盛んであり、近世国家が宗教を不可欠の要素としていたことが徐々に明らかにされている[23]。とくに、近世権力の頂点部分は生前の自己神格化と死後に神と祀られる神体化によって、宗教的カリスマ性を有しているとする議論は、近世権力と身分の問題を推し進める可能性を内包している。大橋幸泰氏の整理によると、「政治権力の側の問題も身分論に含めて議論しなければならないということになる（中略）士農工商を間にはさんで頂点部分の対極が賤民であるから、近世日本の身分はおおまかに、頂点部分・士農工商（ただし実態ではない）・賤民、の三区分に理解できる。士農工商が儒教文明圏社会における人民を指す語であったから、極論すれば、それ以上とそれ以下は『人』ではないことになる[24]」として、社会・国家と身分の展望を述べている。

　こうした理解は、すでに中世史研究の側から指摘がなされていた。一九七二年、黒田俊雄氏は身分を秩序づける観念が貴賤観念であり、浄穢観念と結び付いていることを指摘し、天皇と非人という両極においてとくに顕著であり、貴種と清浄性の極限として通常の人間集団＝身分から超越した帝王とその対極における「人に非ざるもの」として通常の身分集団から疎外される非人という位置づけを論じており、「身分外身分」として概念化している[25]。近世史の側からは、峯岸賢太郎氏が黒田氏の規定に異論を唱えつつも、賤民身分を「所有と所有の体系の外部にあって勧進をする存在[26]」として、生産の社会的分業の体系外の身分と主張した[27]。また、幕末維新期研究に業績を残している上杉聰氏も地理空間理解や多様な史料記事によって「社会外身分」として捉えることの意義を主張した[28]。このように、賤民身分を「身分外」「体系外」「社会外」とする理解が王権の対極として位置づけられてきている。

以上、本章では近世身分の特質を研究史と往還させながら明らかにした。

注

（1）朝尾直弘編『日本の近世』七（中央公論社、一九九二年）第一章、堀新「『士農工商』と近世の頂点部分――士を中心に」（大橋幸泰・深谷克己編『〈江戸〉の人と身分6　身分論をひろげる』吉川弘文館、二〇一一年）。
（2）朝尾註（1）前掲書、一四～一五頁。
（3）塙保己一編『群書類従』第三輯（平文社、一九三二年）六二頁。
（4）松尾一氏は「『侍能工商』についての『御文』は『名塩教行寺御文集』にしかみえず、内容的にも慎重になるべきと考える。（中略）本『御文』を偽書とすることはできない」と述べている（松尾一「蓮如教団における身分意識」〈『久留米工業高等専門学校紀要』第一八巻第二号、久留米工業高等専門学校、二〇〇三年）註〈29〉）。なお、本史料は松尾氏の論文より引用している。

（5）堀氏は浮世絵や黄表紙などに「士農工商」が取り入れられた事例に言及している。また、近世身分を「士農工商」（一般民衆）を基準として、その上位の「琴棊書画を嗜む」頂点部分、賤視される人々、に三区分されると述べている（堀前掲論文、一九四～一九八頁）。

（6）寺木伸明「近世身分制」（寺木伸明・中尾健次編著『部落史研究からの発信』第一巻、解放出版社、二〇〇九年）。

（7）脇田修「近世封建制と部落の成立」（『部落問題研究』第三三輯、部落問題研究所、一九七二年）七〇頁。

（8）脇田前掲論文、七五頁。

（9）藪田貫氏の指摘による。藪田貫「身分のとらえ方」（大橋幸泰・深谷克己編『〈江戸〉の人と身分6　身分論をひろげる』吉川弘文館、二〇一一年）一八五頁。

（10）脇田前掲論文、六五頁。

（11）峯岸賢太郎「幕藩制社会の身分構成」（『講座日本近世史』三、有斐閣、一九八〇年）、のちに、峯岸賢太郎『近世身分論』（校倉書房、一九八九年）所収。朝尾直弘「近世の身分制と賤民」（『部落問題研究』六八、部落問題研究所、一九八一年）、のちに、朝尾直弘『朝尾直弘著作集』第七巻（岩波書店、二〇〇四年）所収。

（12）高木昭作「幕藩初期の身分と国役」（『歴史学研究』一九七六年度歴史学研究会大会報告別冊、歴史学研究会、一九七六年）。のちに、同『日本近世国家史の研究』（岩波書店、一九九〇年）所収、一二七頁。本書では後者を使用している。

（13）町人は役負担を免除されていたと示しているが、のちに町人には伝馬役・町人足役があると訂正している。高木前掲書、一三五頁。

（14）塚田孝『近世身分社会の捉え方――山川出版社高校日本史教科書を通して』（部落問題研究所、二〇一〇年）四八頁。

（15）朝尾註（11）前掲書、三六～六一頁。

（16）同右、四六～四七頁。

（17）この指摘は、朝尾直弘「『身分』社会の理解」（奈良人権・部落解放研究所編『日本歴史の中の被差別民』新人物往来社、二〇〇一年）八六頁によるものである。

（18）塚田孝「近世の身分制支配と身分」（日本史研究会・歴史学研究会編『講座日本歴史』五、東京大学出版会、一九八五

年)、のちに、同『近世日本身分制の研究』(兵庫部落問題研究所、一九八七年)所収。母利美和氏も高木氏の著作を振り返る中で、この点を指摘している(母利美和「高木昭作『日本近世国家史の研究』――『役』による政治的身分編成の再考」〈『日本史研究』五九一、日本史研究会、二〇一一年〉)。

(19) 吉田伸之「近世における身分意識と職分観念」(『日本の社会史』七、岩波書店、一九八七年)一二八頁。

(20) 塚田註(14)前掲書、三一～三二頁。なお、本書においては「単位社会集団」の文言を繰り返し使用するが、直接的には塚田書のこの言葉に依拠したものである。

(21) 宇佐美英機「身分的周縁論の分析方法を考える」(大橋幸泰・深谷克己編『〈江戸〉の人と身分6　身分論をひろげる』吉川弘文館、二〇一一年)。

(22) たとえば、木下光生「身分的周縁論への向き合い方」(『部落史研究からの発信』第一巻、解放出版社、二〇〇九年)がある。

(23) 大桑斉「近世国家の宗教性」(『日本史研究』第六〇〇号、日本史研究会、二〇一二年)に詳しい。

(24) 大橋幸泰「シンポジウム『身分論をひろげる』の記録」(大橋幸泰・深谷克己編『〈江戸〉の人と身分6　身分論をひろげる』吉川弘文館、二〇一一年)二二三頁。

(25) 黒田俊雄「中世の身分制と卑賤観念」(『部落問題研究』第三三号、部落問題研究所、一九七二年)。のちに、『黒田俊雄著作集』第六巻(法藏館、一九九五年)所収。

(26) 峯岸賢太郎「近世賤民制の基礎構造」(『部落問題研究』八九、部落問題研究所、一九八六年)八九～九二頁。

(27) 峯岸前掲書、六九頁。

(28) 上杉聰『これでわかった!部落の歴史』(解放出版社、二〇〇四年)四二～五九頁。

第二章　江戸時代中期における「士農工商」観

1　「士農工商」観の先行研究

近世身分を表す言葉として「士農工商」が定着して久しいが、研究と教育の進展によって、「士農工商」が近世身分の実態を表してはいないことが徐々に社会に定着してきている。しかしながら、堀新氏が指摘しているように、近世人が「士農工商」を強く意識していたことも事実である[1]。「士農工商」が単純な身分序列を示していないことは周知のところであるが、近世における「士農工商」観はどのようなものであったのだろうか。

このような問題意識に対して、近年、貴重な研究が積み重ねられつつある。まず堀氏は、(1)戦国争乱と兵農分離を経て「士農工商」の「士」が武士を意味するようになり、なかでも下級武士に重点が置かれたこと、(2)「農工商」の間に大きな差異・格差を持つようになったこと、(3)近世身分は「士農工商」を基準にして、その上位に「琴棊書画を嗜む」頂点身分、賤視される人々の三区分されること、を示した[2]。深谷克己氏は武士身分について、(1)「武家」と「武士」を身分的に区別すべきこと、(2)一般の武士は「士農工商」の「四民」であったこと、(3)「治政」の業務を執行することを「家職」とする「官吏」として「農工商」の上位に立つ「上座の民」とされたこと、(4)大名と主従関係を持ち、公民身分であるが「国家的身分制」の身分集団に属したこと、(5)公務を無事の時代の主君への「忠」の観念で遂行することを求められたこと、(6)「規範身分」として倫理的禁欲的な起居動作を求められ、身分の上位性を守るための責務的特権が与えられたこと、を指摘している[3]。以上の両者の指摘は、「士農工商」が一般民衆を表す言葉であり、「士」が下級武士を表す言葉として定着してきたことにおいて共通している。

以上の先行研究の状況を鑑み、本章では堀氏と深谷氏の「士農工商」が一般民衆を表す言葉であり、「士」が下級武士を表す言葉として定着してきたという点を史料的に補強し、江戸時代中期における一般民衆の身分観を明確化するものである。

研究方法としては、享保期から元文期にかけて京都で活躍した浮世絵師であり、大田南畝の『浮世絵類考』に「中興浮世絵の祖といふべし。絵本あまた有[4]」と評された西川祐信（一六七一～一七五〇）の描いた『絵本士農工商』を取り上げる。本史料は国立国会図書館古典籍資料室、ならびに東京国立博物館に所蔵されているものであるが、本章では落丁のない東京国立博物館本を使用する。東京国立博物館本は縦二二四ミリ、横一六一ミリの和綴じ三冊合本であり、表紙には「絵本士農工商　上中下」と記されている。本史料は平成一二年（二〇〇〇）に河野通明氏によって発見され、「中之巻　農之部」の紹介がなされているが[5]、氏の扱った内容は農業技術史の側面からの検討であり、社会思想史研究の立場、あるいは身分論の立場から論じたものとはなっていない。本章が氏の論考に学びながらも、一般民衆の思想的側面から本史料を検討する意義は大きいと考えられる。

次に、江戸時代前・中期の天文学・地理学者である西川如見（一六四八～一七二四）の著作を取り上げる。如見は、京都の儒者南部艸寿に師事し、また長崎の洋学者林吉右衛門・小林謙貞（樋口権右衛門）の学統のなかで南蛮系の天文・暦学に通じ、マテオ＝リッチなどの耶蘇会士系の著述にも精通していた知識人である[6]。考察にあたっては、如見の著作のうち、『町人嚢』『百姓嚢』を中心として取り上げる。『町人嚢』は享保四年（一七一九）に刊行され、五巻構成、補遺として『町人嚢底払』二巻がある。町人としての生き方を啓蒙した書であり、簡略、質素、倹約、謙などの諸徳を守り、「道理」を求めるための学問を学ぶことを強調した書である。また、『百姓嚢』は、享保一六年（一七三一）に刊行され、五巻構成である。重農主義の立場を強調して、農民の分限・心得・増産法などを述べた処世訓である。両書ともに、近世民衆の代表的教訓書として大きな影響を与えた書である。

以上の史料を検討することで、江戸時代中期の近世人がそれぞれの身分、とくに町人身分が、どのような身分観を持って生きているのかを明らかにすることができよう。そして、近世における「士農工商」観、ひいては、近世身分制社会の実像を示すことができると考える。

2　西川祐信『絵本士農工商』からみる身分観

本史料は三巻構成であり、「上之巻」は「士之部」、「中之巻」は「農之部」、「下之巻」は「工商之部」となっている。それぞれに序文が記されており、「士之部」は一二画面、「中之部」は一一画面、「下之部」は一二画面となっている。

まず、それぞれの序文を以下に記して検討しよう。

ア　上巻序文

序　　　　　上之巻　士之部

それ武士《ぶし》の根元《こんげん》ハ、神武《じんむ》天皇長髄彦《ながすねひこ》を退治《たいじ》ありて、宇摩志麻治《うましまぢ》の命《みこと》と道臣命《みちのおみのみこと》、両人の武功勝《ぶこうすぐ》れたるによつて、軍兵《ぐんぴやう》を司《つかさど》らしめ給ふ、宇摩志麻治《うましまぢ》の命《みこと》の司《つかさ》どれる所をば、物部《もの丶べ》といふ、今に至る迄。武士《ぶし》をもの丶ふといふ語《ことバ》ハ是より始《はじま》れり、惣《すべ》て士《さむらい》ハ、常《つね》に武芸《ぶげい》を嗜《たしなミ》、義《ぎ》と勇《ゆう》を兼備《かねそな》へ、忠功《ちゆうこう》をつくすを、勇士《ゆうし》とも義士《ぎし》とも、称美《せうび》いたしぬ

イ　中巻序文

序　　　　　中之巻　農之部

それ百姓ハ、耕作《かうさく》を大事《だいじ》にかけ、めしつかふ人あまた有共、自身鋤鍬《じしんすきくハ》を持《もち》て、毎朝野《まいてうの》に出て、我田畠《でんばく》を見めぐれバ、おのづから下作《したさく》の者までゆだんなく、精《せい》を出して働《はたら》き、四季おりおりにしたがひ、万乃種《たね》をおろせば、天の恵《めぐミ》弥増《いやまし》、心のま丶に実のりて、一粒万倍《いちりふまんばい》の秋入の賑《にぎハ》ひ、俵物《ひようものにハ》庭に積《つミ》かさぬ、内証《ないしよう》ゆたかに楽《たのし》ミつきず、

安楽《あんらく》に世《よ》を渡《わた》る事ぞありがたき

ウ　下巻序文

序

下之巻　工商之部

諸職人《しょしょくにん》ハ、弟子《でし》おほく引廻《ひきまハ》して、其道《そのみち》其道の職《しょく》をよくつとめ覚《おぼ》へさせ、功《こう》をつませて上手になれるを、先繰《せんぐ》り宿《やど》を持《もた》せて、家《いへ》をひろむるを誉《ほま》れとす、商人《あきんど》ハ秤目《はかりめ》かしこく、十露盤《そろはん》のけたをはしる、白鼠《しろねずミ》の骨張《こつちやう》、商《あきなひ》上手の手代をかゝへ、諸方に店《たな》を出して、次第分限《しだいぶんげん》になるハ、あるじ油断《ゆだん》なく、拵《かせぎ》に賢《かしこ》き世渡《よわた》り、冨貴万宝蔵《ふうきまんほうくら》に納《おさま》る、はんじやうの家ぞめてたき

上巻では、「記紀」の神武天皇の条に天皇の大和平定に反抗したと伝えられる土豪長髄彦を退治したと伝えられる「宇摩志麻治《うましまぢ》」と「道臣《みちのおみ》」をひいて、「士《さむらい》」が武士を示す言葉であり、武芸を職能として義・勇・忠を重んずる「士」の本分を説いている。中巻では、「農」が百姓を示す言葉であり、耕作を職能としていることが記されている。多くの田畑を持つ地主であっても、自身が田畑に足を運び、耕作に勤しむことで、多くの収穫に恵まれ、安楽に生活できることを説いている。下巻では、「工商」を職人と商人として、職人は弟子を育てて独立させ、「家」を拡張していくことを名誉とし、商人は経理を油断なく執り行い、多くの出店を出して富貴になる生き方を推奨している。

このように、序文では「士農工商」のそれぞれの職分を執り行うことの重要性が記されている。ここでは「士農工商」になんらの身分的序列は示されておらず、社会的な分業として捉えられている。こうした論調は為政者側からの道徳を説いた朱子学的な立場を想起させるが、決してそうではない。西川祐信の作品の多くが民衆のニーズに応える「絵づくし」であったことを考えるならば、(7) ここで描かれた「士農工商」の身分制は社会的分業との理解が民衆側にあり、それぞれの分野で仕事に励むことを推奨する道徳が社会に常識として存在していたと考えられよう。

この点は本章の主旨とも関わるため、石上阿希氏の研究に学びながら[8]、西川祐信の絵本の特色のひとつに網羅主義的趣向が挙げられることを指摘し、あらゆる階層の人々の生活や風俗を描くに至った時代背景と社会からの要請を明らかにしておきたい。

寛文六年（一六六六）に中村惕斎の『訓蒙図彙』が出版される。我が国初の挿絵入り百科事典である。元禄八年（一六九五）の『（増補頭書）訓蒙図彙』（半紙本八冊、序目・二〇巻）、ならびに、寛政元年（一七八九）版『（頭書増補）訓蒙図彙大成』（半紙本七冊）なる異本の存在からも、『訓蒙図彙』が長年にわたり多くの読者を獲得していたことが分かる[9]。また、貞享三年（一六八六）には男女の性にまつわる事象を図解し注釈を加えた『好色訓蒙図彙』、元禄三年（一六九〇）には様々な由来を中国や日本古来の書に求めた『人倫訓蒙図彙』が出版され、この時期に百科事典的出版物の隆盛がみられるようになる。とくに、『人倫訓蒙図彙』には約五〇〇種類の職業が収録されており、同じ属性の人々を職業や身分によって分類するという手法がみられる。この手法は、元禄五年（一六九二）に出版された『女重宝記』、享保元年（一七一六）の『女大学宝箱』にも採用されており、女性を視角として様々な階級や身分の様相が描かれている。このように、この時期は、身分や階級を書物などの典拠に基づきながら、職業ごとに分類・網羅するという書物が数多く作られていく。

西川祐信も例外ではない。すでに、山本ゆかり氏や横田冬彦氏が指摘しているように[10]、祐信の絵本制作には『訓蒙図彙』などの百科事典的作品が影響していたことは間違いない。享保八年（一七二三）に出版された皇族・公家・神職・武家・町人・商人・百姓・売色に関わる女性を描いた『百人女郎品定』はその典型である。つまり、江戸時代中期になり、一定の豊かさを手にした民衆が高度な学問・知識ではなく、「絵づくし」への要求に応えたのが『絵本士農工商』であったのである。ここで描かれた人気絵本作家であった西川祐信の絵や説明が、為政者側の理論ではなく、民衆思想が基盤に存在したことは間違いないだろう。

以上、『絵本士農工商』の作成意図が民衆意識の要求に応える形での出版であったことを述べてきたが、さらに、本史料の構成を具体的にみていきたい。表2－1は、河野通明氏によって整理されたものを再構成したものである。

表2-1　『絵本士農工商』3巻の構成

丁	上之巻　士之部	中之巻　農之部	下之巻　工商之部
1ウ 2オ	木刀の訓練	牛で田おこし 機織り	鍛冶屋 番匠
2ウ 3オ	竹刀の訓練①	焼米つき 種籾ひたし	佐官 屋根ふき
3ウ 4オ	竹刀の訓練②	鋤で田おこし 苗代の籾まき	塗師 研師
4ウ 5オ	槍術の訓練	苗運び 田植え	機織り 染物師
5ウ 6オ	槍と木刀の訓練	草取り 龍骨車で灌漑	下駄屋・結桶師 烏帽子屋
6ウ 7オ	槍と薙刀の訓練	山田で猪追い	檜物師 指物師
7ウ 8オ	騎馬の武士①	雨ごい	呉服屋 酒の振売り
8ウ 9オ	騎馬の武士②	稲刈り 稲束運び	蝋燭屋・青物振売り 駄菓子屋・両替商
9ウ 10オ	木刀・棒・鎖鎌の訓練	籾すり 千歯扱き・稲扱き	魚屋 魚のせり市
10ウ 11オ	木刀と棒の訓練	俵の検納 俵つめ	味噌屋 車借
11ウ 12オ	弓術の訓練	落穂焼き 粉挽き	薬屋 材木の振売り
12ウ 13オ	鉄砲の訓練		古道具市

（備考）　丁数のうち，「1オ」は1丁表のことであり，「1ウ」は1丁裏のことである。

（出典）　河野通明「西川祐信『絵本士農工商』農之部とその影響」（『歴史と民俗』16，神奈川大学日本常民文化研究所，2000年）。

「中之巻農之部」と「下之巻工商之部」の詳細な検討は河野氏の論考に譲るが、「農之部」が農人である百姓を対象として、年間の様々な農作業が事細かく描かれており、「工商之部」では様々な職種が多岐にわたって描かれていることが理解できる。ここで描かれている職種はまさに網羅主義的な志向によるものである。

注目したいのは「上之巻士之部」である。図2-1に、その描写を示す。

画面描写を見る限りでは、「士」の職分は武芸に特化されていることが理解できる。この点は序文で記された「惣《すべ》て士《さむらい》ハ、常《つね》に武芸《ぶげい》を嗜《たしなミ》、義《ぎ》と勇《ゆう》を兼備《かねそな》へ、忠功《ちゅうこう》をつくすを、勇士《ゆうし》とも義士《ぎし》とも、称美《せうび》いたしぬ」の記事と表裏一体の関係がある。ここには、かつて中国の言葉であった「士農工商」が、日本に受容される過程で「仕官するにとりて文武の二道あり（中略）されば文武の二はしばらくも捨給ふべからず」[11]（北畠親房『神皇正統記』）とした政治を担う文官としての武士の姿はない。あくまで、主人である大名家や将軍家に仕え、忠功を尽くすための武芸訓練の姿が描かれていると言えよう。つまり、将軍や領主といった上位階層の武士階級ではなく、下位階層の武士たちの姿が描かれていると言えるだろう。おそらくは、祐信が身近に感じることのできた下級武士たちと考えられる。この点をさらに明確化するために、祐信の描いた武士身分の他の描写を取り上げて、比較検討しておきたい。比較する史料は神道家の多田南嶺との共同作成による『絵本福禄寿』（中巻、寛延二年〈一七四九〉出版）に描かれた槍と太刀との試合の様子である。[12]『絵本士農工商』（5ウ・6オ）の画面と並列して検討してみよう（図2-2）。

まず、槍と太刀（木刀）の試合の様子がまったく同じ構成によって描かれていることが理解できるだろう。槍と太刀を持っている者の足の動きはまったく同様であり、両史料が互いに影響を受けながら成立したことが理解できる。異なるのは両者の服装の違いである。『絵本士農工商』では両者ともに袖丈が短い小袖に袴を着用している。下級武士を含む一般武士の日常的な装いであると推察できる。一方、『絵本福禄寿』では定紋付染小袖に袴となっている。紋はおそらくは小袖の前身に二紋、背に三紋がついている五紋であると推察される。五紋は最上とされ、武士の正装とされたものである。[13]

次に、試合を観戦している人物に目を向けてみよう。『絵本士農工商』では着物に袴姿、羽織に袴姿となってい

1　木刀の訓練

2　竹刀の訓練①

3　竹刀の訓練②

4　槍術の訓練

5　槍と木刀の訓練

6　槍と薙刀の訓練

図2-1　「上之巻士之部」の画面描写(1)

7 騎馬の武士①

8 騎馬の武士②

9 木刀・棒・鎖鎌の訓練

10 木刀と棒の訓練

11 弓術の訓練

12 鉄砲の訓練

図2-1 「上之巻士之部」の画面描写(2)

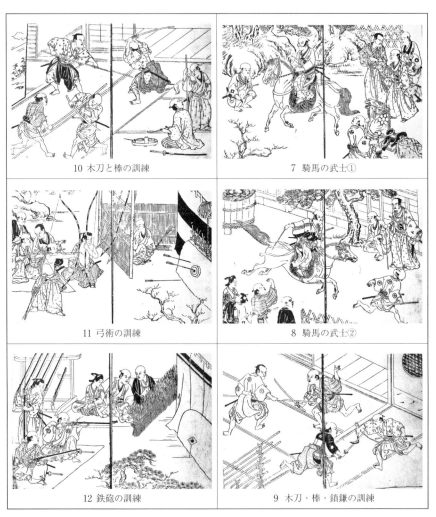

る。下級武士を含む一般武士の日常着と考えられる。一方、『絵本福禄寿』では多くが、肩衣に足首丈の切袴を着用する半袴を着用している。公的な服装であり、上位階層にある武士であることが想像される。しかも、左側の椅子に座っている人物は太刀持ちが隣に位置しており、身分が上位の者であると確定できよう。

このように、『絵本士農工商』と『絵本福禄寿』の試合の画面を比較すると、明らかに『絵本士農工商』の画面

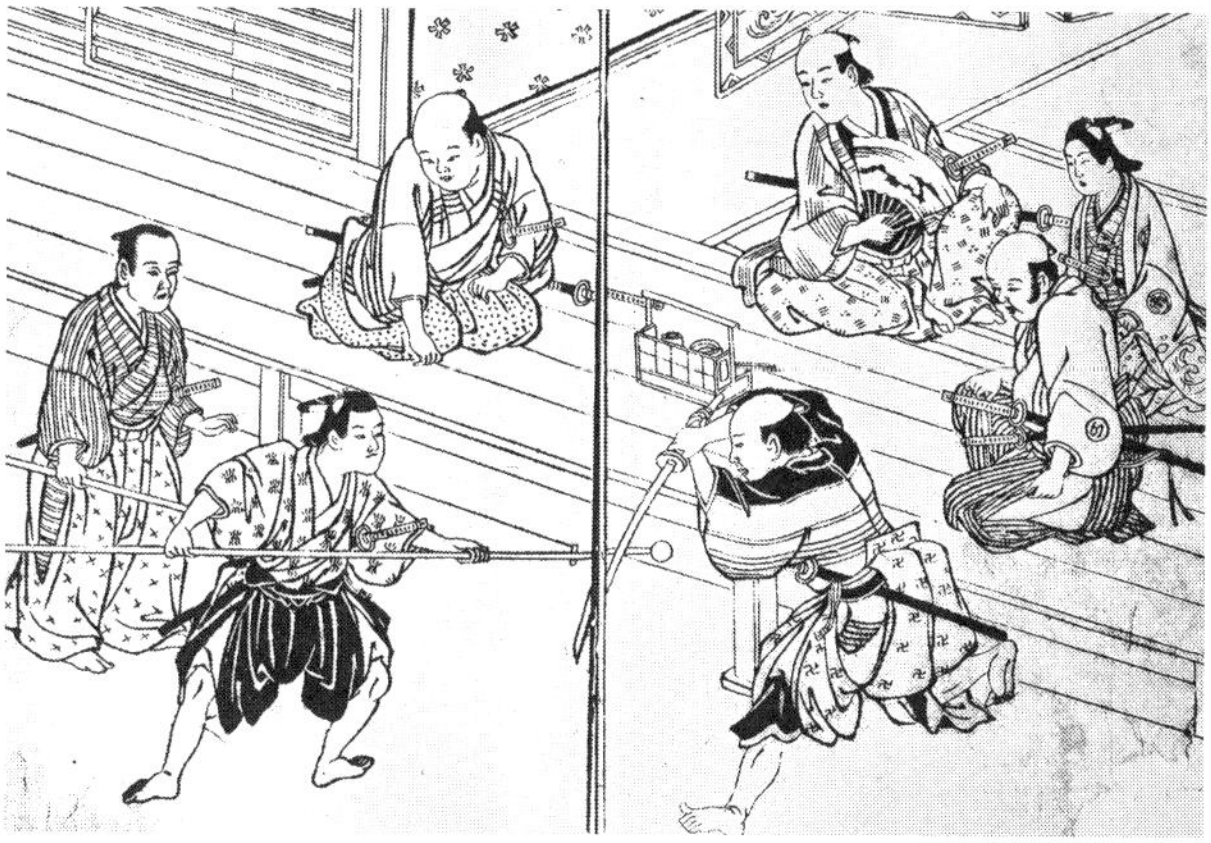

『絵本士農工商』（5ウ・6オ）

『絵本福禄寿』中巻（8ウ・9オ）

図2-2　『絵本士農工商』と『絵本福禄寿』における描写

（備考）「（5ウ・6オ）」「（8ウ・9オ）」は丁数と表・裏を示している。

は下級武士を対象として描かれた可能性が高い。一方、『絵本福禄寿』は上位階層の武士身分を描いたものと言えよう。こうした検討からも、『絵本士農工商』における「士」は下級武士を対象として描かれていると考えられるのである。

　以上、「中興浮世絵の祖」と言われた西川祐信の『絵本士農工商』を通して、「士農工商」は江戸時代中期において職能を分類する言葉として定着しており、「士」が忠功を尽くす下級武士として描かれていることを明らかにした。

3　西川如見『町人嚢』『百姓嚢』からみる身分観

　西川如見の身分論の特徴的記述は『町人嚢』の冒頭に表れている。すでに多くの論考で取り上げられているが、以下に示す(14)。

　人間に五つの品位あり。是を五等の人倫といへり。第一に天子、第二に諸侯、第三に卿大夫、第四に士、第五に庶人なり。是を日本にていふときは、天子は禁中様、諸侯は諸大名主（衆）、卿大夫は簱本官位の諸物頭、士は諸簱本無官の等也。公方様は禁中様に次で諸侯の主たる故に、公方様の侍は無官たりといへども、生れながら六位に準じ給ふ例なり。公方家の侍の外は、諸家中ともにみな陪臣といふて、又内の侍いづれも庶人のうちなりと知べし。其内一国の家老たる人は、諸侯の大夫なれば、公方家の侍に準ずべし。其外国々の諸侍、扶持切米の面々いづれもみな庶人なり。扨庶人に四つの品あり。是を四民と号せり。士農工商これなり。士は右にいへる諸国又内の諸侍なり。農は耕作人なり。今は是を百姓と号す。工は諸職人なり。商は商売人なり。上の五等と此四民は、天理自然の人倫にて、とりつき此四民なきときは、五等の人倫も立ことなし。此故に、世界万国ともに此四民あらずといふ所なし。此四民の外の人倫をば遊民といひて、国土のために用なき人間なりと知べし。

まず、如見は人間には五つの身分があるとする。「天子」「諸侯」「卿大夫」「士」「庶人」である。これらのうち、「天子」「諸侯」「卿大夫」「士」を、日本においては「禁中様」「諸大名衆」「籏本官位の諸物頭」「諸籏本無官の等」に相当するとしている。つまり、天皇、大名、上位身分の旗本、一般の旗本と分類しているのである。さらに、「公方家の侍」「一国の家老たる人」は「士」の身分とし、それ以外の侍は「庶人」であるとする。そして、「庶人」には「四つの品」＝「四民」があるとして、これを「士農工商」とする。

つまり、「士農工商」の「士」が下級武士を指し、一般民衆を示す言葉であることが理解できよう。このような如見の考えが、如見独自の思想なのか、当時の社会情勢を映し出したものかが問われよう。この点を検証するために、如見の思想や社会認識に言及する必要がある。先行研究によって明らかにされた如見の思想を整理しながら、如見の著述を引用し、「士農工商」の「士」が下級武士を指し示す言葉として定着していた点を論証していきたい。結論を先取りするならば、如見の合理的思考に支えられた元禄・享保期における社会・経済総体への認識があったからこそ、如見の「士農工商」観が存在したのである。

まず、如見が合理的思考を有していた点を指摘したい。すでに多くの論者が指摘するように[15]、如見の著述の数多くの箇所にて、合理的思考が散見される。たとえば、「天地に凶事なし、凶は人にあり[16]」、あるいは、「歳の吉凶は、運気時令の順不順にありて、星の見不見によるべき理なし。況人の吉凶をや。それ福と禄と寿とは、みな人の心より湧出て身に応ずるなり[17]」と述べていることからも明らかである。ここでは、如見が、天文学・地理学である「天学[18]」に科学的知見を得たうえで、朱子学的合理主義との合致があったことが明らかである[19]。くわえて筆者は、海外との交流が限定された日本にあって、如見が中国やオランダの事情を理解し得る長崎に生活していた点を、合理的思考の形成要因として指摘したい。如見の『長崎夜話草』には長崎で見聞した事件に関する記事が収められている。たとえば、多田顕氏によって紹介された次の記事は注目されよう[20]。

いつの頃にや、或人紅毛人に日本軍戦の絵草子を見せて武勇のありさまなど紅毛の詞にてかたり聞せつるに、つくつくと聞て、此闘戦は、日本と何れの国との軍にやととふ。いや日本と日本と相戦ふなりといへば、紅毛いぶかりおもふかほばせなれば、さらばそなたなる国には軍戦といふ事はなしやといへば、紅毛、吾国にも軍戦ありといへども終に同国の人と相闘ひし事を不聞、みな異域他邦の人と相戦ふ事は吾国にも又多しといひしとかや。七人の国主和同して相奪ふ事なきは、偽りにあらざるべし。夷中に京ありとは、かかる事をおふならし

本史料から、オランダ人が日本の絵草子を閲覧し、日本人同士の戦いに驚きを持っていることが分かる。如見はオランダの国主が「和同」して国家を治めていることに敬意を有し、我が国として見習うべき点を指摘している。ここには、オランダ人との日常的な交流がなされている事実が確認でき、客観的な立場と合理的思考によって、日本人への批判的評論がなされている。如見の間主観的思考が理解できよう。また同様に、如見の地理学の知見が記された『水土解弁』には、「ちかきころ長崎にて、唐人と日本人と雑談の折から、日本人のいへるは、中華聖人の葬法は、殊外太儀にておこなひかたかるべし。仏法の火葬は易簡なり。中華何ぞもつぱら是を用ざると[21]」との記事がみえる。ここにも、「葬法」について、中国人との交流が記されており、異国との「葬法」の違いを言及している。このように、オランダ人や中国人との交流が如見の思想になんらかの影響を与えたことに間違いはないであろう。異文化との交流によって、如見は日本を客観的に見つめる合理的思考を手に入れたと考えられるのではないだろうか。

さて、こうした合理的思考が、町人としての如見の社会認識・経済認識に一定の影響を及ぼしたと考えるのが当然のことだろう。川口浩氏は如見の経済認識を検討するなかで、以下の三点の特質を整理している[22]。第一に「個々人及び社会総体に対する経済の死活的役割の理解」、第二に「当時の江戸時代社会における個々人の社会的存在形態と社会総体の経済構造の把握」、第三に「現実経済における市場メカニズムの洞察」である。第二の特質が本章冒頭で述べた如見の「士農工商」観に相当するのだが、第一と第三の特質が如見の「士農工商」観を支えていることを、川口氏の論考に学びながら論じていきたい。『百姓嚢』に以下の記事がある[23]。

百姓といふは、士農工商の四民、総ての名なり。いつの頃よりにや、商工を都て町人といひ、農人を百姓といふ事になりぬ。（中略）唐土、天竺、本朝はいふに及ばず、其外世界万国、いずれも此四民に、産業あらずといふ所なし。取分唐土本朝、この四民を貴ぶ事、聖人の書籍、又は神道の書紀に見えたり。（中略）人倫ありておのおの所作を営に、先農業なり。人は食なければ命なし。次に衣なくては人倫にあらず。このゆへに第一に、農人出て穀をつくりて食とし、麻を植て衣となし、衣食ありて後、家宅造りて住所とす。是を人間の三養といふ

本史料から、百姓が元来「士農工商」の四民の総称であったが、「商工」は「町人」となり、「農人」のみが「百姓」になったことを指摘している。そして、「食」「衣」「住所」の「三養」が人間の生存に不可欠の要素としている。さらに重要なのは、その「三養」を生み出す行為である職分（「産業」）を衣・食・住と密接に関係づけた点である。「士農工商」の「四民」は職分を示す言葉であり、川口氏の言葉を借りれば「社会の総体は、政府・農業・工業・商業という四部門から成り、この四部門の相互依存的な社会的分業関係という経済構造[24]」の存立を如見は指摘しているのである。つまり、「産業」は「個々人及び社会総体に対する経済の死活的役割」を担うという川口氏の理解になるわけである。さらに、如見は元禄・享保期の社会のあり様を次のように述べている[25]。

或学者のいへるは、いにしへは四民おのおの其業を正しくつとめて相みだる事なかりし。近代は百姓・職人いづれも商売をなせり。武士にもおよそ商売に似たる類のことなども又有にこそ

本記事は、如見の実感する社会的分業の混濁を記した部分である。近年には百姓・職人ともに商売をしており、武士にも同様の商売行為があることを述べている。おそらくは、藩の専売や武士の内職　家中工業など、「武士の商人化」を対象として論じたものと思われる。ここには、四部門の相互依存的な社会的分業関係が崩れていくことへの不安が述べられている。「武士の商人化」を典型的事例とする貨幣経済の進展が、百姓・職人・武士をも巻き

込んでいる姿として、川口氏が「現実経済における市場メカニズムの洞察」と指摘するように、如見は客観的に認識していたのである。こうした如見の社会認識を鑑みるならば、如見の「士農工商」論は、如見独自のものではなく、当時の社会総体を表現したものと捉えられるのである。

4　「士農工商」観の今後の研究課題

本章での検討内容を要約し、課題を敷衍したい。

まず、西川祐信の『絵本士農工商』を検討した。ここで描かれた「士農工商」の様相は、「士農工商」が社会的分業との認識が民衆側に存在し、それぞれの分野で仕事に励むことを推奨する道徳が社会に定置していたことであった。さらに、「上之巻士之部」を詳細に検討し、描かれている「士」が上位階層の武士階級ではなく、下級武士を対象として描かれていることを示した。

次に、西川如見の『町人嚢』『百姓嚢』を通して、江戸時代中期における「士農工商」観を検討した。如見には合理的思考に支えられた元禄・享保期の社会・経済への理解があったことを示し、「士農工商」が社会一般の庶民を表す言葉であり、「士」が下級武士を示すことを明らかにした。

このように、江戸時代中期における「士農工商」への認識は社会的分業を枠組として理解されていたのであり、その分業への認識は個々が並列的に扱われていることが理解できよう。近世人は「士農工商」は序列的に捉えていたのではなく、同質なものとして民衆の平均意識のなかで捉えられていたのである。

次に、今後の課題を指摘しておきたい。

第一に、「士農工商」と支配者・被支配者の関係についてである。西川祐信・西川如見と同時代を生きた思想家である石田梅岩は「分て士は政のたすけをなし、農工商の頭なれば、清潔にして正直なるべし。もし私欲あらば、其所は常闇なり。又農工商も家の主は家内の頭なり。もし私欲あらば家内が常闇となる」(26)と述べている。梅岩は

「士」の高さを認めた身分論を展開している。ここには、支配・被支配の関係が存在していると考えられよう。大橋幸泰氏は、支配・被支配の関係性について「仁政を媒介に恩頼関係で成り立っていた。百姓は公的な御百姓として の年貢・諸役を負うかわりに、領主に対して仁政を要求することを当然のこととした[27]」と民本徳治という政治文化についての注目される見解を述べている。梅岩が述べた「士」の高さは領主とそれに連なる「士」の規範性を強く求めた民本徳治という政治文化とも関わっている可能性もある。「士農工商」論を横一列の並列的関係としてではなく、支配・被支配の観点からさらに検討する必要があるだろう。

第二に、東アジア世界を含めて「士農工商」を比較検討する必要性である。この点は第一の課題とも関係するが、民本徳治の政治文化は同時期の朝鮮・中国・琉球にも共通するものである。だとすれば、山田賢氏が指摘しているように[28]、漢字文化を共有する東アジア文化圏において、「士」というものがそれぞれの国や地域によって、どのように再定義されていったのかが問われなければならないだろう[29]。東アジア世界の「士農工商」認識とともに検討していくことが、近世日本における近世人の身分観をより鮮明にすることができると考える。

注

（1）堀新「『士農工商』と近世の頂点部分――『士』を中心に」（大橋幸泰・深谷克己編『〈江戸〉の人と身分6　身分論をひろげる』吉川弘文館、二〇一一年）。
（2）同右。
（3）深谷克己「士農工商と近世身分制」（大橋幸泰・深谷克己編『〈江戸〉の人と身分6　身分論をひろげる』吉川弘文館、二〇一一年）。
（4）永田勝之助編校『浮世絵類考』（岩波文庫、一九四一年）六七頁。
（5）河野通明「西川祐信『絵本士農工商』農之部とその影響」（『歴史と民俗』一六、神奈川大学日本常民文化研究所、二〇〇〇年）。
（6）国史大辞典編集委員会編『国史大辞典』一〇（吉川弘文館、一九八九年）八五〇頁。

（7）前掲河野論文、正木ゆみ「京都女子大学図書館蔵『絵本双乃岡』――元文二年度版・西川祐信画『つれづれ草』出版史における一形態」（『国文論藻』一五、京都女子大学、二〇一六年）九三～一〇八頁に指摘がある。

（8）石上阿希「訓蒙図彙と祐信春本・絵本――『色ひいな形』から『百人女郎品定』」（石上阿希編『西川祐信を読む』立命館大学アートリサーチセンター、二〇一三年）。

（9）国史大辞典編集委員会編『国史大辞典』四（吉川弘文館、一九八四年）六九七～六九八頁。

（10）山本ゆかり「故実と絵本・美人画――多田南嶺との共同制作」（同『上方風俗画の研究――西川祐信・月岡雪鼎を中心に』藝華書院、二〇〇九年）、横田冬彦「『女大学』再考――日本近世における女性労働」（脇田晴子、S・B・ハンレー編『主体と表現――仕事と生活』東京大学出版会、一九九五年）。

（11）塙保己一編『群書類従』第三輯（平文社、一九三三年）。

（12）本史料は『西川祐信集』下巻（関西大学出版部、一九九八年）による。

（13）菊地ひと美『江戸衣装図鑑』（東京堂出版、二〇一一年）五二～五三頁に詳しい。

（14）多田顕「西川如見の社会思想――享保期社会思想研究の一掬」（『千葉大学教養部研究報告』A11、千葉大学、一九七八年）、竹林庄太郎「西川如見の商業思想」（『大阪経大論集』一五九～一六一、大阪経済大学、一九八四年）、佐久間正「西川如見論――町人意識、天学、水土論」（『長崎大学教養部紀要人文科学篇』二六〈一〉、長崎大学、一九八五年）、川口浩「西川如見の経済認識と儒教」（『社會經濟史學』五六〈四〉、社会経済史学会、一九九〇年）などに取り上げられている。本史料の引用は、『町人嚢』巻一（飯島忠夫・西川忠幸校訂、西川如見『町人嚢・百姓嚢・長崎夜話草』岩波文庫、一九四二年）一三～一四頁による。

（15）源了圓「朱子学派の実学観と理の観念（二）――西川如見の場合」（『心』二九〈四〉、平凡社、一九七六年）、前掲佐久間論文など。

（16）『町人嚢』底払巻上（飯島忠夫・西川忠幸校訂、西川如見『町人嚢・百姓嚢・長崎夜話草』岩波文庫、一九四二年）一一六頁。

（17）『百姓嚢』巻一（飯島忠夫・西川忠幸校訂、西川如見『町人嚢・百姓嚢・長崎夜話草』岩波文庫、一九四二年）一六二頁。

（18）如見は天学の「天」を「形気の天」「命理の天」と分類している。川口浩氏によると、天文学・地理学が直接的に関係するのは「形気の天」であるとしている（前掲川口論文、一〇～一九頁）。

(19) 前掲佐久間論文、一三～二一頁。

(20) 『長崎夜話草』巻二（飯島忠夫・西川忠幸校訂、西川如見『町人嚢・百姓嚢・長崎夜話草』岩波文庫、一九四二年、二五六～二五七頁）。多田氏は本記事を口語訳によって引用している（前掲多田論文、二〇～二一頁）。

(21) 飯島忠夫・西川忠幸校訂、西川如見『日本水土考・水土解弁・増補華夷通商考』（岩波書店、一九四四年）四七頁。西野光一氏は、近世の火葬論を検討するなかで本記事を引用している（西野光一「熊沢蕃山の火葬容認論と近世の火葬論」〈『仏教文化学会紀要』九、仏教文化学会、二〇〇〇年〉九五頁）。

(22) 前掲川口論文、九頁。

(23) 『百姓嚢』巻一（飯島忠夫・西川忠幸校訂、西川如見『町人嚢・百姓嚢・長崎夜話草』岩波文庫、一九四二年）一五七～一五八頁。

(24) 前掲川口論文、七頁。

(25) 『町人嚢』巻一（飯島忠夫・西川忠幸校訂、西川如見『町人嚢・百姓嚢・長崎夜話草』岩波文庫、一九四二年）一五頁。

(26) 石田梅岩『斉家論』下（中村幸彦編『日本の思想』一八、筑摩書房、一九七一年）二九三～二九四頁。

(27) 大橋幸泰「シンポジウム『身分論をひろげる』の記録」（大橋幸泰・深谷克己編『〈江戸〉の人と身分6　身分論をひろげる』吉川弘文館、二〇一一年）二二六～二二七頁。

(28) 山田賢「中国における『士』と『民』」（大橋幸泰・深谷克己編『〈江戸〉の人と身分6　身分論をひろげる』吉川弘文館、二〇一一年）一一八頁。

(29) 東アジア世界を含めた「士」と「民」をめぐる先行研究として以下の論考がある。趙景達「朝鮮の士と民」（大橋幸泰・深谷克己編『〈江戸〉の人と身分6　身分論をひろげる』吉川弘文館、二〇一一年）、山田賢「中国における『士』と『民』」（大橋幸泰・深谷克己編『〈江戸〉の人と身分6　身分論をひろげる』吉川弘文館、二〇一一年）。

第Ⅱ部　小学校における近世身分学習

第三章　小学校社会科における近世身分学習の留意点

1　近世身分学習の課題

近世身分制研究は、現在の人権課題のひとつである部落差別の形成過程、歴史的事実を解明するという研究命題のもと、多大な成果を上げてきた。その歴史学の成果に裏付けられた歴史教育が、様々な追究過程のもとに行われてきている。しかしながら、今日、現場教師からは「『士農工商』という身分制はなかったのですか」「新しい部落の歴史とは何ですか」などの声があがり、その内容から、あるいは、その文言自体からも近世身分制に関わる歴史教育の混乱状況が垣間見える。(1)

事実、多和田雅保氏は、「山川出版社で近世身分制の記述が変わってから、現時点ではすでに一五年以上が経過しているが、（中略）学校で近世身分制を『士農工商』の四つの秩序として教わった、という経験を聞かされることが、今でもきわめて多い」と述べている。(2) 新保真紀子氏は、二〇〇五年に関西圏の学生三四五名への「小中高校時代に受けた同和教育／社会科教育に関するアンケート」を分析し、「江戸時代の差別制度について、あなたが大学以前に習ってきたことに近いものに、すべて○をつけてください」という問いに対して、「士・農・工・商・えた・ひにんという身分の名称」（七二・五％）をピラミッド型の図で学び（七一・九％）、「人のいやがる仕事をさせられ、農民より苦しい生活を強いられ」（七二・五％）、「上見て暮らすな、下見て暮らせ」という分裂支配の学習（六三・八％）が大半であったことを指摘した。(3) このように、近年の社会科教科書記述の変化を反映した社会科教育が行われていないことを指摘する論者は多い。

以上から、新保氏が指摘するように、「士農工商」的身分観を払拭するための指導方法や授業内容の改善という課題がみえてこよう。しかし、近世身分学習の課題を「士農工商」的身分観の払拭だけとするのは、近世身分制研究の視点から鑑みるならば、不充分と言わざるを得ない。近世史研究の豊かな成果は「士農工商」論に留まることなく、法制的身分論から社会的身分論へ、さらには支配権力と社会動向の相互関係を双務的に捉える方向へと拡がりをみせている。こうした近世史研究全体を俯瞰した教材研究と教材開発が必要であるが、本章ではその前提的な作業として、小学校社会科教科書記述の変遷と、近世身分制研究とを往還させることによって、その課題を明らかにしたい。そして、小学校社会科教科書活用における近世身分学習の留意点を示すことが本章の主旨である。

研究方法としては、まず、日本文教出版（六年上：東京版・大阪版）の近世身分に関わる記事を、小学校社会科教科書内容から鑑みて、研究上の重要語句である「士農工商」「起源」「三位一体」「身分」「集団」に対応する、(1)「『士農工商』的序列記事」、(2)「『分裂支配』的記事」、(3)「『社会外』的被差別民記事」、(4)「『三位一体』的記事」、(5)「『単位社会集団』としての身分記事」の五点の分析視点によって検討していく。こうした検討によって、小学校社会科教科書記述の変遷の概要を把握し、近世身分制に関わる小学校社会科教科書記述の課題を明らかにする。そして、教科書活用における指導上の留意点を近世身分制研究の側から指摘したい。

2　小学校社会科教科書記述の変遷

本節では、小学校社会科教科書内容（日本文教出版〈六年上：大阪版・東京版〉一九七一年度版〜二〇一五年度版）を通して、近世身分制に関わる教科書記述の変遷を近世身分制研究と対応させながら明らかにしていく。教科書内容の分析視点として、前述した(1)「『士農工商』的序列記事」、(2)「『分裂支配』的記事」、(3)「『社会外』的被差別民記事」、(4)「『三位一体』的記事」、(5)「『単位社会集団』としての身分記事」の五点を設定する。これらは、一九七〇年以降の研究史のうち、小学校段階で学習する歴史学習として、各教科書策定時期において、重要となる研究用語を抽出したものである。それらが各教科書記述にどのように反映されているかを年度版ごとに分析したものが表3－1である。そして、さらに分析視点の該当の有無を一覧にしたものが表3－2である。では、分析視点ごとに考察をしてみよう。なお、表は節末に示す。

(1)「『士農工商』的序列記事」についてであるが、表3－2からも理解できるように、大阪版では一九七一年度版～一九八九年度版まで、東京版では一九七一年度版～一九九二年度版まで、「士農工商」的身分観の序列記述が明記されている。その記述の詳細をみていくと、「士農工商」という垂直に積層化された身分記述と、支配身分としての「士」と被支配身分としての「農工商」に類別された記述が存在している。一九七一年度版では両社ともに「士（武士）・農（農民）・工（職人）・商（商人）の順序で（傍点筆者による。以下同じ）」との記述があり、明らかに垂直に積層化された身分観理解へと繋がる。また、ここに賤民身分の表記はない。一九七四年度大阪版では「士（武士）と、農（農民）・工（職人）・商（商人）の身分にわけて」とあり、「士」を支配身分とし、「農工商」を被支配身分とする一線を画した記述へと変更している。こうした流れは一九八九年度版まで継続し、授業単元名も「士と農工商」という文言に変化している。一方、東京版では「士（武士）・農（農民）・工（職人）・商（商人）の順序で」「士（武士）・農（農民）・工（職人）・商（商人）の順に分け」として、積層化された身分観の記述となっている。賤民身分については、一九七四年度版以降は記事が存在し、士・農・工・商よりもさらに低い身分、あるいは、士・農工商よりもさらに低い身分として位置づけが図られている。このように、「『士農工商』的序列記事」において、大阪版と東京版では内容に若干の相違点がみられる。

次に、(2)「『分裂支配』的記事」について考察をしてみよう。大阪版では一九七四年度版にて「じぶんより下の身分やくらしのものがいると思わせることになり、武士への不満をそらすのに役だったといわれています」との記事があり、分裂支配政策の記述が明記されるようになる。一九八〇年度版以降では、「身分によって差別をきびしくしたのは、民衆がたがいに力をあわせて、武士の支配に反対する運動をおこすのを、おそれたため」との記述があり、支配身分と被支配身分の関係を明確化している。一九八六年度版になると、「農・工・商の人々に、もっと低い身分があると思わせ、武士への不満をそらそうとした」として、賤民身分の記述が加わる。近世政治起源説としての賤民身分の説明が加筆されていることは注目される。そして、一九九二年度版以降は賤民身分との関係性の記述は消滅していく。東京版では一九七七年度版〜二〇〇二年度版に見られ、たとえば一九七七年度版では「農民や町人に、自分たちよりも下の身分があることを知らせ、幕府や武士に対する不満をそらそうとしたからと思われます」との記述がある。以降、若干の文言修正と加筆はあるが、大きな変化はみられない。賤民身分と一般民衆の差別化によって、幕藩体制の確立を支えたとの視点からの記述となっている。このように、東京版と大阪版の共通するところでは一九八〇年度版〜一九九六年度版までに、「分裂支配」的記事が存在し、賤民身分との関係性を言及する記述が存在している。とくに、賤民身分との関係性の記述は、大阪版において顕著である。

(3)「『社会外』的被差別民記事」については、東京版・大阪版ともに、(1)「士農工商」的序列記事とほぼ入れ替わる形で記されるようになる。大阪版ではこれまでの「低い身分」との表記から「農民や町人からも差別された人々もいました」との記述に変更されており、農業を営んでいること、社会や文化を支えたという表記に変更されている。農業を営むことを記述したのは非常に意味あることと考えられる。東京版では「農民や町人とはことなる身分とされた人々がいました」と記述されており、大阪版同様に社会や文化を支えたという表記に変更されている。つまり、身分を「士農工商」的な序列として捉えるのではなく、「士農工商」の文言を民衆全般を指す言葉として捉え、賤民身分はその社会の身分外であるという理解に立脚する記述となっていると考えられる。

では、(4)「『三位一体』的記事」、(5)「『単位社会集団』としての身分記事」についてはどうだろうか。大阪版では一九七七年度版〜一九九二年度版に至るまで、身分・職業・居住地の「三位一体」的身分観の記述がみられる。たとえば、一九八〇年度版では「これらの低い身分とされた人々の多くは、悪い条件の土地に住まわせられ、職業もかぎられたものしかなく、苦しいくらしをしいられました」との記事がある。一九八九年度版に至るまで記述に大きな変化はみられず、賤民身分に対する、身分・職業・居住地が一体となった差別が表現されている。東京版においても一九七七年度版〜一九九二年度版に、「三位一体」的身分観の記述がみられる。たとえば、一九八〇年度版では「農民や町人の下におかれた低い身分の人々は、住む場所が決められ、職業や結婚、日常のつきあいなどで、きびしい差別を受けました」との記述があり、賤民身分における「三位一体」的差別記事と共に、「日常のつきあい」にまで言及している。東京版の二〇〇〇年度版以降に類似した記述がみられるが職業への言及はない。その記述は「武士は、幕府や藩の城下町に住み、役人として政治にあたりました。その生活は、農民が年貢としておさめる米に支えられていました。農民は、村からはなれたり、農業以外の仕事についたりできませんでした。田畑を、かってに売買することは禁じられ、分けることも制限されました。職人や商人は、都市に住んで、町人とよばれました。農民とくらべると税の負担は軽く、ある程度の自由もありました」というものである。これらの記述は、一九九六年度版以前の記述方法との違いから鑑みて、大阪版二〇〇五年度版以降における「村に住む農民（百姓）や、商人と職人からなる都市に住む町人たちは、おもに農業や商工業の仕事をしていました」と同視点からの記述と考えられる。「単位社会集団」としての身分記事と認められよう。これらは二〇一三年発行の高等学校日本史教科書『詳説日本史B』（山川出版社）の「幕藩社会の構造」における「村と百姓」「町と町人」の記述にも通底している概念である。

以上の検討によって、「士農工商」的序列記事・「分裂支配」的記事・「三位一体」的記事から、「社会外」的被差別民記事・「単位社会集団」としての身分記事へと移行していることが理解できるであろう。

表3－1　小学校社会科教科書（日本文教出版）記述の変遷とその内容

年度版	大阪書籍～日本文教出版（大阪版）	中教出版～日本文教出版（東京版）
一九七一（昭和46）	**士農工商** 幕府は、武士を中心とする世の中をつづかせるため、士（武士）・農（農民）・工（職人）・商（商人）の順序で、身分を差別しました。そのうえ、士農工商のそれぞれのなかも、いくつもの身分にわけられました。 武士はみょう字（姓）を名のり、刀をさし、主君から	**きびしい身分** 幕府は、士（武士）・農（農民）・工（職人）商（商人）の順序で、きびしい身分の差別をもうけて、武士の世の中を固めました。 武士は、全人口の一割にも満たなかったのですが、いちばん身分が高く、みょう字（姓）を名のり、刀をさ

禄（給料にあたるもので米など）をあたえられるなど、いろいろな特権をもっていました。そして、いちばん上の将軍から大名・旗本とその家来など、身分のちがいがありました。農民も地主と小作人、職人も親方と弟子、商人も主人と番頭・手代・でっちなどにわかれていました。職人と商人とは、町にすむので町人ともよばれました。

（後略）

一九七四（昭和49）

士農工商

幕府は、人々を士（武士）と、農（農民）・工（職人）・商（商人）の身分にわけてきびしく差別しました。

武士は農工商とちがい、だれもがみょう字を名のり、大小二本の刀をさすことがゆるされていて、主君から領地や米を禄として代々あたえられるなどの特権をもっていました。そして、農工商の人々から無礼なふるまいをうけたときには、それらの人々を、その場できりころしてもかまわないとさだめられているほど、高い身分とされていました。

農工商のうち、農民は、武士につぐ身分ときめられていて、幕府や藩に年貢をおさめていました。

職人は農民のつぎにおかれていて、農具をはじめ、く

し、農民や町人（職人と商人）をおさめました。農民は、全人口の八割以上をしめ、身分のうえでは、武士のつぎにおかれました。しかし、つくった米の半分ぐらいは、年貢として武士にとりたてられたので、町人より苦しい生活でした。職人や商人は町に住み、手工業や商業にしたがいました。

身分の差別は、武士や農民、町人のそれぞれの中にもありました。同じ武士でも、いちばん上が将軍、つぎが大名や旗本（徳川氏に直接仕えていた武士）など、それからその家来というように、身分のちがいがありました。職人では、親方と弟子、商人では、主人・番頭・手代・でっち・小僧などというように、上下の身分に分かれていました。

（後略）

きびしい身分

幕府は、士（武士）・農（農民）・工（職人）・商（商人）の順序で、きびしい身分の差別をもうけて、武士の世の中を固めました。

武士は全人口の一割にも満たなかったのですが、いちばん身分が高く、みょう字（姓）を名のり、刀をさし、農民や町人（職人と商人）をおさめました。農民は、全人口の八割以上をしめ、身分のうえでは、武士のつぎにおかれました。しかし、つくった米の半分ぐらいは、年貢として武士にとりたてられたので、町人より苦しい生活でした。職人や商人は町に住み、手工業や商業にしたがいました。

このほか、幕府は、町人よりもさらに低い身分を定

らしにいるさまざまなものをつくっていました。品物を売り買いして生計をたてていた商人は、職人よりも下の身分とされていました。

幕府はまた農工商の下に、さらにいちだんと低い身分をおきました。

（中略）

農工商の下に、さらに低い身分をおいたり、農民より低い身分とされていた町人のくらしが、多くの農民よりゆとりがあったりしたことは、農工商のどの身分のものにも、じぶんより下の身分やくらしのものがいると思わせることになり、武士への不満をそらすのに役だったといわれています。

（後略）

め、きびしい差別をしました。

身分の差別はまた、武士や農民、町人などのそれぞれの中にもありました。同じ武士でも、いちばん上が将軍、つぎが大名や旗本など、それからその家来というように、身分のちがいがありました。職人では、親方と弟子、商人では、主人・番頭・手代・でっち・小僧などというように、上下の身分に分かれていました。

（後略）

一九七七（昭和52）

士と農工商

幕府は、秀吉がきめた身分のきまりをいっそう強め、武士による支配のしくみをかためようとしました。そのため、武士の地位を高めるいっぽう、農民・町人を、農（農民）・工（職人）・商（商人）などの身分にわけて、きびしく差別しました。

ねんぐをおさめ、人口の大部分をしめている農民は、武士につぐ身分とし、武器・農具をはじめいろいろなものをつくっている職人は、農民のつぎにおき、品物を売り買いして利益をあげる商人は、職人よりも下の身分としました。

そのうえ、幕府は、農工商の下に、さらにいちだんと低い身分をおきました。低い身分とされた人々は、住む場所も悪い土地にかぎられ、田畑をもつ者もわずかでし

きびしい身分制度

大名をおさえた幕府は、人々の支配を固めるために、秀吉のころより、さらに、身分をきびしくしました。

幕府は、人々の身分を士（武士）・農（農民）・工（職人）・商（商人）の順に分け、その下に、さらに低い身分を定めました。これを、士農工商の身分制度といいます。この制度によって、人々はきびしく区別され、それぞれ、身分はもとより、職業も自由にかえれないようになりました。

武士は全人口の一割にも満たなかったのですが、農・工・商、さらに低い身分の者をおさめるものとして、いちばん身分が高く、みょう字（姓）を名のり、刀をさすなどの特別の権利をあたえられていました。

農民は、全人口の八割以上をしめ、武士の生活をささ

た。職業はかぎられて、おもな産業からしめ出され、みじめなくらしをしいられました。

（後略）

える年貢をおさめるものとして、武士のつぎにおかれました。しかし、農民はつくった米の半分ぐらいを、年貢としてとりたてられ、そのくらしは、たいへん苦しいものでした。

（中略）

農民や町人の下におかれた、低い身分の人々は、住む場所も決められ、また、職業や結婚、日常のつきあいまでも、制限を受けるなど、きびしく差別されました。

幕府は、このようにきびしく身分を区別することによって、幕府や藩に対する農民や町人などの反抗をおさえ、武士による支配をたやすくしようとしました。ことに、幕府が、農・工・商の身分の下に、さらに低い身分をおいたのは、農民や町人に、自分たちよりも下の身分があることを知らせ、幕府や武士に対する不満を、そらそうとしたからと思われます。

（後略）

一九八〇（昭和55）

士と農工商

（前略）

幕府は、秀吉が決めた身分のきまりをいっそう強め、武士による支配のしくみをかためようとしました。そのため、武士の地位を高めるいっぽう、農民・町人を、農（農民）・工（職人）・商（商人）の身分に分けて、武士とはっきり差別しました。人口の大部分をしめ、ねんぐをおさめている農民は、武士につぐ身分とされ、職人は農民のつぎにおかれ、商人は職人より下の身分とされました。それぞれの身分のなかでも、上下の関係がこまかく分けられていました。そのうえ、幕府は、農工商の下

士農工商

（前略）

幕府は、将軍をかしらとする武士の支配を固めるために、秀吉のころよりも、人々の差別をきびしくしていきました。

幕府は、人々の身分を、士（武士）・農（農民）・工（職人）・商（商人）の順に分け、その下に、さらに低い身分をおきました。これによって、人々は、それぞれの身分はもとより、職業も自由にかえられないようになってしまったのです。

武士は、農民や町人（工・商）よりいちだん高い身分

に、さらに低い身分をおきました。これらの低い身分とされた人々の多くは、悪い条件の土地に住まわせられ、職業もかぎられたものしかなく、苦しいくらしをしいられました。

（中略）

身分によって差別をきびしくしたのは、民衆がたがいに力をあわせて、武士の支配に反対する運動をおこすのを、おそれたためだと考えられます。

一九八三（昭和58）

士と農工商

（前略）

幕府は、秀吉が決めた身分のきまりをいっそう強め、武士による支配のしくみをかためようとしました。そのため、武士の地位を高めるいっぽう、農民・町人を、農（農民）・工（職人）・商（商人）の身分に分けて、武士とはっきり差別しました。人口の大部分をしめ、ねんぐをおさめている農民は、武士につぐ身分とされ、職人は農民のつぎにおかれ、商人は職人より下の身分とされました。それぞれの身分のなかでも、上下の関係がこまかく分けられていました。そのうえ、幕府は、農工商の下に、さらに低い身分をおきました。これらの低い身分とされた人々の多くは、悪い条件の土地に住まわせられ、職業もかぎられたものしかなく、苦しいくらしをしいられました。

（中略）

とされ、みょう字を名乗ったり、刀を差したりする特権をあたえられました。そして、江戸や藩の城下町に住み、農民がおさめる年貢米を売ってくらしていました。

農民が町人の上におかれたのは、武士の生活を支える年貢をおさめたからです。工・商は、農民に比べると、身分は下でしたが、税の負担が軽く、あるていど自由もありました。農民や町人の下におかれた低い身分の人々は、住む場所が決められ、職業や結婚、日常のつきあいなどで、きびしい差別を受けました。これは、農民や町人に、自分たちより下の身分があることを知らせ、武士の支配に対する不満をそらそうとしたからと思われます。

士農工商

（前略）

幕府は、将軍をかしらとする武士の支配を固めるために、秀吉のころよりも、人々の差別をきびしくしていきました。

幕府は、人々の身分を、士（武士）・農（農民）・工（職人）・商（商人）の順に分け、その下に、さらに低い身分をおきました。これによって、人々は、それぞれの身分はもとより、職業も自由にかえられないようになってしまったのです。

武士は、農民や町人（工・商）よりいちだん高い身分とされ、みょう字を名乗ったり、刀を差したりする特権をあたえられました。そして、江戸や藩の城下町に住み、農民がおさめる年貢米を売ってくらしていました。

農民が町人の上におかれたのは、武士の生活を支える年貢をおさめたからです。工・商は、農民に比べると、身分によって差別をきびしくしたのは、民衆がたがいに力をあわせて、武士の支配に反対する運動をおこすのを、おそれたためだと考えられます。

一九八六（昭和61）

士と農工商

幕府は、秀吉がきめた身分のきまりをいっそう強め、武士による支配のしくみをかためようとしました。そのため、武士にはみょう字を名のり、刀をさすなどの特権をみとめるいっぽう、農民・町人を、農（農民）・工（職人）・商（商人）の身分に分けて、武士とはっきり差別しました。

人口の大部分をしめ、ねんぐをおさめている農民は、武士につぐ身分とされ、物をつくる職人は農民の次におかれ、商人は職人よりも下の身分とされたのです。

それぞれの身分のなかでも、上下の関係が、こまかく分けられました。

そのうえ、幕府は、農・工・商の下に、さらに低い身分をおきました。この低い身分におかれた人々は、河原など悪い条件の土地に住まわせられました。また、山野や用水の利用もほとんどゆるされず、職業や服そうも制限されて、苦しいくらしをしいられました。

（中略）

このように身分による差別をきびしくしたのは、人々が力を合わせ、武士の支配に反対するのをおそれたためだと思われます。農・工・商の下にさらに低い身分をつ

身分は下でしたが、税の負担が軽く、あるていど自由もありました。農民や町人の下におかれた低い身分の人々は、住む場所が決められ、職業や結婚、日常のつきあいなどで、きびしい差別を受けました。これは、農民や町人に、自分たちより下の身分があることを知らせ、武士の支配に対する不満をそらそうとしたからと思われます。

身分による差別

（前略）

江戸幕府は、将軍をかしらとする武士の支配を固めるために、秀吉のころよりも、身分の差別をきびしくしていきました。人々を、士（武士）・農（農民）・工（職人）・商（商人）の順に分け、その下に、さらに低い身分をおきました。そして、身分は親から子へと受けつがれるものとし、武士は武士として、農民は農民として、一生を送らせることにしたのです。これにより、職業も自由にかえることができなくなりました。

武士は、農民や職人・商人よりいちだん高い身分とされ、みょう字を名のったり、刀をさしたりする特権をあたえられました。幕府や藩の城下町に住んで役人として政治にあたり、農民のおさめる年貢米を売ってくらしました。

農民は、武士につぐ身分とされました。武士の生活を支える年貢をおさめたからです。職人や商人は、都市に住んで、町人とよばれました。農民とくらべると、税の負担は軽く、ある程度、自由もありました。そのため、やがて、大きな富をたくわえる商人もあらわれました。

農民や町人よりも低い身分におかれた人々は、条件の

くったのも、農・工・商の人々に、もっと低い身分があると思わせ、武士への不満をそらそうとしたためだと考えられます。

悪いところに住まわされ、職業や、結婚、日常のつきあいなどで、きびしい差別を受けました。これは、農民や町人に、さらに下の身分があることを知らせて、武士の支配に対する農民や町人の不満をそらそうとしたものと考えられます。

（後略）

一九八九（平成元）

士と農工商

幕府は、秀吉がきめた身分のきまりをいっそう強め、武士による支配のしくみをかためようとしました。そのため、武士にはみょう字を名のり、刀をさすなどの特権をみとめるいっぽう、農民・町人を、農（農民）・工（職人）・商（商人）の身分に分けて、武士とはっきり差別しました。

人口の大部分をしめ、ねんぐをおさめている農民は、武士につぐ身分とされ、物をつくる職人は農民の次におかれ、商人は職人よりも下の身分とされたのです。

それぞれの身分のなかでも、上下の関係が、こまかく分けられました。

そのうえ、幕府は、農・工・商の下に、さらに低い身分をおきました。この低い身分におかれた人々は、河原など悪い条件の土地に住まわせられました。また、山野や用水の利用もほとんどゆるされず、職業や服そうも制限されて、苦しいくらしをしいられました。

（中略）

このように身分による差別をきびしくしたのは、人々が力を合わせ、武士の支配に反対するのをおそれたためだと思われます。農・工・商の下にさらに低い身分をつ

身分による差別

（前略）

江戸幕府は、将軍をかしらとする武士の支配を固めるために、秀吉のころよりも、身分の差別をきびしくしていきました。人々を、士（武士）・農（農民）・工（職人）・商（商人）の順に分け、その下に、さらに低い身分をおきました。そして、身分は親から子へと受けつがれるものとし、武士は武士として、農民は農民として一生を送らせることにしたのです。これにより、職業も自由にかえることができなくなりました。

武士は、農民や職人・商人よりいちだん高い身分とされ、みょう字を名のったり、刀をさしたりする特権をあたえられました。幕府や藩の城下町に住んで役人として政治にあたり、農民のおさめる年貢米を売ってくらしました。

農民は、武士につぐ身分とされました。武士の生活を支える年貢をおさめたからです。職人や商人は、都市に住んで、町人とよばれました。農民とくらべると、税の負担は軽く、ある程度、自由もありました。そのため、やがて、大きな富をたくわえる商人もあらわれました。

農民や町人よりも低い身分におかれた人々は、条件の

くったのも、農・工・商の人々に、もっと低い身分があると思わせ、武士への不満をそらそうとしたためだと考えられます。
（後略）

悪いところに住まわされ、職業や、結婚、日常のつきあいなどで、きびしい差別を受けました。これは、農民や町人にさらに低い身分のあることを知らせて、武士の支配に対する農民や町人の不満をそらそうとしたものと考えられます。
（後略）

一九九二（平成4）

士と農工商

幕府は、秀吉がきめた身分のきまりをいっそう強め、武士による支配のしくみをかためていきました。

支配者である武士は、きわだって高い身分とされ、名字を名のり、刀をさすなどの特権がみとめられました。武士は、農民が税としておさめた米を、将軍や大名から給料としてあたえられ、それで生活しました。

いっぽう、農（農民）・工（職人）・商（商人）の人々は、武士に支配され、武士の生活をささえる、農民・町人（職人・商人）の身分に固定されました。

そのうえ幕府は、農民・町人の下に、さらに低い身分をおきました。この低い身分におかれた人々は、河原などの条件の悪い土地に住まわされ、人々の好まない仕事をしいられましたが、きびしい差別のなかで、農業をはじめ、さまざまな仕事について、社会をささえました。

幕府は、支配がみだれてくると、身分制をひきしめようとしました。特に、これらの人々の日常生活や服装などについては、きびしく制限しました。

このように、身分による居住地・職業・結婚などへのきびしい差別は、農民と町人とが力を合わせて武士の支配に反抗しないようにするとともに、自分よりも下の身

身分の差別で支配した家光

（前略）

江戸幕府は、将軍をかしらとする武士の支配をかためるために、秀吉のころよりも、身分の差別をきびしくしていきました。士（武士）・農（農民）・工（職人）・商（商人）の順に人々を分け、その下に、さらに低い身分の人々をおくことにしたのです。

武士は幕府や藩の城下町に住んで役人として政治にあたり、農民のおさめる年貢米を売ってくらしました。農民は、武士につぐ身分とされましたが、米のとれ高の半分くらいを、年貢としてとり立てられました。（中略）職人や商人は、都市に住んで、町人とよばれました。農民とくらべると税の負担は軽く、ある程度、自由もありました。やがて、大きな富をたくわえる商人もあらわれました。

農民や町人よりも低い身分におかれた人々は、条件の悪いところに住まわされ、職業や、結婚、日常のつきあいなどで、きびしい差別を受けました。これは、農民や町人に、さらに低い身分のあることを知らせることで、武士の支配に対する農民や町人の不満をそらそうとしたものと考えられます。

	分の者がいると思わせて、武士への不満をそらす役割を果たしたと考えられます。 （後略）	（後略）
一九九六（平成8）	**身分のきまり** 　幕府や藩は、秀吉がきめた身分のきまりをいっそう強め、支配のしくみをかためていきました。武士は、支配者である高い身分とされ、名字を名のり、刀をさすなどの特権をみとめられました。その武士の生活は、農民がねんぐとしておさめる米でささえられました。 　いっぽう、農民（農）・町人（職人〈工〉や商人〈商〉）は、武士（士）に支配され、武士の生活をささえる身分に固定されました。そのうえ幕府や藩は、農民や町人の下に、さらに低い身分をおきました。この低い身分におかれた人々は、しだいに他の身分との交流を制限され、なかには河原などの条件の悪い土地に住まわされもしました。しかし、これらの人々は、差別にたえながら、荒れ地を耕して農業を営み、人々のくらしに必要な生活用具をつくったり、伝統的な芸能を伝えたりして、日本の社会や文化をささえていきました。 　こうした幕府や藩による身分のきまりは、原則として親から子へと代々受けつがされ、農民や町人に自分よりも下の身分の者がいると思わせて、武士の支配への反抗と不満をそらす役割を果たしたと考えられます。 （後略）	**武士と農民・町人** 　幕府は、人びとを、武士と、農民・町人、その他の身分に分けて、きびしく支配しました。 　武士は、名字を名のり、刀を差すなどの特権がみとめられましたが、武士もその中で身分が細かく分けられていました。 （中略） 　幕府や大名は、農民や町人の下に、さらに低い身分をおきました。これらの人たちも、農業をはじめ、さまざまな仕事をおこなって、年貢や税をおさめたり、農村や町の人たちに必要な道具をつくったりして、社会を支えていました。しかし、きびしく差別されました。これは、農民や町人に、さらに低い身分の者がいることを知らせて、武士に対する不満をそらそうとしたものと考えられています。 　これらの身分は、かってに変えることができませんでした。
二〇〇〇（平成12）	**それぞれの身分と生活** 　幕府や藩は、秀吉が決めた身分のきまりをもとに支配をかためていきました。武士は政治をおこない、名字を	**身分による支配** 　江戸幕府は、将軍をかしらとする武士の支配をかためるために、秀吉のころよりも、身分のちがいをきびしく

	二〇〇二（平成14）
名のり、刀をさすなどの特権がありました。 いっぽう、おもに農業や商工業などの仕事をしていた農民や町人（職人・商人）は、武士に支配され、ねんぐなどで武士のくらしをささえる身分とされました。さらに、農民や町人からも差別された人々もいました。これらの人々は、服装や行事の参加などできびしい制約を受けましたが、農業を営んでねんぐをおさめるだけでなく、くらしに必要な生活用具を専門につくったり、伝統的な芸能を伝えたりして、日本の社会や文化をささえる一役をにないました。 こうした身分のきまりは、原則として親から子へと代々受けつぐものとされ、武士にとって人々を支配していくのにつごうのよいものでした。 （後略）	**それぞれの身分とくらし** 幕府や藩は、秀吉がきめた身分のきまりをもとに支配をかためました。武士は政治をおこない、名字を名のり、刀をさすなどの特権がありました。 いっぽう、おもに農業や商工業などの仕事をしていた
していきました。人々を、武士と、農民や町人などに分けたのです。どうしてそんなことをする必要があったのでしょうか。 武士は、幕府や藩の城下町に住み、役人として政治にあたりました。その生活は、農民が年貢としておさめる米に支えられていました。 農民は、村からはなれたり、農業以外の仕事についたりできませんでした。田畑を、かってに、売買することは禁じられ、分けることも制限されました。 職人や商人は、都市に住んで、町人とよばれました。農民とくらべると税の負担は軽く、ある程度の自由もありました。 （中略） このほか、農民や町人よりも低い身分とされた人々がいました。河原や村はずれなどの条件の悪い土地に住まわされたり、村の祭りへの参加を禁じられたりするなど、しだいに、ほかの身分の人との交流を制限されていきました。 このような差別は、農民や町人に、それより低い身分があると思わせて武士への不満をそらし、幕府や藩による支配の確立に役立ったといわれています。 （後略）	**身分による支配** 江戸幕府は、将軍をかしらとする武士の支配をかためるために、秀吉のころよりも、身分のちがいをきびしくしていきました。人々を、武士と、農民や町人などに分けたのです。

	二〇〇五（平成17）
農民や町人（職人・商人）は、武士に支配され、ねんぐなどで武士のくらしをささえる身分とされました。さらに、農民や町人からも差別された人々もいました。これらの人々は、服装や行事の参加などできびしい制約を受けましたが、農業を営んでねんぐをおさめるだけでなく、くらしに必要な生活用具を専門につくったり、伝統的な芸能を伝えたりして、日本の社会や文化をささえる一役をにないました。 　こうした身分のきまりは、原則として親から子へと代々受けつぐものとされ、武士にとって人々を支配していくのにつごうのよいものでした。 （後略）	**身分とくらしを調べる** 　幕府や藩は、秀吉がきめた身分のきまりをもとに支配をかためました。 　武士には、政治をおこない、名字を名のり、刀をさすなどの特権がありました。 　村に住む農民（百姓）や、商人と職人からなる都市に住む町人たちは、おもに農業や商工業の仕事をしていました。これらの人々は、武士に支配され、ねんぐなどを
武士は、幕府や藩の城下町に住み、役人として政治にあたりました。その生活は、農民が年貢としておさめる米に支えられていました。農民は、村からはなれたり、農業以外の仕事についたりできませんでした。田畑を、かってに、売買することは禁じられ、分けることも制限されました。また、日常生活の細かい点まで規制を受けました。職人や商人は、都市に住んで、町人とよばれました。農民と比べると税の負担は軽く、ある程度の自由もありました。 （中略） 農民や町人とはことなる身分とされた人々がいました。これらの人々は、河原や村はずれなどの条件の悪い土地に住まわされたり、村の祭りへの参加を禁じられたりして、農民や町人とのつきあいもしだいに制限されていきました。 　このような差別は、農民や町人にべつの身分があると思わせて、武士への不満をそらし、幕府や藩の支配を確立するのに役立ったといわれています。 （後略）	**身分による支配** 　幕府は、武士が支配する社会を守るために、秀吉のころよりも、身分のちがいをきびしくしていきました。 　武士は、みょう字を名のることや、刀をさすことを認められました。城のまわりに住んで役人として政治にあたり、農民の納める年貢によってくらしが支えられていました。 　農民は、村からはなれたり、農業以外の仕事についた

おさめて武士のくらしをささえる身分とされました。

　さらに、農民や町人からも差別された人々もいました。これらの人々は、服装や行事・祭りの参加などできびしい制約を受けました。しかし、農業を営んでねんぐをおさめ、すぐれた生活用具をつくったり、芸能を伝えたりしたほか、医学の発展にこうけんするなど、当時の社会や文化をささえました。

　こうした身分のきまりは、親から子へと代々受けつぐものとされ、武士が人々を支配するのにつごうのよいものでした。

（後略）


りできませんでした。おふれ書きによって、日常生活の細かい点まで規制を受けましたが、田植えなどで協力しあいました。

　職人や商人は、城下の町に住み、町人とよばれました。農民と比べると税の負担は軽く、ある程度の自由もありました。やがて、大きな富をたくわえる商人もあらわれました。

　農民や町人とはことなる身分とされた人々もいました。これらの人々は、河原や村はずれといった条件の悪い土地に住まわされ、服装や村の祭りへの参加などで制約を受けて、農民や町人とのつきあいも、しだいに制限されていきました。

　これらの人々は、差別を受けながらも、農業を営んで年貢を納めるだけでなく、くらしにかかせない道具をつくったり、伝統的な芸能を伝えたりして、助け合いながら、社会や文化を支えました。

　このような身分による差別は、武士中心の政治にとって都合がよいものでした。

（後略）

二〇一一（平成23）

それぞれの身分とくらし
　幕府や藩は、秀吉がきめた身分のきまりをもとに支配をかためました。
　武士には、政治をおこない、名字を名のり、刀をさすなどの特権がありました。
　村に住む農民（百姓）や、商人と職人からなる都市に住む町人たちは、おもに農業や商工業の仕事をしていました。これらの人々は、武士に支配され、ねんぐなどを

身分による支配
　幕府は、秀吉が決めた身分のちがいをもとに、支配をかためていきました。
　武士は、名字や刀を持つことを認められました。城のまわりに住んで役人として政治に当たり、農民が税として納めた年貢米を藩から与えられ、それを売ってくらしました。
　農民は、かってに村からはなれたり、農業以外の仕事

納めて武士のくらしを支える身分とされました。

さらに、農民や町人からも差別された人々もいました。これらの人々は、服装や行事・祭りの参加などで厳しい制約を受けました。しかし、農業を営んでねんぐを納め、すぐれた生活用具をつくったり、芸能を伝えたりして、当時の社会や文化をささえました。

このような身分のきまりは、親から子へと代々受けつぐものとされ、武士が人々を支配するのにつごうのよいものでした。

（後略）

についたりすることはできませんでした。また、日常生活の細かい点まで規制を受けていました。

職人や商人は、城下町に住み、町人とよばれました。農民と比べると税の負担は軽く、ある程度の自由もありました。

農民や町人とは異なる身分とされた人々もいました。条件の悪い土地に住まわされたり、祭りへの参加を禁じられたりするなど、農民や町人とのつき合いも制限されていきました。こうした差別を受けながらも、農業を営んで年貢を納めたり、くらしにかかせない道具をつくったり、伝統的な芸能を伝えたりする人たちもいて、助け合いながら、社会や文化を支えました。

このような身分による差別は、武士にとって都合がよいものでした。

（後略）

二〇一五（平成27）

江戸時代の身分制と人々のくらし

幕府や藩は、身分のちがいをもとに支配をかためました。武士には、政治をおこない、名字を名のり、刀をさすなどの特権がありました。

農村などに住む百姓や、商人と職人からなる城下町に住む町人たちは、おもに農業や商工業の仕事をしていました。これらの人々は、武士に支配され、ねんぐなどを納めて武士のくらしを支える身分とされました。

さらに、農民や町人からも差別された人々もいました。これらの人々は、服装や行事・祭りの参加などで厳しい制約を受けました。しかし、農業や皮革業などを営んでねんぐを納め、すぐれた生活用具をつくったり、役人のもとで治安を守る役を果したり、芸能を伝えたりして、当時の社会や文化をささえました。

このような身分制は、親から子へと代々受けつぐものとされ、武士が人々を支配するのにつごうのよいものでした。

（後略）

（備考）傍線は以下の分類による。

表３-２　小学校社会科教科書記述（日本文教出版）にみる研究成果の反映状況

年度版	「士農工商」的序列記事		「分裂支配」的記事		「社会外」的被差別民記事		「三位一体」的記事		「単位社会集団」としての身分記事	
	大阪版	東京版	大阪版	東京版	大阪版	東京版	大阪版	東京版	大阪版	東京版
1971	○	○	×	×	×	×	×	×	×	×
1974	○	○	○	×	×	×	×	×	×	×
1977	○	○	×	○	×	×	○	○	×	×
1980	○	○	○	○	×	×	○	○	×	×
1983	○	○	○	○	×	×	○	○	×	×
1986	○	○	○	○	×	×	○	○	×	×
1989	○	○	○	○	×	×	○	○	×	×
1992	×	○	○	○	×	×	○	○	×	×
1996	×	×	○	○	×	×	×	×	×	×
2000	×	×	×	○	○	×	×	×	×	○
2002	×	×	×	○	○	○	×	×	×	○
2005	×	×	×	×	○	○	×	×	○	○
2011	×	×	×	×	○	○	×	×	○	○
2015	×		×		○		×		○	

※　○＝該当有　×＝該当無

・「士農工商」的序列記事＝
・「分裂支配」的記事＝
・「社会外」的被差別民記事＝
・「三位一体」的記事＝
・「単位社会集団」としての身分記事＝

3　教科書活用上における留意点

近世身分制研究は、一九七〇年代後半から大きく進展する。こうした研究史の進展が教科書記述として具体化されるのは、日本文教出版の場合、二〇〇二年度版あるいは二〇〇五年度版となる。表3－2からも理解できるように、一九九二年度版～二〇〇五年度版において、これまでの「士農工商」的序列記事、「分裂支配」的記事、「三位一体」的記事から、「社会外」的被差別民記事、「単位社会集団」としての身分記事へと移行している。この転換期にあっては、教科書執筆者の意図が反映されにくく、現場教師の裁量に応じた指導が行われたであろうと推察される。現場教師による裁量とは、大方がこれまでの近世政治起源説を基とした学習指導を意味するであろう。しかも、表3－1からも理解できるように、二〇〇五年度版以降の内容変更箇所は限定的であり、よほど注意深く教材研究をしないと執筆者の意図、つまり、近世身分制研究の成果が理解できない可能性が高い。よって、本章冒頭に述べたような状況があると推察できる。

では、近世身分学習を小学校段階で行うにあたって、教科書教材研究という点に焦点化して考えるならば、どのような点に留意すればよいのだろうか。「士農工商・穢多非人」といった制度が全国横断的な制度として存在していたわけではないこと、あるいは、農民や町人の武士に対する不満をそらすために、賤民身分を置いたとする近世政治起源説の払拭は当然の前提として、次の三点を指摘したい。

第一に、「さらに低い身分の人々」から「ことなる身分とされた人々」「差別された人々」へと変更されている意味を充分に理解したうえで指導を行うことである。こうした変更はすべての検定教科書にみられる。かつての近世身分学習では、差別の過酷さを学び、厳しさを克服して解放に向かう学習目的があったとはいえ、部落差別の悲惨さや被差別民の低位性を強調するあまり、結果として差別解消への展望を見出せなくなる懸念があった。こうした反省から、近世被差別民の生産や労働、文化を担った社会状況を積極的に学習内容に位置づけて、未来への展望をもつ学習へと転換がなされている。こうした理解は教育現場にずいぶんと浸透していったが、「さらに低い身分の人々」から「ことなる身分とされた人々」「差別された人々」への変更が、明るい未来を展望するための方法論的な記述変更と捉える傾向がみえる。つまり、教育上の配慮によって、「ことなる身分」「差別された人々」との修正がなされたという理解である。これでは、「士農工商」的序列身分、分裂支配政策（近世政治起源説）の払拭がなされるはずはない。教科書記述は歴史学に基づいた科学的知識であることを周知し、「ことなる身分とされた人々」「差別された人々」への変更が論者によって文言（「身分外」「体系外」「社会外」など）は異なるものの、序列化された「士農工商・穢多非人」の身分枠組みで捉えることができない点を述べたものであることを授業者はしっかりと理解する必要がある。

第二に、近世身分を「社会」と「政治」との双務的・相互規定的として捉える指導の重要性である。近世身分制に関わる教科書記述を精査していくと、「社会」「政治」のいずれかを行為の主体として、論じられる傾向がある。一九七一年度版から二〇一一年度版の記述を総覧すると、その主体は徐々に「政治」から「社会」へと移行していることがうかがえる。これは、第一章で明らかにしたように、朝尾直弘氏の「地縁的・職業的身分共同体」の指摘以降、高木昭作氏との議論、身分的周縁論の研究成果がその背景にある。高校日本史教科書（山川出版社『詳説日本史B』）において、近世身分に関わる学習内容が二〇〇九年度版においては「身分秩序」であったものが、二〇一三年度版においては「身分と社会」と変更されているのは同様の研究状況を反映してのものである。

このように、身分の形成過程を「政治」と「社会」の双務的関係として指導することは重要と考えられる。たとえば、日本文教出版（東京版）二〇一一年度版では「このような身分による差別は、武士にとって都合がよいものでした」との記述がある。この場合、「身分による差別」の主体が社会にあることは相違ない。社会を基盤とした差別の上に、政治がさらなる身分編成を行ったと捉えるべきである。以上からも、歴史的事実をどのように執筆者が解釈しているのかを判断し、関連する文献を収集する教材研究を推奨したい。

第三に、近世身分の捉え方として、「単位社会集団」に焦点を当てた指導を行うことである。武士の家、百姓の村、町人の町など、団体や集団ごとに組織され、集団を通じて身分が編成されたことを資料を通して考えさせる活動を重視したい。たとえば、近世人口の八割以上を占めていた百姓は、庄屋などの村役人を中心として自分たちで村を運営し、幕府や藩はこのまとまりを利用して年貢や役負担をさせた。百姓は家をつくって農業を営み、家が所属する村を通じて国家的な身分に位置づいていったのである。こうした「単位社会集団」としての身分の位置づけは、町人とその結合体である町との関係においても同等である。北尾悟氏は、町奉行所の人数四〇〇人で数十万人の江戸民衆を治めていたことを事例として、江戸の町における自治を具体的に学ばせる貴重な報告を行っている(4)。このように、それぞれの集団の自治に依拠して政治を行ったのが江戸期であった。さらに言及するならば、「ことなる身分とされた人々」「差別された人々」が百姓とは別の村をつくり、農業や手工業・皮革業に従事し、幕府や大名の支配のもとで死牛馬の処理や行刑役の役負担があったことも、「単位社会集団」として近世国家に位置づけられた同様の事例である。この第三の留意点は、指導者が事実上、家を通して代々受け継がれていった近世身分の基本的考え方を教授するうえで重要な理解であると考えられる。

以上、小学校教科書活用上における留意点を述べた。

4　近世身分学習の留意点

本章での検討内容を俯瞰し、課題を列挙したい。

本章は小学校社会科学習における近世身分に関わる学習内容の授業化に際し、教材研究と教材開発のための前提的作業として、小学校教科書記述の変遷と近世身分制研究の研究史を往還させ、その指導の留意点と課題を提示した。

まず、小学校社会科教科書内容（日本文教出版〈六年上：大阪版・東京版〉一九七一年度版〜二〇一五年度版）を通して、近世身分制に関わる教科書記述の変遷をその研究史と対応させながら明らかにした。第Ⅰ部で検討した研究史のなかで、各教科書策定時期において、重要な研究用語となる(1)「士農工商」、(2)「分裂支配（政治起源）」、(3)「社会外」、(4)「三位一体」、(5)「単位社会集団」を分析視点とした。

(1)の視点では、大阪版においては一九七一年度版〜一九八九年度版まで、東京版では一九七一年度版〜一九九二年度版まで、「士農工商」的身分観の序列記述が明記されていた。その記述の詳細をみていくと、「士農工商」という垂直に積層化された身分記述と、支配身分としての「士」と被支配身分としての「農工商」に類別された記述が存在していることが明らかである。(2)の視点では、大阪版では一九七四年度版と一九八〇年度版〜一九九六年度版まで、東京版では一九七七年度版〜二〇〇二年度版において「分裂支配」的記事が存在していた。大阪版では、一九八六年度版以降、「農・工・商の人々に、もっと低い身分があると思わせ、武士への不満をそらそうとした」として、賤民身分の記述が加わり、東京版ではすべての年次において賤民身分の記載が存在していた。(3)の視点では、大阪版では二〇〇〇年度版以降、東京版では二〇〇二年度版以降に「社会外」的な記事が存在した。大阪版では「低い身分」との記述から、「農民や町人からも差別された人々がいました」との記述に変更されており、東京版では「農民や町人とはことなる身分とされた人々もいました」と記述されている。このように、賤民身分が上下の序列身分として、捉えられていない点を示した。(4)の視点では、両社ともに一九七七年度版〜一九九二年度版にその記事がみられた。大阪版では賤民身分に対する、身分・職業・居住地が一体となった「三位一体」的差別が説明されている。東京版では賤民身分における「三位一体」的差別記事と共に、「日常のつきあい」にまで言及している記事が見受けられる。(5)の視点では、大阪版では二〇〇五年度版以降、東京版では二〇〇〇年度版以降に「単位社会集団」としての身分記事が認められた。武士の家、百姓の村、町人の町など、団体や集団ごとに組織され、集団を通じて身分が編成されたことを意図していると考えられる。「三位一体」論と類似しているが、その考え方は差別論という点において峻別がなされるべきであろう。

次に、小学校社会科授業において、近世身分を取り上げる際の留意点や重要事項を三点指摘した。第一は、「さらに低い身分の人々」から「ことなる身分とされた人々」「差別された人々」へと変更されている意味を十分に理解したうえで指導を行う重要性についてである。「ことなる身分とされた人々」「差別された人々」への記述変更の背景には、「士農工商」論への批判と、身分の頂点部分あるいは賤民身分を「社会外」「体系外」「身分外」として捉える研究成果が存在したことを示した。第二は、近世身分を「社会」と「政治」の双務的・相互規定的として捉える指導の重要性である。歴史的事実をどのように教科書執筆者が解釈し記述しているのかを判断し、関連した文献を収集する教材研究の必要性を論じた。第三は、近世身分の捉え方として、「単位社会集団」に焦点を当てた指導を行う重要性についてである。前述したように、近世社会は、武士の家、百姓の村、町人の町など、団体や集団ごとに組織され、御用や役によって集団が社会的に公定されていく。賤民身分である「かわた」身分も集団を形成して御用を勤めており、身分存在という点では他身分と同様の性質を有している。近世身分の捉え方を、「単位社会集団」を通して、職分・共同組織・役という視点から捉えていく重要性を指摘した。

最後に、今後の課題を述べておく。本章では小学校社会科教科書（日本文教出版〈六年上：東京版・大阪版〉）を事例として検討したが、他出版の小学校社会科教科書や中学校社会科教科書についても検討する必要がある。そして、そのうえで近世史研究全体を俯瞰した教材研究の方法と教材開発、さらなる具体的な授業実践案について研究を進めていきたい。部落問題学習を学校教育の中心に据えている学校は非常に多い。こうした学校現場の期待に応えるためにも、早急な近世史研究の成果を生かした授業プランの作成が必要と考えている。この点は次章にて明らかにしていきたい。

注

（1）筆者は、教職大学院にて人権教育に関する授業を担当しているが、その中での現場教師の声を重みをもって受け止めている。また、招聘された人権教育研修会では歴史学研究の成果の還元を望む声が大きい。

（2）多和田雅保「書評　塚田孝著『近世身分社会の捉え方――山川出版社高校日本史教科書を通して』」（『部落問題研究』一九六、部落問題研究所、二〇一一年）六五頁。筆者もこの点は同感で、学生や院生に新旧の教科書記述を列挙して問うてみると、旧教科書記述を選択する学生や院生が圧倒的に多い。

（3）新保真紀子「小学校社会科・身分制度成立に関する教科書記述の変遷」（『神戸親和女子大学児童教育学研究』二五号、二〇〇六年）。

（4）北尾悟『都市とは？歴史とは？』（部落問題研究所、一九九九年）五八～七六頁。

第四章　「単位社会集団」を中心概念とした授業構成

1　「単位社会集団」とは

近世身分制研究の進展とともに、近世身分の捉え直しがなされ、小学校六学年の歴史教育においても、教科書記述の変遷とともに、学習内容が変化してきた。近世身分に関わる学習は、「士農工商」的理解・「分裂支配」的理解・「三位一体」的理解の学習から「単位社会集団」的理解・「社会外」的被差別民観の学習へと志向されてきている(1)。つまり、身分を政治が主体となって創出したという理解から、社会と政治の相互作用によって、整序化されたという理解への変遷である。しかしながら、三角ピラミッド型の「士農工商」学習は随分と払拭されてきたものの、近世政治起源説を理論的支柱とした、「分裂支配」「三位一体」を主概念とする学習は多くの学校教育現場で展開されている可能性がある(2)。これらの背景には、歴史学研究の側からの分かりやすい理論の提示がなされていない点、教科書記述の変遷が非常に部分的であり、大幅な記述の変化が見られないなどの問題点が存在している。

このような状況を鑑みるならば、小学校社会科教育（歴史学習）の改善の視点として、以下の研究段階が必要となろう。

(1)　歴史学研究の側からの近世身分に関わる理論を整理・細分化し、体系化された、分かりやすい概念での提示

(2)　その概念を授業化するための単元レベルでの授業カリキュラム開発

(3)　具体的実践を念頭に置いた授業書の作成と課題の提示

筆者は、(1)について、第一章にて先行研究の検討を行った。そして、「単位社会集団」「社会外」的被差別民観による授業実践の必要性を第三章にて提示した。膨大な近世史研究の研究蓄積から、小学校発達段階に則した概念を提出することは容易ではないが、現時点における有効な視点となり得ると考える。

本章においては、このうち「単位社会集団」に焦点化し、(2)(3)の段階への前提的作業を行う。具体的には、二〇一四年度検定教科書（以下、「二〇一五年度版教科書」と表記）における「単位社会集団」に関わる記述を四社から抽出する。そして、各教師用指導書から授業展開例を検討する。以上から、「単位社会集団」を概念とする授業がどのように展開されているのかを検証する。次に、教科書を使用した授業モデルを前提として、「単位社会集団」を中心概念とした具体的授業書（二単位時間）を提案する。「単位社会集団」を中心概念とすることで、近世政治起源説を理論的支柱とする近世身分学習の改善に迫りたいと考える。

最後に、「単位社会集団」について概念規定をしておく。この概念は直接的には、塚田孝氏の言葉「武士、百姓や町人、かわたや非人については言うまでもなく、諸身分全体が単位社会集団を形成し、社会的役割を担い、全体社会に位置づいている」[3]に依拠するものであるが、その背景には、朝尾直弘氏の「地縁的・職業的身分共同体」論と、高木昭作氏の「役負担」論が存在することは言うまでもない[4]。両者の詳細な論理は第Ⅰ部に譲り、本章では、両者を批判的に継承し、都市内の町をはじめとする多様な社会的関係の文節的・内在的把握を行った吉田伸之氏の研究[5]、近世被差別民の集団化の様相を明らかにすることで近世社会を社会集団の重層と複合として把握した塚田孝氏の研究[6]に焦点化して再論しておく。

吉田氏は、「固有の身分が成立しうるための要件としては、(a)職分＝所有と経営の質、および分業における位置、(b)共同組織＝所有と経営の集団的保証、(c)役＝社会のなかでの地位の公定と合意、の三点が不可欠のものとしてあげられる。職分、共同組織、役のそれぞれにおける固有性、固定性、排他性こそが、当該の身分に独自の性格と内容を与えるのである」[7]と述べている。つまり、吉田氏は、職分が所有や経営の質を規定するとしたうえで、共同組織が所有と経営を集団的に保証するものとして、身分が共同組織を通して存在しているとしたのである。さらに、役が社会のなかでの公定と合意を図るという御用と公認の関係を明示した。

塚田氏は、「『身分』というものを考えると、人びとが政治的な位置をどのように与えられるのかということが問題になります。人びとは生きる上で依拠する集団を形成しており、その集団がある社会的な役割を果たし、位置づけを与えられる。個々人はその集団に属することで社会的に位置づいているのです。武士についてもそうですし、百姓や町人、かわたや非人についても同じです(8)」と述べている。つまり、吉田氏の提示した内容と同様に、近世社会は様々な自律的な集団が重層的に存在しており、公儀への様々な御用や役を勤めることを通じて、その集団の存在が公的に社会的に認知される。この公的で社会的な認知は、営業権や耕作権、勧進権という形で公認されることとバーターの関係にあったことを示したのである。

両者の論じた内容は、塚田氏の言葉を借りるならば、「身分というものと家や集団、団体との関連、個人はそういう集団を通じてそれぞれの身分に位置づけられるという指摘(9)」であった。近世身分のあり方の学習として、たとえば、百姓とその結合体たる村（「単位社会集団」）、町人とその結合体たる町〈チョウ〉「単位社会集団」）に焦点化されることは重要と考えられよう。

一九七〇年代以降の大きな近世身分制研究の潮流から鑑みて、「単位社会集団」を小学校歴史学習の授業改善の中心概念とすることは妥当性があると考えられるのである。

2　二〇一五年度版教科書の内容とその授業展開の考察

まず、二〇一五年度版教科書（教育出版・東京書籍・日本文教出版・光村図書）における近世身分に関わる教科書記述を検討する。表4-1にその記述を示した（節末参照）。四社の学習テーマは「人々の暮らしと身分」（教育出版）、「人々のくらしと身分」（東京書籍）、「江戸時代の身分制と人々のくらし」（日本文教出版）、「身分による支配」（光村図書）となっている。教育出版と東京書籍はほぼ同様のテーマを採用しており、日本文教出版では「江戸時代の身分制」として、制度的側面を強調している。光村図書においても、「支配」との文言から政治的側面からの記述を想起させる。いずれにしても、教育出版・東京書籍に比べて、日本文教出版・光村図書の学習テーマには「政治」を視点とした記述傾向がうかがえる。

では、「単位社会集団」を視点とした記述がどのように表されているのか、具体的に検討してみよう。表4－1に傍線を付したところが「単位社会集団」に関わる記述である。

教育出版においては、「村」と「都市」という結合体たる「単位社会集団」に焦点が当てられている。注目されるのは、「百姓」を「農村や漁村、山村に住む百姓」という表現にしている点である。百姓の労働と暮らしに焦点が当てられていることが分かる。ここに、従来に使用されていた「農民」との文言はない。「村」を構成している者が「百姓」であるという理解に立っている。都市については、職人・商人が住んでいたことが記されている。「町を整備するための仕事や費用を負担しました」とあるが、「町」とは何かが説明されておらず、顕著な「単位社会集団」である両側町としての「町（チョウ）」を指すのか、都市全体を指すのかが明確ではない。「村」と「町」を並列的に指導する困難さが認められる。

東京書籍においては、まず、「都市」について体系的な理解を図ろうとしている。都市には城下町、門前町や港町、宿場町、鉱山町があり、その基礎に「町（チョウ）」という「単位社会集団」が存在していたことを明示している。「町（チョウ）という小さな社会」という表現にその意図が集約されている。本教科書においては城下町を取り上げ、武士や町人が、武家地や町人地に集められたことを記述し、都市の多様な状況から「単位社会集団」の理解を図ろうとしている。また、「町」と同様に「村」においても、百姓が「農村」「山村」「漁村」に住み、農業や山仕事、漁業を営んで生活をしていた様子が記されている。ここでは「村」が「単位社会集団」として記述され、幕府や藩が「村のまとまり」を利用して、政治を行ったことが理解できるような記述となっている。「役（やく）」という文言があり、役負担に関わる内容記述が認められよう。

日本文教出版においては、東京書籍と対照的にその関連記述は少なく、「農村などに住む百姓や、商人と職人からなる城下町に住む町人」との記述があり、団体や集団ごとに身分が組織された点についての記述のみとなっている。記述後半は武士との支配・被支配関係への言及がある。

光村図書においても、団体や集団ごとに身分が組織された点についての記述が主体である。村の記述については、教育出版と同様の傾向がみられるが、町（チョウ）と町人の記述については非常に限定的となっている。職分についての記述はあるが、町人の役負担についての記述はない。教育出版同様に、「町」が都市を指すのか、「単位社会集団」である町（チョウ）を指すのかは明確とはなっていない。

以上、四社における「単位社会集団」に関わる記述を分析した。四社の記述の共通点としては、支配身分としての武士と被支配身分としての百姓・町人が取り上げられており、村の構成員が百姓身分・町の構成員が町人身分であるという理解に立っている点である。つまり、身分は幕府や藩がつくったものではないという理解に繋がるところであるが、この点については前述したように各社に若干の温度差が存在している。教育出版と東京書籍では、「人々の暮らしと身分」「人々のくらしと身分」という学習テーマを設定し、身分を社会との関係において捉えようとしている。東京書籍の冒頭の記述「江戸時代の社会は、支配者である武士をはじめ、百姓や町人など、さまざまな身分の人々によって構成されていました」は、まさにこの点を具体化した表現であると考えられよう。日本文教出版においては、「単位社会集団」に関わる記述が少なく、江戸時代を「身分制」と捉え、太字で表記するなど、身分を制度を中心として考えようとしている。また、光村図書においては、冒頭に「幕府や藩は、武士が支配する世の中を続けるために、人々の身分を武士、百姓（農民や漁民など）と町人（職人や商人）に分けました」と記されており、幕府や藩が支配のために身分をつくったとする理解へと促す文脈を感じ取れる。両社においては、身分を政治との関係性において規定しようとする意図がみられ、近世政治起源説の払拭はされているものの、政治との関連へと児童の意識を導く記述となっていると捉えられよう。よって、日本文教出版においては、「単位社会集団」の記述が限定的となった所以である。

なお、四社のなかで、最も特徴的なのが東京書籍であることは明白だろう。他社の記述とは異なり、「単位社会集団」に関わる記述は非常に多く詳述されている。また、「村」と「町」の記述の順序も唯一、「町」が先に記載されるなど、これまでの教科書記述における農民からの年貢徴収の史実を通して、「士農工商」的理解、および、「分裂支配」的理解を意図した内容からの一新を図っていると考えられよう。とくに、「町（チョウ）」についての記述は東京書籍のみであり、「村」と並列したなかで、「町」が学習できるように内容構成がなされている。これは、都市と農村の捉え方と身分の捉え方が表裏の関係にあることをふまえたものと推察できよう。近世身分が団体や集団ごとに組織され、職分と役負担のなかで独自の位置づけが図られたことを学ぶために、小学校発達段階をふまえても、なお、「単位社会集団」が有効な学習概念と判断したものと考察できる。

次に、検討してきた「単位社会集団」の概念がどのように授業化されているのかを考察する。二〇一五年度版教科書（教師用指導書）の本授業時間の目標と展開を一覧にしたものが表4-2（節末参照）である。

まず、目標を検討してみると、教育出版では「村や町に住む人々の暮らしを調べ、身分制度のもとで、人々がどのような暮らしをしていたのかをとらえることができるようにする」とあり、身分制度が確立した意味について、人々の暮らしと関連づけて学習しようとしていることが分かる。東京書籍では「幕府が身分制度によって百姓や町人などを支配したことを読み取り、ノートなどにまとめる」とあり、幕府が身分制度によって支配を固めた様相を捉えさせようとしている。日本文教出版においては「武士による支配体制を維持・強化していくために、身分の違いをもとに、いっそうの身分の固定化を図った」ことを捉えさせることを本授業の主旨としている。光村図書では「幕府による民衆支配の仕組みを理解するとともに、生活の維持・向上のための民衆の工夫や努力をとらえる」として、身分制度の意図と実態を捉えさせ、幕府による民衆支配の構造を理解させようとする。以上から、目標記述のなかに、「単位社会集団」の概念自体が中心に授業化されているのではないことが明らかである。

では、展開例のなかに、どのように「単位社会集団」の概念が授業化されているのかを検討してみよう。表4-2では、指導書の学習展開中に、「単位社会集団」と関連づけられる展開に傍線を付した。さらに、その傍線の詳細な細案例を指導書から抜粋している。細案例を一覧して理解できるように、「単位社会集団」についての直接的な発問や授業展開は存在していない。唯一、最も「単位社会集団」についての多くの記述の存在する東京書籍においても、幕府政治を考えるなかで、身分によって住む場所や職業が決定していたことを学習し、幕府に対する百姓や町人の思いを考えさせる学習展開を組んでいる。しかしながら、これまでに述べてきたように、近世身分とは、人々が生きるうえで依拠する集団を形成し、さらに、その集団が社会的な役割を果たし、個々人はその集団に属することで社会的に位置づいているという「単位社会集団」の基本的な考え方を授業化しているのではなく、幕府の支配という視角からの学習過程となっていることは否めない。この点からすれば、他の発行者の教師用指導書の展開例となんらの変わりはない。教科書記述においては、東京書籍は特徴的な記述方法を有しているにもかかわらず、教師用指導書においては「単位社会集団」の概念が充分に生かされた指導事例とはなっていないと理解される。

このように、二〇一五年度版教科書の内容とその授業展開を考察した結果、「単位社会集団」の教科書記述が東京書籍以外では限定的であること、各発行者から示された指導事例からは、「単位社会集団」の概念が充分に生かされていないことを指摘した。

表4-1　二〇一五年度版教科書における「近世身分」に関わる記述

	記述内容
教育出版	**人々の暮らしと身分** 江戸幕府《えどばくふ》のもとでは、武士が、世の中を支配する身分とされ、名字を名のったり刀を差したりする特権《とっけん》を認《みと》められました。一方、百姓《ひゃくしょう》や町人は、武士の暮らしを支える身分とされました。それぞれの身分の中でも、上下関係が細かく分かれていました。また、女性の地位を男性よりも低いものとみなす考え方が強まりました。 村は、村役人を中心として、共同で運営されました。幕府は、農村や漁村、山村に住む百姓に対して、村ごとに年貢《ねんぐ》を納《おさ》めさせるとともに、五人組《ごにんぐみ》というしくみをつくり、年貢を納められない者や罪をおかす者が出ると、共同で責任を負わせるようにしました。 江戸や大阪《おおさか》などの都市には、たくさんの職人・商人が移り住み、商工業をさかんにしていきました。町人は、百姓のような重い年貢はまぬがれましたが、町を整備するための仕事や費用を負担《ふたん》しました。

日本文教出版	東京書籍	
江戸時代の身分制と人々のくらし 幕府《ばくふ》や藩《はん》は、身分のちがいをもとに支配をかためました。 武士には、政治をおこない、名字《みょうじ》を名のり、刀をさすなどの特権《とっけん》がありました。 農村などに住む百姓《ひゃくしょう》や、商人と職人からなる城下町《じょうかまち》に住む町人たちは、おもに農業や商工業の仕事をしていました。これらの人々は、武士に支配され、ねんぐなどを納《おさ》めて武士のくらしを支える身分とされました。 さらに、農民や町人からも差別された人々もいました。これらの人々は、服装《ふくそう》や行事・祭りの参加などで厳《きび》しい制約を受けました。しかし、農業や皮革業《ひかくぎょう》などを営んでねんぐを納め、すぐれた生活用具をつくったり、役人のもとで治安を守る役を果たしたり、芸能を伝えたりして、当時の社会や文化をささえました。 このような**身分制**は、親から子へと代々受けつぐものとされ、武士が人々を支配するのにつごうのよいものでした。	**人々のくらしと身分** 江戸《えど》時代の社会は、支配者である武士をはじめ、百姓《ひゃくしょう》や町人《ちょうにん》など、さまざまな**身分**の人々によって構成されていました。 武士や町人は、豊臣秀吉《とよとみひでよし》の時代から、政治や経済《けいざい》の中心である城下町《じょうかまち》に集められました。江戸をはじめ、全国につくられた城下町では、大名《だいみょう》やその家来たちが住む武家地、寺や神社の地域《ちいき》、町人地など、身分によって住む場所が決められました。町人地では、町人たちが町《ちょう》という小さな社会にまとまり、商業や手工業、流通、文化など、さまざまな仕事を営みました。都市には、城下町のほか、門前町《もんぜんまち》や港町《みなとまち》、宿場町《しゅくばまち》、鉱山町《こうざんまち》などがありました。 江戸時代の人口の八〇％以上は、百姓でしめられていました。百姓は、農村や山村、漁村に住み、農業や山仕事、漁業などを営んで、米をはじめとする農産物をつくり、山や海から自然のめぐみを得てくらしていました。百姓は、名主《なぬし》（庄屋《しょうや》）とよばれる有力者を中心に、自分たちで村を運営しました。幕府《ばくふ》や藩《はん》は、こうした村のまとまりを利用し、五人《ごにん》組《ぐみ》というしくみをつくらせて、収穫《しゅうかく》の半分にもなる重い年貢《ねんぐ》（税）を納《おさ》めさせたり、いろいろな役《やく》（力仕事）をさせたりしました。こうした中でも百姓は、農具を改良したり肥料をくふうしたりして、農業技術を進歩させました。 このほか、皇族《こうぞく》や公家《くげ》（貴族《きぞく》）、僧《そう》や神官《しんかん》などの宗教《しゅうきょう》者、能《のう》や歌舞伎《かぶき》をはじめとする芸能者、絵師《えし》、学者、医者など、多くの身分が見られました。また、百姓や町人とは別に厳《きび》しく差別されてきた身分の人々もいました。	さらに、百姓や町人とは区別され、差別された人々もいました。これらの人々は、幕府によって、住む場所や服装《ふくそう》、他の身分の人々との交際などを制限されました。しかし、厳《きび》しい差別を受けながらも、荒《あ》れ地を耕して年貢を納めたり、すぐれた技術を使って、人々の生活に必要な用具をつくったりして、社会を支えました。また、古くから伝わる芸能をさかんにし、後の文化にも大きな影響《えいきょう》をあたえました。

	また、それぞれの身分のなかにも上下関係がさらに細かくつくられ、女性の地位を男性よりも低くみるならわしも強くなりました。
光村図書	**身分による支配** 幕府や藩《はん》は、武士が支配する世の中を続けるために、人々の身分を武士、百姓（農民や漁民など）と町人（職人や商人）に分けました。 武士は城下町《じょうかまち》に住み、名字を名のり、大小二本の刀を差すことが認《みと》められました。 百姓の多くは村に住み、名主《なぬし》（庄屋《しょうや》）などの村役人が村を運営していました。幕府や藩は、村の組織を利用して、村ごとに年貢《ねんぐ》を納《おさ》めさせました。そして五人組《ごにんぐみ》（五、六けんの農家で一組）をつくり、年貢の納入《のうにゅう》やさまざまな税の負担《ふたん》に、共同で責任を負わせました。 町人は町にすみ、人々が暮《く》らしていくために必要なものを作ったり、商売をしたりしていました。 百姓や町人とは別に厳しく差別された身分の人々もいました。こうした人々は、村や町の行事や祭りにも加われず、住む場所や服装《ふくそう》を制約されるなどの差別を受けました。しかし、これらの人々も、農業などの仕事をしながら税を納め、工夫《くふう》をこらして、暮らしに必要な生活用具を作ったり、伝統的な芸能を伝えたりして、社会を支えていたのです。

（備考）傍線部分は「単位社会集団」に関わる記述である。

表4-2 二〇一五年度版教科書（教師用指導書）における「近世身分」学習の目標と展開

	教育出版
目標	村や町に住む人々の暮らしを調べ、身分制度のもとで、人々がどのような暮らしをしていたのかをとらえることができるようにする。
学習展開	(1)村に住む人々の暮らしの様子や、百姓に対する幕府の考え方を調べる。 (2)町に住む人々の暮らしの様子や、町人に対する幕府の考え方を調べる。
「単位社会集団」に関わる学習細案例	○年貢が厳しく調べられていることから、農民の苦労を想像させる。 ・年貢の取り立てが厳しそう。百姓たちは大変そうだ。 ○資料（百姓に対する法令）を読み、百姓の生活をイメージさせるとともに、幕府が百姓に対してなぜそこまで厳しくするのかを考えさせる。 ・朝早くから夜遅くまで、百姓たちは休むことなく一日中働かなければならなかった。 ○資料（町人の暮らしの想像図）を見て、百姓の生活と比べながら

	東京書籍	日本文教出版
	絵図や図、文章資料などを活用して調べ、幕府が身分制度によって百姓や町人などを支配したことを読み取り、ノートなどにまとめる。	幕府や藩は、武士による支配体制を維持・強化していくために、いっそうの身分の違いをもとに、身分の固定化を図ったことを考えることができる。
(3)身分制度が確立したことと、幕府の支配との関係について考える。	(1)「さまざまな身分」の資料をもとに幕府の身分制度の目的を予想する。 (2)幕府が行った百姓や町人などへの取り組みを調べ、その目的を考える。 (3)幕府が百姓や町人などを支配することができたことについて文章でまとめる。	(1)「武士」「町人」「百姓」の絵図や「身分別の人口の割合」のグラフを見て話し合う。 (2)身分によるくらしの違いについて調べる。 (3)武士による支配体制にとって、身分を固定することが、どのように都合よかったかを考える。
町人の生活の様子を読み取らせる。 ・百姓に比べれば生活は楽に見える。 ・幕府は町人に対しては厳しいきまりを押しつけてはいなかったのかな。	○教科書の記述をもとに、幕府が行った百姓や町人などへの取り組みを読み取る。 ・身分によって住む場所や職業などが決められていた。 ・商人は手工業、流通、文化など、さまざまな職業を営んでいた。 ・百姓は、重い年貢を（税）を納めたり、いろいろな役（力仕事）をさせられたりした。 ○吹き出しを用いて、幕府に対する百姓や町人の思いを話し合う。 ・仕事は大変だけど、商売をしてかせごう。 ・税や役の負担が大きすぎる。生きることだけで精一杯だあ。	○百姓へのお触れ書きから分かったことを発表しましょう。 ・食事や着物まで制限されていた。 ○百姓や町人からも差別された人々について考えよう。 ・農業や皮革業などを営んで年貢を納めた。 ・優れた生活用具をつくった。 ○なぜ武士にとって、身分制は都合がよかったのでしょう。 ・百姓や町人からも差別された身分の人々もいた。 ・武士の社会を支えるため。

	光村図書
	当時の身分制度について調べ、幕府による民衆支配の仕組みを理解するとともに、生活の維持・向上のための民衆の工夫や努力をとらえる。
(4)支配された民衆の思いやくらしの様子について話し合う。	(1)「それぞれの身分のくらしの絵」や「人口の割合」から、読み取ったことを話し合う。 (2)「ある藩で百姓に出された決まり事」から、百姓のくらしについて話し合う。 (3)次時の学習の見通しをもつ。
	○決まりの理由や意図を考えることで幕府の支配の在り方を考えられるようにする。 ・百姓は一日中働かなければならないのか。 ・食べ物や着るものなど、ずいぶん細かいことまで制限しているね。 ・大名は年貢を確実にとるため、百姓の日常生活まで細かく規制したみたいだ。

（備考）傍線部分は「単位社会集団」と関連づけられる学習展開部分である。

3　「単位社会集団」を学習する授業実践

本節では、前節での検討を受けて、「単位社会集団」の概念を学習する近世身分学習を提案したい。単元レベルでの授業開発を念頭に置くべきであるが、本章での主旨を鑑み、四社の「近世身分」に関わる学習をいかに改善していくかという視点からの提案とする。まず、四社の掲載資料を表４－３にまとめる。

四社のうち、最も多い東京書籍で八資料、最も少ない教育出版で四資料となっている。表中のアルファベットは、同種類の資料を示すものであるが、掲載されている資料は類似のものが多いことが理解できよう。四社すべてに掲載されている資料としては、【A】身分ごとの人口割合のグラフ、【B】百姓への触書の史料が挙げられる。また、

表4－3　「近世身分」に関わる各教科書の掲載資料

	資　料
教育出版	想像図　・「年貢を納める人々」・「町人の暮らし」 グラフ　・「身分ごとの人口の割合」【A】 史料（文字）・「百姓に対する法令」【B】
東京書籍	史料（図）・「さまざまな身分」（武士・百姓・町人〈職人〉・町人〈商人〉）【C】 ・「新しい農具の改良」 史料（文字）・「百姓の生活の心得」【B】 想像図　・「百姓が負担するいろいろな税や役」【E】 地図　・「城下町のなごり」（青森県弘前市）【D】 グラフ　・「江戸時代の身分ごとの人口の割合」【A】 補足資料　・「厳しく差別されてきた人々」・「身分」
日本文教出版	史料（図）・「武士」「町人（商人）」「町人（職人）」「百姓」【C】・「ねんぐを納める農民」 史料（文字）・「農民へのおふれ書き」【B】 グラフ　・「身分別の人口の割合」【A】 地図　・「城下町があった姫路城周辺と今も残るおもな町名とその由来」【D】 補足資料　・「ゆうきさんのノート」（村のしくみ）
光村図書	史料（図）・「武芸の訓練をする武士」「田植えをする農民」「家を建てる職人」「商いをする商人」【C】・「年貢を納める農民」・「紅花の加工の様子」 史料（文字）・「ある藩で百姓に出された決まり事」【B】 グラフ　・「人口の割合」【A】

【C】さまざまな身分を示す絵図も、三社に掲載されている。他にも、【D】城下町のなごりを示す地図資料など、同種類の資料が散見されることが分かる。また、「単位社会集団」の授業化に際して、重要なのが【E】の百姓の負担する税や役の資料である。役負担がそれぞれの身分に課されたことを理解させるには有効な資料となり得る。こうした教科書を使用した日常的な社会科授業において、「単位社会集団」を中心概念とする「近世身分」に関わる学習をどのように設計していけばよいだろうか。次頁に、その授業書を提示しよう。

1. **授業テーマ**　「江戸時代の身分と社会」

2. **本時の目標**（二時間）

○百姓や町人の生活を絵図やグラフ、文章資料などを活用して調べ、身分によって住む場所のほか、職業や税、役負担が決められていたことを捉えることができる。

3. **授業展開**

学習活動	○教師の働きかけ・予想される学習者の反応	◇留意点【資料】
1.「身分ごとの人口の割合」のグラフを見て、話し合う。	○江戸時代にはどのような人たちが生活していたのでしょうか。 ・百姓と武士と町人が多い。 ・百姓が8割以上も占めている。 ・公家や僧侶、神官も生活している。 ・厳しく差別されてきた人々とはどういう人たちだろう。	【A身分別人口割合のグラフ】 ◇百姓と武士、町人が主要身分であることを捉えさせる。 ◇特に、百姓身分が最も多い割合を占めていたことに気づかせる。 ◇公家、僧、神官、差別された人々など、多くの身分があったことを捉えさせる。
2.「身分による生活の様子」の資料を見て、生活の様子を予想する。	○江戸時代は身分によって、どのように生活していたのだろう。 ・武士は学問や武芸に励んでいる。 ・職人は大工仕事をして、商人は商売で忙しそうだ。 ・百姓は農作業で大変そうだ。釣りをしている人もいる。 ○百姓や町人は、どこに住んでいたのだろう。 ・百姓は村で、町人は城下町だと思う。 ・漁師はどちらに入るのかな。 ・城下町のほかに町はないのかな。 百姓や町人は、どのように生活していたのだろう。	【C「士農工商風俗図屏風」（サントリー美術館所蔵）】 ◇プロジェクターを用いて、できる限り拡大し、子どもたちに情報を読み取らせやすいように配慮する。 ◇それぞれの生活の様子から、職業や住む場所について予想する。 ◇資料から、様々な疑問点も発言させるようにし、問題への関心を高めたい。

3．百姓や町人の生活について考える。 (1)町や村の自治的側面について考える。	○グループごとに、二つの絵図を見て分かったことや気づいたことを話し合おう。 ○話し合ったことを発表しよう。 ・城下町の絵図には塩町がある。塩を作っていたのかなあ。鍛冶町は鍛冶をしていたのかな。 ・職業に関係する地名が多くあるよ。職業ごとに集団で集まって住んでいたのかな。 ・村絵図にはお寺を中心に家が立ち並んでいる。 ・田畑や池や川が描かれている。「入会地」と書かれているけど、何のことだろう。 ○池は何のためにあるのかな。誰のものだろうか。 ・池はお米を作るために必要だ。 ・村で池を作ったと思う。村で管理したと思う。 ○村に住む百姓は名主（庄屋）とよばれる有力者を中心に、みんなで協力して村を運営していたんだ。それは町にすむ町人も同じだったんだよ。	【D城下町絵図、村絵図】 ◇江戸時代の主たる被支配身分である町人と百姓を取り上げる。 ◇「城下町絵図」「村絵図」は地域の郷土資料館や歴史博物館に所蔵されている。各地域の資料を使用したい。 ◇「城下町絵図」に残る地名から、住んでいた町人の職業との関連性があることを気づかせる。 ◇町には城下町のほか、鉱山町、門前町、宿場町もあることを示す。 ◇「村絵図」にみえる池や入会地の表記から、村の自治について考えさせる。さらに、「村八分」という言葉から、共同体としての村の自治的側面に気づかせる。 ◇村と同様に、町においても自治的側面があったことを説明する。
(2)幕府や藩の支配的側面について考える。	○資料「百姓の生活の心得」「百姓や町人への税や役」を読んで、気づいたことを話し合おう。 ・百姓の生活はとても苦しかったんだな。 ・藩は年貢を取りたてるために、百姓にはきびしく決まりをつくっている。 ・百姓にも、町人にも、役（力仕事）をさせている。 ・幕府は身分ごとに支配している。 ・税や役を負担させることで支配を強めたんだ。 ○幕府や藩は村や町の自治的側面を利用して、年貢や税、役を負担させたんだね。身分は幕府や	【B百姓の生活の心得「百姓身持之覚書」（甲府藩）・E百姓や町人への税や役】 ◇「百姓身持之覚書」（甲府藩）によって、百姓の生活を統制し、年貢の徴収を行ったことを捉えさせる。 ◇百姓だけでなく、町人にも役が課され、様々な仕事が課されたことに気づかせる。 ◇幕府や藩は村や町の自治的側面を利用して支配体制を固めたことを理解させるようにする。この点は近世身分制とも強く関連する部分であるため、慎重に学びをつくる。

4. 町人や百姓の生活についてまとめる。	藩にとって、都合のいいものだったんだね。 ○町人や百姓はどこで、どのような生活をしていたのか、ノートにまとめましょう。 ・町に町人が住み、村に百姓が住んでいた。 ・町人や百姓は住む場所のほか、職業や税・役などの負担が決められていた。 ・幕府や藩は町や村の自治を利用して支配を行った。	◇「単位社会集団」の視点でノートにまとめられているかを評価する。幕府や藩の支配体制からのみ、記述している児童には個別指導を行う。

まず、本時の目標として「百姓や町人の生活を絵図やグラフ、文章資料などを活用して調べ、身分によって住む場所のほか、職業や税、役負担が決められていたことを捉えることができる」とした。二〇一五年度版教科書（教師用指導書）では、四社のうち東京書籍、日本文教出版、光村図書の三社が幕府や藩の支配体制という視点から身分を捉えているが、本授業書では、社会の側から身分を捉える目標記述としている。これは「単位社会集団」を中心概念とした際に重要な点である。

次に授業展開であるが、導入部分では【A】「身分別人口割合のグラフ」、【C】「士農工商風俗図屏風（サントリー美術館所蔵）」を使用して、身分ごとの人口の割合に着目させたり、身分によってどのような生活をしていたのかを予想させたりする活動を行う。資料への読み取りから、様々な疑問点も出させて学習課題解決への意欲を高めたい。本授業の中心部分では、「百姓や町人は、どのように生活していたのだろう」と児童に問いかけ、百姓や町人の生活について考える活動を仕組んでいる。資料としては【D】「城下町絵図」、「村絵図」、【B】「百姓の生活の心得『百姓身持之覚書』（甲府藩）」、【E】「百姓や町人への税や役」を使用している。【D】「城下町絵図」については、東京書籍、日本文教出版において、掲載された資料と同内容のものを想定している。各地域の郷土資料館や歴史博物館に所蔵されている絵地図を使用したい。また、村の絵図については近世後期には数多く作成されており、地域の郷土資料館や歴史博物館に所蔵されていると思われる。「城下町絵図」と並列の資料として、児童に提示したい。こうした資料を中心として、村や町の自治的側面を追究させる。さらに、二〇一五年度版各教科書指導書に提示されているように、【B】【E】を中心として、幕府や藩による支配的側面を調べる活動を展開する。このように、身分を社会的側面と政治的側面の双方から捉えられるように授業構成を行った。終末部分では、ノートにまとめる活動を通して、各身分が「単位社会集団」として社会に位置づいていることを捉えさせられるようにした。ここでは、身分が家や集団、団体との関連を通じてそれぞれの身分に位置づけられるという近世身分のあり方を自己の言葉として表現させたい。

以上、本節では「単位社会集団」を中心概念とする「近世身分」に関わる具体的授業構成を明らかにした。

4　本授業実践の課題

本章での検討内容を要約し、課題を敷衍したい。

まず、二〇一五年度版教科書における「単位社会集団」に関わる記述を四社から抽出し検討を行った。四社の共通点は支配身分としての武士と被支配身分としての百姓・町人が取り上げられており、村の構成員が百姓身分・町の構成員が町人身分であるという理解に立っている点である。内容記述の詳細をみると、日本文教出版と光村図書には政治との関連性を強調する記述がみられる一方、東京書籍では「町（チョウ）」に関わる記事や役負担に関わる記事があるなど、「単位社会集団」に関わる記述が特徴的であることを指摘した。

次に、二〇一五年度版教科書（教師用指導書）における近世身分に関わる授業の目標と授業展開を検討した。その結果、四社ともに「単位社会集団」の基本的な考え方を授業化したものではなく、幕府や藩からの支配という視点からの学習過程となっていることを指摘した。「単位社会集団」に関わる記事が多い東京書籍においても、同様の傾向が見られた。

　このような状況を鑑み、第3節において「単位社会集団」を中心概念とした授業書を提起した。本時の目標を「百姓や町人の生活を絵図やグラフ、文章資料などを活用して調べ、身分によって住む場所のほか、職業や税、役負担が決められていたことを捉えることができる」として、社会的側面からも身分を捉えられるよう目標設定を行った。授業展開においては「百姓や町人は、どのように生活していたのだろう」と児童に問いかけ、百姓や町人の生活について考える活動を仕組んだ。資料としては、「城下町絵図」、「村絵図」、「百姓の生活の心得『百姓身持之覚書』(甲府藩)」、「百姓や町人への税や役」を使用し、村や町の自治的側面の追究、ならびに、幕府や藩による支配的側面の両面の追究によって、近世身分が団体や集団ごとに組織され、職分と役負担のなかで独自の位置づけが図られたことを学べるように授業設計を行った。以上によって、二〇一五年度版教科書における近世身分に関わる学習を「単位社会集団」の概念を使用して、より正しく近世身分のあり方を捉えられるように授業案改善の視点を提起した。

　最後に、本章で明らかになった課題を述べる。本章冒頭で述べたように、研究段階としては、(1)歴史学研究の側からの近世身分に関わる理論を整理・細分化し、体系化された、分かりやすい概念での提示、(2)その概念を授業化するための単元レベルでの授業カリキュラム開発、(3)具体的実践を念頭に置いた授業書の作成と課題の提示が想定できる。本章では(2)(3)への前提的作業として、教科書分析ならびに教科書モデルの授業改善案の作成を行った。今後は、本章での提起をさらに発展させ、単元レベルでの授業カリキュラム開発を行っていきたい。というのも、近世身分は政治的側面と社会的側面の双方のベクトルの和として捉える必要がある。一単位時間のみでは、近世身分の構造理解の定着が困難なのは言うまでもない。単元レベルでのカリキュラム開発によって、社会的側面と政治的側面の双方からのアプローチを行い、近世身分の社会的構造を理解する具体的授業化を図っていきたいと考えている。

注

（1）拙稿「小学校社会科における近世身分制学習の課題――日本文教出版（六年上）の分析を中心として」（近大姫路大学人文学・人権教育研究所編『翰苑』第四号、海風社、二〇一五年）に詳しい。
（2）筆者は兵庫教育大学教職大学院の授業「教員のための人権教育の理論と方法」にて、多くの現場教員から、こうした傾向があることの示唆を受けている。
（3）塚田孝『近世身分社会の捉え方――山川出版社高校日本史教科書を通して』（部落問題研究所、二〇一〇年）三一～三二頁。
（4）高木昭作「幕藩初期の身分と国役」（『歴史学研究』一九七六年度歴史学研究会大会報告別冊、歴史学研究会、一九七六年）、朝尾直弘「近世の身分制と賤民」（『部落問題研究』六八、部落問題研究所、一九八一年）。
（5）吉田伸之『近世巨大都市の社会構造』（東京大学出版会、一九九一年）、同『近世都市社会の身分構造』（東京大学出版会、一九九八年）など。
（6）塚田孝『近世日本身分制の研究』（兵庫部落問題研究所、一九八七年）、同『近世身分制と周縁社会』（東京大学出版会、一九九七年）など。
（7）吉田伸之「近世における身分意識と職分観念」（『日本の社会史』7、岩波書店、一九八七年）一二八頁。
（8）塚田註（3）前掲書、二七頁。
（9）同右、一八頁。

第五章　「士農工商」的身分観の払拭を目指す授業構成

1　「士農工商」的身分観の歴史的解釈

本章の目的は、「士農工商」的身分観の払拭を目指す歴史授業構成論の提案とそれに基づく小学校歴史学習の開発を通して、社会科歴史授業のあり方を示すことにある。

筆者は、前章において、より正しく近世身分のあり方が捉えられるように、「単位社会集団」を中心概念とした授業改善の視点を提起した。これは近世身分が政治的側面と社会的側面の相互規定的であるとする歴史学研究の成果を授業化したものである。しかしながら、教科書活用上における授業改善案という限定された形での提起であり、近世身分の構造理解の充分な定着という点については課題を残したままであった。そこで本章では、前章の授業構成にさらに加筆し、近世身分構造の基礎的理解を図る単元開発を行いたい。

本章で取り上げる「士農工商」的身分観は、大きく二点の歴史的解釈を教育・啓発の場に付与してきた。第一に、近世が序列化された四つの身分で構成されていたという認識である。研究の進展によって、近世が「士農工商」で捉えきれない多くの身分（集団）があったことは周知の事実となっているが、教育の場では序列化された身分として、「士農工商」の言葉が定着してきた歴史的経緯がある。実態としての身分と、「士農工商」という近世で使用された言葉の意味を峻別して教授する必要性が生じてきている。第二に、「士農工商・エタ非人」とされる、「エタ」身分・「非人」身分の政治的な設定という点である。現在の学界では、「エタ」身分をはじめとする被差別身分についても社会と政治の相互規定的であるとする理解が定着している。また、いわゆる近世政治起源説が宗教起源説や民族起源説を否定する意味で大きな意義を有していたが、政治責任への言及が強調されることで、私たち市民の差別解消への当事者意識の欠落という課題が顕在化しているのも事実である。このような現在の状況をふまえるならば、近世政治起源説を中心とした教育を改善する取り組みが必要と思われる。

以上のような状況を鑑み、本章では次の研究方法によって課題に迫る。まず、「士農工商」的身分観払拭の授業構成を明らかにする。学習段階として、(1)「士農工商」の日本化、(2)「単位社会集団」の社会的役割、の二段階からアプローチする意義を示す。そして、それぞれの学習内容の研究史を明示することで、教授内容の妥当性を示す。次に、前述した学習の二段階について具体的な単元開発を行う。児童の活動や指導上の留意点を明らかにし、その教授書を示したい。以上によって、「士農工商」的身分観の払拭を目指す歴史授業構成論を提案する。

2 「士農工商」的身分観払拭の授業構成

学習内容は具体的には、以下の二つを視点とした社会認識に即して構成される。第一は「士農工商」の日本化、第二は「単位社会集団」の社会的役割である。第一章・第二章から重要点を以下に整理する。

第一の「士農工商」の日本化についてであるが、すでに朝尾直弘氏が明らかにしているように[(1)]、「士農工商」はもともと古代中国の春秋時代から使用されていた語句である。『春秋穀梁伝』に「古は四民あり、士民あり、商民あり、農民あり、工民あり」、『管子』には「士農工商の四民は、国の石民なり」とあり、「士農工商」は社会を構成する人々を指す言葉であった。

堀新氏によると、「四民」の語は古代から使用されてきたが、「士農工商」の語が確認できるのは室町期以降であり、「士農工商」の初例は寛正六年（一四六五）初演の謡曲『善知鳥』であるとする。この『善知鳥』には、殺生の罪業によって地獄へ堕ちた猟師が「士農工商の家に生まれず、又は琴棊書画を嗜む身ともならず、唯明けても暮れても殺生を営」むとの表現がみえる。氏はこの文言に着目し、一般社会を構成する人々である「士農工商」＝「四民」を基軸に、その上に「琴棊書画を嗜む身」である上流階級、下には殺生に携わって賤視される人々が位置づいていたとしている。(2)これは黒田俊雄氏が中世身分を秩序づける観念が貴賤観念と浄穢観念であることを指摘し、天皇と「非人」という両極においてとくに顕著であり、貴種と清浄性の極限としての通常の人間集団＝身分から超越した帝王と「人に非ざるもの」として通常の身分集団から疎外される「非人」という位置づけを論じた点(3)と連関するものと考えられる。

このように身分を三区分とする見方は、中世身分ばかりでなく、近世身分にも共通している。大橋幸泰氏は「士農工商を間にはさんで頂点部分の対極が賤民であるから、近世日本の身分はおおまかに、頂点部分・士農工商（ただし実態ではない）・賤民、の三区分に理解できる。士農工商が儒教文明圏社会における人民を指す語であったから、極論すれば、それ以上とそれ以下は『人』ではないことになる(4)」と指摘する。もちろん、「士農工商」では捉えきれない多くの身分や人々がいることは周知の事実であるが、「士農工商」は職能を中心概念として社会一般を表す言葉であったと考えられよう。

さらに補足するならば、朝尾直弘氏や堀氏が指摘した「士」の指し示す武士身分への言及は興味深い。両氏は一四世紀に著された北畠親房の『神皇正統記』、戦国期に蓮如の記した『御文（「侍農工商之事」）』、慶長八年（一六〇三）刊行の『日葡辞書』の記事の検討から、「士」が戦国争乱と兵農分離を経て、武士を意味するようになり、なかでも下級武士に重点が置かれるようになったことを明らかにしている。(5)つまり、「士農工商」は日本化の過程において、下級武士を含む職能を基盤とした社会一般の人々を指す言葉だったのである。むろん、「士」と「農工商」の間には支配者と被支配者との格差があったことはここで確認しておきたい。

次に、第二の視点である近世における「単位社会集団」の社会的役割について研究史を俯瞰する。近世身分制研究については一九七〇年代以降、脇田修氏の「身分的所有」論、高木昭作氏の「国役」論、朝尾直弘氏の「地縁的・職業的身分共同体」論が提起されてきた。これらの研究を承けて、一九九〇年代以降は「身分的周縁」研究会が組織され、様々な社会集団の研究が飛躍的に進んでいる。(6)現在、近世身分はそれぞれの集団を基礎に成り立っており、それゆえに地域によって固有のあり方を示すという理解が定着している。武士の家中、百姓の村中、町人の町中を代表として、近世の個人は家や集団を通じて、それぞれの身分に属するのが原則であった。

深谷克己氏は、近世の身分制を「異なる身分集団の塊りがいくつもあり、それらが太い軸に上下につなぎとめられ、分節的な構造体をつくっていたと考えられる。身分集団は、固有の上下階梯を内部に有する社会組織として存在している[7]」と述べている。また朝尾直弘氏は、実態としての身分集団を論じるなかで「士農工商は実態としては家中や村中や町中という集団を基礎に存在していたのである[8]」と述べている。さらに塚田孝氏は、「人びとは生きる上で依拠する集団を形成しており、その集団がある社会的な役割を果たし、位置づけを与えられる。個々人はその集団に属することで社会的に位置づいているのです[9]」と述べており、近世身分がそれぞれの集団や団体を基礎に成り立っていたことは妥当性ある事実として学界に承認されている。

このような研究状況は中等教育の教科書記述にも反映している。たとえば、高校日本史において『詳説日本史B』（山川出版社、二〇一六年度版）では、幕藩社会の構造を「身分と社会」「村と百姓」「町と町人」から捉えている。また、中学社会科において『中学社会（歴史的分野）』（日本文教出版、二〇一六年度版）では、江戸時代の身分を「百姓と村」「町人と町」「江戸時代の身分制」から捉え、同様に『新しい社会：歴史』（東京書籍、二〇一六年度版）では「武士と町人」「村と百姓」「厳しい身分による差別」から捉えている。他の発行者も同様に、百姓とその集団である村（ムラ）、町人とその集団である町（チョウ）を代表的事例として、近世身分が集団や団体を基礎に成り立っているという社会認識が培われている状況が推察される[10]。しかしながら、小学校社会科においては必ずしも、このような理解に立った社会科カリキュラムが遂行されているわけではない。「単位社会集団」に関連する記述が見受けられる小学校社会科教科書もあるが、その多くは学習過程に「単位社会集団」を組み込むことを意図したものとはなっていない[11]。

そこで、「士農工商」的身分観の払拭を目指す授業の学習内容を、次のような手順で構成する。まず、「士農工商」の文言の歴史的変遷を理解させる段階である。「士農工商」がいかに近世日本において理解されていたかを明らかにする。これを第I段階とする。次に、「単位社会集団」の基本的な概念を理解させる段階である。近世日本の身分のあり方が集団や団体を基礎に成り立っていたことを定着させたい。これを第II段階とする。この二つの段階の詳細な単元開発は次節にて明らかにしたい。

3 「江戸時代の身分」の単元開発

「士農工商」的身分観の払拭を目指す社会科歴史授業の単元開発例として、「江戸時代の身分」を提示する。本単元の指導計画を節末に示す。本単元のねらいは、(1)「江戸時代の身分制が『士農工商』と表現されることを知り、実際には『士農工商』では捉えきれない多くの身分があったことを理解できる」、(2)「『士農工商』は、中国の古い言葉を端緒として、社会一般の人々を指す言葉として近世日本に定着したことを理解できる」、(3)「百姓や町人の生活を絵図やグラフ、文章資料などを活用して調べ、身分によって住む場所のほか、職業や税、役負担が決められていたことを捉えることができる」である。単元は大きく二つの段階「『士農工商』の日本化」「『単位社会集団』の社会的役割」と四つの学習パートによって構成している。[12]

第I段階「『士農工商』の日本化」での学習課題は「江戸時代における『士農工商』の意味を考えること」である。これは第1時・第2時を貫く課題である。第II段階「『単位社会集団』の社会的役割」での学習課題は「江戸時代の身分のあり方を考えること」であり、こちらも第3時・第4時を貫く課題となっている。

第1時ではまず、「江戸時代における『士農工商』の意味を考えよう」と第I段階の学習課題を提示する。そして、既存の知識によって「士農工商」の意味を予想する。おそらくは「士農工商」が職分を表すとともに序列を示すという一般的認識が共有されるであろう。そこで、文化二年(一八〇五)の江戸日本橋を描いた絵巻である「熈代勝覧」(資料①)を読み込み、「士農工商」の言葉から想起した「武士」「百姓」「職人」「商人」以外の職分の人々が存在することに気づかせる。公家、僧侶、神官、芸能民など、多様な身分が存在したことを理解させたい。そして、江戸時代を生きた人々の言葉を表現し交流することで、江戸時代の人々の生活を実感させたい。最終場面では慶長八年（一六〇三）に編纂された『日葡辞書』の「シノウコウショウ＝サブライ・ノウニン・ダイク・アキビト」「シミン＝四つの民。すなわちシノウコウショウ。すなわちサブライ・ノウニン・タクミ・アキウド」を提示し（資料②）、近世初頭における「士農工商」がサブライ（侍）、ノウニン（農人）、ダイク（大工）、アキビト（商人）を指し示す言葉であったことを理解させる。そして、実態の身分としては「士農工商」以外にも多くの集団が存在したことを捉えさせたい。

第2時では、まず、『春秋穀梁伝』『管子』『漢書』の記事を熟読し、「士農工商」が中国の古い言葉であったことを捉えさせる。具体的には『春秋穀梁伝』の「古は四民、士民あり、商民あり、農民あり、工民あり」、『管子』の「士農工商の四民は石民なり」、『漢書』の「士農工商、四民に業あり、学んで以て位に居るを士という」を提示する（資料③）。「四民」が指し示す内容は何か、「石民」とはどういう意味なのかを問いかけ、「士農工商」が職分を基準とした分類であると共に、社会一般の人々を指す内容であったことを理解させたい。さらに、「士」が学問によって何かを成し遂げる人という意味があることを押さえておく。次に、南北朝時代に公卿の北畠親房が記した『神皇正統記』、戦国期に蓮如が記した『御文』「侍能工商之事」の記事を示し（資料④）、「士農工商」の日本化の過程を考察する。『神皇正統記』の「およそ男夫は稼穡をつとめてをのれも食し人にあたへてもうへざらしめ。女子は紡績をこととしてみづからも衣人をもあた、かならしむ。賤に似たれども人倫の大本なり。天の時にしたがひ地の利によれり。此外商沽の利を通ずるもあり。工巧のわざをこのむもあり。仕官に心ざすもあり。是を四民と云。仕官するにとりて文武の二道あり。坐して以て道を論ずるは文士の道なり。此道に明らかならば相とするにたへたり。征て功を立るは武人のわざなり。此わざに誉れあらば将とするにたれり。されば文武の二はしばらくも捨給ふべからず」を口語訳した史料を示し、「四民」が、「農」の意味を有する「稼穡」、「商」の意味を有する「商沽」、「工」の意味を有する「工巧」、「士」の意味する「仕官するにとりて文武の二道あり」にあることを捉えさせる。とくに、中国では「士」が文官を示すものであったが、日本では文武の両官を示すものに変化している点を理解させたい。そして最後に、宮本武蔵の『五輪書』から、「士農工商」の記事を提示する（資料⑤）。「凡人の世を渡る事、士農工商とて四つの道也。一つには農の道。農人は、色々の農具をまうけ、四季転変の心得いとまなくして、春秋を送る、是農の道也。二つにはあきないの道。酒をつくるものは、それぞれの道具をもとめ、其善悪の利を得てとせいをおくる。いづれもあきないの道、其身くのかせぎ、其利をもつて世をわたる事、是商の道也。三つには士の道。武士においては、さまざまの兵具をこしらへ、兵具しなじなの徳をわきまへたらんこそ、武士の道なるべけれ。兵具をもたしなまず、其具くの利をも覚ざる事、武家は少々たしなみのあさきものか。四つには工の道。大工の道においては、種々様々の道具をたくみこしらへ、其具くを能つかひ覚、すみかねをもつて其さしづをたゞし、いとまもなくそのわざをして世を渡る。是士農工商、四つの道也」を口語訳した史料を示し、近世の人々が「士農工商」を意識していた事実も説明しておく。

第3時では、まず「江戸時代における身分のあり方を考えよう」と第Ⅱ段階の学習課題を提示する。そして、資料⑥「身分ごとの人口のグラフ」を示し、武士と百姓、町人が主要身分であることを捉えさせる。また、百姓身分が最も多い割合を占めていたことにも気づかせたい。ここでは、第Ⅰ段階で検討した公家や神官、僧侶といった身分もグラフに記されている。こうした身分に着目させながら「厳しく差別された人々」の存在も認識させておく。このような様々な身分を視野に入れた学習が中学校以降の近世被差別民を対象とした学習に生かされてくる。次に、資料⑦「身分による生活の様子」から、それぞれの身分の服装や仕事の特徴を捉えさせる。武士は学問や武芸に励んでおり、百姓や町人（職人・商人）と、支配・被支配の違いがあったことを理解させる。そして、それぞれの生活の様子から、職業や居住地について考えさせる。各地域の歴史・郷土資料館に残存する「城下町絵図」（資料⑧）によって、武家地と町人地があり、身分によって住む場所が決められていたことに気づかせたい。さらに、「塩町」「鍛冶町」「大工町」などの地名から、職業ごとに町（チョウ）という小さな社会がつくられていたことにも目を向けさせたい。また、「村絵図」（資料⑧）によって、村に住む百姓が家族規模の集約的農業を行っていたことを確認させていく作業を行う。

第4時では、村や町の自治的側面と幕府や藩の支配的側面について学習する。まず、第3時で使用した「村絵図」を使用し、地図にみえる池や入会地から「池や入会地は何のためにあるのかな」と問いかけ、村の自治を考えさせたい。さらに「村八分」の言葉からも自治的側面について言及させていく。次に、京都の町式目の記事「家うりかい御奉公人みちの物ゑうり申候は、三十貫文過銭たるへき事た丶すいけう人ゑ相かくるへき事」「座頭舞々あをやさるかく算置石切やくわんやうとんこひきあふらや此衆に家之売買仕ましき事」(資料⑨)の口語訳を検討させ、町が職種によって家屋売買の規制を行っていたことを捉えさせる。武士や芸能民など、町から排除されていた事実を理解させ、騒音や町の環境・安全悪化に繋がる職種、芸能民など差別を受けていた職種が忌諱されていた点を補足説明する。以上から、村や町において自治的側面があったことを理解させる学習活動を行う。次に、資料⑩「百姓の生活の心得」によって、百姓の生活を統制し年貢の徴収を行う藩の支配的側面について理解させる。ここでは、いわゆる「慶安の触書」と呼ばれてきた「百姓身持之覚書」(甲府藩)を使用するが、全国的法令ではないとする研究状況をふまえて、指導者は教授する必要があるだろう。さらに、資料⑪「農民が負担するいろいろな税や役」によって、年貢とは別に「役」と呼ばれる労働の負担が課せられていたことにもふれたい。以上によって、幕府や藩は村や町の自治的側面を利用して支配体制を固めたことを理解させるようにする。

1．対象教科と単元の位置づけ

小学校社会科(四単位時間)

小学校学習指導要領(平成二七年三月)内容(1)オ

2．単元の目標

○日本近世の身分制が「士農工商」と表現されることを知り、実際には「士農工商」では捉えきれない多くの身分があったことを理解できる。

○「士農工商」は、中国の古い言葉を端緒として、社会一般の人々を指す言葉として近世日本に定着したことを理解できる。

○百姓や町人の生活を絵図やグラフ、文章資料などを活用して調べ、身分によって住む場所のほか、職業や税、役負担が決められていたことを捉えることができる。

3. 授業計画

段階	児童の活動・予想される反応	教授・学習活動	資料	指導上の留意点
I　士農工商の日本化　第1時	◎江戸時代における「士農工商」の意味を考えよう。	T. 段階Iの学習課題の提示		○既存の知識を共有し、「士農工商」の一般的理解を考える。
	○「士農工商」の意味について予想する。 ・武士、農民、大工、商人のことだ。 ・士が一番身分が高く、次に農民、大工、一番低い身分が商人だと思う。 ○「熙代勝覧」をみて、気づいたことを話し合う。 ・刀を持っている人がいる。武士。 ・運送業、すし屋、八百屋がある。 ・いろいろな職業がある。 ○江戸の町の人々の言葉で、考えたことを表現・交流する。 ・お茶を飲んでいかないかい。 ・太平記を読んで聞かせよう。	T. 発問する P. 答える T. 発問する P. 答える T. 発問する P. 答える	①	○江戸時代には武士のほか、様々な職分が存在したことに気づかせる。 ○人々の会話を想像することで、江戸時代の生活を考察し、江戸の職分についての関心を高める。
	○『日葡辞書』の記事が「熙代勝覧」のどの身分を指すのかを話し合う。 ・「サブライ」は武士のことだ。 ・「ダイク」は大工。 ・「アキビト」は商人のことだ。 ・辞書に当てはまらない人たちもいるね。	T. 発問する P. グループワーク後に発表する	②	○『日葡辞書』の記事を提示し、「士農工商」「四民」の用語に着目させる。 ○「士農工商」では該当しない職分があることに気づかせる。
	○中国の古い書物（『春秋穀梁伝』『管子』『漢書』）の記事を読んで話し合う。 ・「士農工商」は中国の古い言葉だ。 ・「四民に業」とはそれぞれが仕事をしていること	T. 発問する P. グループワーク後に発表する	③	○「士農工商」が中国の古い言葉であることに気づかせる。 ○「石民」の言葉から、四民に序列がなかったことをおさえる。

Ⅰ　士農工商の日本化　第2時			
だと思う。 ・「石民」とは大切な人ということなんだ。 ・「士」は何かを成し遂げるよく学ぶ人という意味だと思う。			○「士農工商」が社会一般の人々を指す言葉であったことに気づかせる
○日本の古い書物（『神皇正統記』『御文』）の記事を読んで話し合う。 ・日本では「士」が文武に二つの道があるとしている。 ・「士」が侍になり、「農」が能になっている。どんな意味があるのかな。 ・農業も「工」「商」と同じく、技（わざ）だったんだと思う。 ・「士」が武士を指し示すことに変化している。	T．発問する P．グループワーク後に発表する	④	○「士」が武将の存在を意味するものに変化していることに気づかせる。 ○「農」が能になっていることから、農業も他の職業と同等に扱われていた点を補足説明する。 ○「士」が侍になっていることから、下級武士を含む概念として定着した点に気づかせる。
○宮本武蔵『五輪書』から、「士農工商」を意識する近世の人々の状況を知る。	T．説明する	⑤	○「士農工商」は実態としての身分ではないが、近世の人々が「士農工商」を意識していた事実を説明する。
◎江戸時代における身分のあり方を考えよう。	T．段階Ⅱの学習課題の提示		
の社会的役割　第3時			
○「身分ごとの人口のグラフ」を見て話し合う。 ・百姓と武士と町人が多い。 ・百姓が八割以上を占めている。 ・公家や神官、僧侶も生活している。 ・厳しく差別された人たちとはどんな人たちだろう。	T．発問する P．答える	⑥	○武士と百姓、町人が主要身分であることを捉えさせる。 ○百姓身分が最も多い割合を占めていたことに気づかせる。
○資料「身分による生活の様子」をみて、生活の様子を予想する。 ・武士は学問や武芸に励んでいる。 ・職人は大工仕事、商人は商売で忙しそうだ。	T．発問する P．答える	⑦	○それぞれの身分の服装や仕事の特徴を考えさせる。 ○「士農工商」ではなく、武士・町人・百姓として捉えられることに気

Ⅱ 単位社会集団

・百姓は田植えをしたり、苗づくりをしたりしている。			づかせる。
○身分による生活の違いについて調べる。 ・武士や町人は城下町に住んでいる。 ・塩町がある。塩を作っていたのかな。 ・鍛冶町は鍛冶屋が住んでいた町だ。 ・職業ごとに町がつくられていたんだ。 ・百姓は村に住んでいた。 ・お寺を中心に家が並んでいる。 ・田畑や池や川があるよ。	T. 発問する P. グループワーク後に発表する	⑧	○それぞれの生活の様子から、職業や居住地について考えさせる。 ○「城下町絵図」に残る地名から、住んでいた町人の職業との関連性に気づかせる。 ○「村絵図」から、百姓と農業との深い関連性を確認する。 ○居住地と職業が密接な関係にあることに気づかせる。

Ⅱ 単位社会集団の社会的役割 第4時

○村の自治的側面について話し合う。 ・池や入会地は何のためにあるのかな。 ・池や入会地は村で管理したと思う。 ・村共同で農作業をしていたんだ。	T. 発問する P. 答える	⑧	○「村絵図」にみえる池や入会地の表記から、村の自治について考えさせる。「村八分」という言葉から、共同体としての村の自治的側面に気づかせる。
○町の自治的側面について話し合う。 ・町の住人は町で決めていたんだね。 ・武士に家を売ってはいけないとあるよ。 ・芸能をする人たちは差別されていたんだと思う。 ・音の出る職業は嫌がられていたのかな。	T. 発問する P. グループワーク後に発表する	⑨	○家屋敷売買にかかわる町式目の記事を通して、職種により制限を設けていたことに気づかせる。 ○武士や芸能民、町の環境面に配慮の必要な職種を規制していた点を確認する。 ○町においても自治的側面があったことを捉えさせる。
○幕府や藩の支配的側面について話し合う。 ・百姓の生活は苦しそうだな。 ・藩は年貢を取りたてるために厳しい決まりを作っ	T. 発問する P. 発表する	⑩	○資料「百姓の生活の心得」によって、百姓の生活を統制し、年貢の徴収を行っていたことを捉えさせる。

ている。 ・百姓にも、町人にも「役」をさせているな。 ・「役」とは力仕事やいろいろな労働のことだ。 ・幕府は身分ごとに支配したんだな。		⑪	○税とは別に、百姓や町人に「役」と呼ばれる様々な労働が課されたことに気づかせる。 ○幕府や藩は村や町の自治的側面を利用して支配体制を固めたことを理解させるようにする。

（資料名）

①「熈代勝覧」（ベルリン国立アジア美術館所蔵）。資料は、小澤弘・小林忠『「熈代勝覧」の日本橋——活気にあふれた江戸の町』（小学館、二〇〇六年）より引用。
②土井忠生・森田武・長南実編訳『邦訳日葡辞書』（岩波書店、一九八〇年）。
③朝尾直弘編『日本の近世』七（中央公論社、一九九二年）。
④塙保己一編『群書類従』第三輯（平文社、一九三三年）、松尾一「蓮如教団における身分意識」（『久留米工業高等専門学校紀要』第一八巻第二号、久留米工業高等専門学校、二〇〇三年）。
⑤魚住孝至編・宮本武蔵『定本五輪書』（新人物往来社、二〇〇五年）。
⑥「江戸時代の身分ごとの人口の割合」（『新編新しい社会　六上』東京書籍、二〇一五年）。
⑦「士農工商風俗図屏風」（サントリー美術館所蔵）。
⑧「城下町絵図」「村絵図」（各地域の歴史資料館にて入手する）。
⑨「冷泉町町式目」（京都大学所蔵）、「下本能寺前町町式目」（京都市歴史資料館所蔵）。
⑩「百姓身持之覚書」（甲府藩）。史料は「百姓の生活の心得」（『新編新しい社会　六上』東京書籍、二〇一五年）から引用。
⑪「農民が負担するいろいろな税や役」（『新編新しい社会　六上』東京書籍、二〇一五年）。

4　中学校社会科への展望

本章では、前章での「単位社会集団」を中心概念とした授業案を「士農工商」的身分観の払拭を目指す社会科歴史授業として再構成を行った。ここでは、あえて検討内容を要約することをせず、今後の課題と展望を述べていきたい。近世人が「士農工商」を強く意識したのは事実であるが、近世身分を理解するキーワードが「士農工商」ではないことは本章で述べてきた通りである。では、今後の教育・啓発の場において、何がキーワードになってくるのだろうか。とくに、ここでは中学校社会科教育接続への展望として、次の二点を提起しておきたい。

第一に、近世身分において、「分際」「分相応」という近世人の意識が支配身分においても被支配身分においても強く働いたことである。すでに、深谷克己氏や斎藤洋一氏によって指摘された点であるが[13]、近世はそれぞれの身分の人々が、それぞれの身分に従って生きることで成り立っている社会であった。その身分のなかで人々は懸命に生きて自己実現を図っていったのである。この表裏一体としての概念が「分際」「分相応」という身分差別意識である。斎藤洋一氏の指摘によれば、幕府の天保二年（一八三一）の触書に「近来、百姓・町人ども、身分不相応、大造りの葬式いたし、または墓所へ壮大の石碑を建て、院号・居士号などつけ候おもむきあい聞こえ、いかがのことに候」との記事があったという[14]。百姓・町人が「身分不相応」の葬儀や墓所を建てることへの強い不快感を表明していることが理解できよう。また深谷克己氏は、享保四年（一七一九）に長崎の町人西川如見が記した『町人嚢』から「下に居て上をしのがず、他の威勢あるを羨まず、簡略質素を守り、分際に安んじ、牛は牛づれを楽しみとせば一生の楽み、尽る事なかるべし」を引用し、近世人が「生まれついた身分（家業家格）の人間らしく、仕事を覚え、言葉遣いや立ち居振舞いを身につけ、屈辱も失望も味わいながら、自分の階梯的立場を弁えるようになり、そこでの生き甲斐や悦びも知るようになることの中に、身分制社会の現実味があった」と述べている[15]。このように、江戸時代の人々は「分相応」に生きることを強く意識し、その意識を背景として身分差別意識が存在していたのである。この「分相応」「分際」という意識は身分間だけに働いたわけではない。むしろ、同一身分の内側にこそ、より厳しい階級差があったことに注目せねばならない。だからこそ、枝郷としての「かわた」[16]村への本郷百姓村の差別意識が強かったのである。こうした「分際」「分相応」をキーワードとした授業設計に取り組む必要があるのではないだろうか。

第二に、被差別身分を「社会外身分」に位置づけていたとする問題である。公家や武士はもちろん、百姓や町人からも、「エタ」身分や「非人」身分は習俗的に差別され、「身分の上下」の概念で捉えきれない身分差別の実態があった。別婚、別器、別火、別居所については多くの論考で明らかにされているが[17]、近年は宗旨人別帳や末寺帳の別帳化の問題も論じられている。[18] こうした「社会外」的被差別民観は近年の中学校社会科記述にもみられるようになってきている。[19] 近世身分の特質の授業設計が今後、求められている。

注

（1）朝尾直弘編『日本の近世』第七巻（中央公論社、一九九二年）七～四〇頁。
（2）堀新「『士農工商』と近世の頂点部分――『士』を中心に」（大橋幸泰・深谷克己編『〈江戸〉の人と身分6　身分論をひろげる』吉川弘文館、二〇一一年）一九六頁。
（3）黒田俊雄「中世の身分制と卑賤観念」（『部落問題研究』第三三号、部落問題研究所、一九七三年）。のちに、『黒田俊雄著作集』第六巻（法藏館、一九九五年）所収。
（4）大橋幸泰「シンポジウム『身分論をひろげる』の記録」（大橋幸泰・深谷克己編『〈江戸〉の人と身分6　身分論をひろげる』吉川弘文館、二〇一一年）二二三頁。
（5）朝尾前掲書、堀前掲論文。
（6）研究史の詳細は第Ⅰ部を参照されたい。
（7）深谷克己「士農工商と近世身分制」（大橋幸泰・深谷克己編『〈江戸〉の人と身分6　身分論をひろげる』吉川弘文館、二〇一一年）一五頁。
（8）朝尾前掲書、二七頁。
（9）塚田孝『近世身分社会の捉え方――山川出版社高校日本史教科書を通して』（部落問題研究所、二〇一〇年）二七頁。
（10）詳細は、拙稿「社会科における『理論と実践の融合』の現状と課題――平成二八年度版中学校社会科教科書の分析を中心に」（『姫路大学教育学部研究紀要』第九号、姫路大学教育学部紀要編集委員会、二〇一六年）を参照されたい。
（11）詳しくは前章を参照されたい。
（12）本節の単元計画における資料引用については八四頁の（資料名）を参照されたい。
（13）深谷克己「江戸時代は厳しい時代か」（歴史科学協議会編『歴史の「常識」をよむ』東京大学出版会、二〇一五年）、斎藤洋一・大石慎三郎『身分差別社会の真実』（講談社、一九九五年）。

(14) 斎藤・大石前掲書、四五〜四六頁。
(15) 深谷前掲註(13)論文、一四〇〜一四一頁。
(16) 史料上には「皮多」「皮田」「革多」「革田」など表記されており、近世前期には被差別身分として定着していた。その後、幕領などでは卑賤視を含む「穢多」称に変化していく(部落解放・人権研究所編『部落問題・人権事典』解放出版社、一九八六年、一九三〜一九四頁)。本章では「かわた」と表記する。
(17) 渡辺広『未解放部落の史的研究』(吉川弘文館、一九六三年)一八八頁、峯岸賢太郎「近世賤民制の基礎構造」(『部落問題研究』八九、部落問題研究所、一九八六年)八九〜九二頁、上杉聰『これでわかった!部落の歴史』(解放出版社、二〇〇四年)四三〜五九頁に詳しい。
(18) 横田冬彦「近世の身分制」(『岩波講座日本歴史』第一〇巻、岩波書店、二〇一四年)、拙稿「『本願寺末寺帳』における身分的特質」(近大姫路大学人文学・人権教育研究所編『翰苑』第二号、海風社、二〇一四年)。
(19) 拙稿「中学校社会科『近世身分』学習の改善の視点——日本文教出版(歴史的分野)の分析を中心として」(近大姫路大学人文学・人権教育研究所編『翰苑』第五号、海風社、二〇一六年)にて明らかにしている。

第Ⅲ部　中学校における近世身分学習

第六章　中学校社会科における近世身分学習の課題

1　課題検討の方法

第Ⅱ部では、小学校社会科における近世身分学習の課題、および、その具体的実践を明らかにした。近世身分制研究の現時点での到達点を整理し、一九七一年度版以降、現在に至る教科書記述のなかで、近世身分制研究がどのように具体化されているかを実証的に把握した。

一九八〇年代以降、「部落史の見直し」が声高に唱えられ、近世身分制研究が進展したにもかかわらず、教育現場に研究の成果が浸透しているとは言い難い。このような教育状況を鑑みるならば、小学校社会科ばかりでなく、中学校社会科・高等学校日本史における近世身分学習の課題を把握することが、現在求められている。そこで、本章では第Ⅱ部での方法論を基本的に踏襲しながら、中学校社会科における教科書記述の変遷と近世身分制研究を往還させることによって、中学校における近世身分学習の改善の視点を明らかにする。

第2節では、日本文教出版（大阪版・東京版：一九六九～二〇一六年度版）における中学校社会科教科書（歴史的分野）の内容を中心として、近世身分制に関わる教科書記述の変遷を近世身分制研究と対応させながら明らかにしていく。教科書内容の分析視点として、以下の五点を設定する。⑴「士農工商」的序列記事、⑵近世政治起源に関わる「分裂支配」的記事、⑶「社会外」的被差別民記事、⑷「三位一体」的記事、⑸近世被差別民の「文化・社会を支える」記事である。これらは、各教科書策定時期における近世身分制研究に関わる重要な内容や語句から、中学生の発達段階をふまえて視点化したものである。

第3節・第4節では、身分制記述と連動する、近世社会を構成した最大の要素である「村（ムラ）と百姓」「町（チョウ）と町人」に関わる教科書記述の変遷をみていく。近世社会は諸身分全体が「単位社会集団」を形成し、社会的分業を担って社会全体に位置づいていた。こうした集団を基礎とした身分制理解を教科書でどのように記述されているかを検討する。「村と百姓」における分析視点として、「農民の統制」、「村の政治」、「農民の生活」、「農民の身分」の四点によって分析していく。同じく「町と町人」の分析視点としては、「町人の統制」、「町の政治」、「町人の生活」、「町人の身分」の四点にて分析していく。そして、両者の共通点をすくい上げ、教科書記述の変遷段階が大きく三段階で把握し得ることを明示する。

そして、第2節にて検討した近世身分制記述の変遷過程と、第3節・第4節にて把握した「単位社会集団」に関わる三つの段階を総合的に考察することで、中学校社会科における近世身分学習改善の視点を提起する。なお、検討にあたっての資料は複数頁に及ぶため、各節末に提示することとする。

2　中学校社会科教科書における近世身分制記述の変遷

本節では、近世身分学習に関わる教科書記述の変遷を日本文教出版（大阪版・東京版）を中心として明らかにしていく。教科書内容の分析視点として、以下の五点を設定する。⑴「士農工商」的序列記事、⑵近世政治起源に関わる「分裂支配」的記事、⑶「社会外」的被差別民記事、⑷「三位一体」的記事、⑸近世被差別民の「文化・社会を支える」記事である。これらが各教科書記述にどのように反映されているかを年度版ごとに分析したものが表6－1である。そして、さらに分析視点の該当の有無を一覧にしたものが表6－2である。

全体を通覧すると、⑴「士農工商」的序列記事・⑵「分裂支配」的記事から、⑶「社会外」的被差別民記事へ、⑷「三位一体」的記事から、⑸「文化・社会を支える」記事へと変遷していることが理解できる。その転換期は大きく二つある。一つ目は、⑵近世政治起源に関わる「分裂支配」的記事・⑷「三位一体」的記事が加わる一九七五年度版である。二つ目は、(2)(4)の視点が削除され、(3)「社会外」的被差別民記事・(5)近世被差別民の「文化・社会を支える」記事が加わる一九九七年度版~二〇〇二年度版である。この第二転換期に、一九八〇年代以降の近世身分制研究の進展が教育現場に反映されたと考えられる。現在の使用教科書では、「社会外」的被差別民記事・「文化・社会を支える」記事が主な教科書記述の視点となっている。

このような記述の変化の流れは、近世政治起源説の捉え直しと呼応している。たとえば、賤民身分の記述に際して、一九九三年度大阪版においては「農民・町人の下に、『えた』や『ひにん』などの身分がおかれました」と記載されており、一九九七年度版では「幕府は（中略）農民・町人のほかに、『えた』や「ひにん』などとよばれる身分をおきました」と変化している。「下に」が「ほかに」と変化し、序列身分ではなく「社会外」的身分であることの指摘となっている。しかしながら、「おかれました」「幕府は（中略）おきました」と記述され、なお政治起源的記述となっている。二〇〇二年度版以降では「百姓・町人のほかに、『えた』や『ひにん』などとよばれる身分がありました」と変化しており、政治関与が特定されない、しかも、社会が主体となる記述へと変化している。東京版においても一九九七年度版では「農民や町人の下に、えた・ひにんといういちだんと低い身分において、きびしく差別した」との近世政治起源的記述が、二〇〇二年度版では「武士を高い身分とし、支配される農民や町人（職人・商人）とはっきり区別した上、『えた』や『ひにん』とよばれる身分をおいた」と変化し、さらに、二〇〇六年度版では「『えた』や『ひにん』とよばれ農民や町人とはことなる身分とされた人々もいた」となっている。近世政治起源的記述が払拭されていることが理解できよう。以上が変遷の概略的考察であるが、個々の視点に立ち返って、詳細に分析してみよう。

(1)「士農工商」的序列記事についてであるが、一九六九年度版以降、大阪版では一九九七年度版・東京版では二〇〇二年度版の第二転換期まで、その記述がみてとれる。「士農工商」の序列については一九六九年度大阪版では「士」と「農工商」の上下の序列が明確に記され、一九七二年度大阪版では「士」「農」「工」「商」「賤民」の上下の序列が記されている。一九六九年度東京版では「士農工商の身分がはっきり決まっていた」との記述はあるが、上下の序列ははっきりと示されてはいない。一九七二年度東京版では「士」「農」「工商」の身分を峻別する記述となっている。このように、この時期における近世身分制記述からは一定の方向性を見出すことは困難である。しかし、第一転換期の一九七五年度版以降は「分裂支配」的記事と「三位一体」的記事とリンクしながら、「士農工商」的序列記事が近世政治起源説へと収斂されていることがうかがえる。それは、「士・農・工・商」、「士・農・工商」、「士・農工商」という序列記載には若干の相違があるものの、「農」「工」「商」の身分の下に「えた」「ひにん」という賤民身分を設定したとする内容である。つまり、近世政治起源と直接、関係づけられているのである。その後、大阪版では二〇〇二年度版以降から、東京版では二〇〇六年度版以降から「士農工商」的序列記事は見受けられなくなる。かつての近世身分制研究においては、身分制度を「士農工商、穢多・非人」と捉える傾向があったが、実態とはかけ離れていることが広く論じられてきた結果と言えるであろう(1)。

次に、⑵近世政治起源に関わる「分裂支配」的記事についてでは、第一転換期の一九七五年度版以降、大阪版では一九九七年度版・東京版では二〇〇二年度版の第二転換期まで、その記述がみてとれる。記述内容に大きな差はなく、庶民を分裂支配することで、支配者である武士への不満と抵抗をそらす役割を果たしたというものである。とくに、賤民身分を分裂支配し、不満をそらす役割を果たしたとする記述が顕著である。たとえば、一九七五年度大阪版では「幕府はまた、農工商の下にいちだんと低いえた・ひにんの身分をおいて、武士に対する農工商の不満をそらさせようとしたと考えられる」という記事がみられる。近世政治起源説との関係性を捉えることができよう。一九七八年度東京版でも「きびしく身分を定め、人々を身分ごとに分断しながら、治めようとした。(中略)これは、幕府や藩が、農民や町人に、さらに低い身分があることを知らせ、幕府や武士に対する不満をそらそうとしたものと考えられる」との記事がある。

このように、賤民身分との関係性を強調した分裂支配政策が記述の根幹部分となっている。なお、一九七八年度大阪版では「幕府や藩は、農工商の下に、えた・ひにんという、いちだんと低い身分を定めました。これはゆるみはじめた身分制度をひきしめようとしたものと考えられます」と記述されている。近世部落の起源を寛文・延宝期あるいは元禄・享保期に求める見解であると推察されるが、この記事はのちに継承されていない。この点は前述した拙稿でふれていないため、若干の補足をしておく。藤沢靖介氏の整理にあるように[2]、賤民に直接的に関わる法令や政策がこの時期に表出されることから、近世政治起源説を主張する論者の一部が幕藩体制・身分制の動揺するこの時期に分裂支配のために部落を創出したとした。しかしながら、今日ではこの論理は実証性に乏しく、議論の積極的展開は見られない。このような分断支配論は古くは原田伴彦氏によって主張され、起源論の論理的根拠となったが、今日では単純な政策論的理解は否定されている。

(3)「社会外」的被差別民記事については、第二転換期以降、大阪版では一九九七年度版・東京版では二〇〇六年度版以降にみられる。たとえば、二〇〇六年度版の大阪版では「百姓・町人のほかに、『えた』や『ひにん』などとよばれる身分がありました」とあり、東京版では「『えた』や『ひにん』とよばれ農民や町人とはことなる身分とされた人々もいた」と記述されている。「農民・町人の下に」「農工商の下に」という序列記事にかわって、「ほかに」「ことなる」という文言が使用されていることが分かる。よって、「士農工商」的序列記事・「分裂支配」的記事から「社会外」的被差別民記事へと転換されていったことが想定できるだろう。賤民が身分的に下位に位置づけられていたのは事実であるが、「地縁的・職業的身分共同体」である百姓や町人の「外」に置かれたことは、研究史のうえでは中世史研究の側から明らかにされてきた。一九七二年、黒田俊雄氏は身分を秩序づける観念が貴賤観念であり、浄穢観念と結び付いていることを指摘し、天皇と非人という両極においてとくに顕著であり、貴種と清浄性の極限として通常の人間集団＝身分から超越した帝王とその対極における「人に非ざるもの」として通常の身分集団から疎外される非人という位置づけを論じており、「身分外身分」として概念化した[3]。渡辺弘氏は「彼等の社会は『同火すれども婚姻は通ぜず』という社会外の社会であった」[4]と述べ、共同体的疎外説を提示している。近世史の側から峯岸賢太郎氏は、賤民身分を「所有と所有の体系の外部にあって勧進をする存在」[5]として、生産の社会的分業の体系外の身分と主張し[6]、上杉聰氏も地理空間理解や多様な史料記事によって「社会外身分」として捉えることの意義を論じている[7]。このように、賤民身分を「身分外」「体系外」「社会外」とする研究が進展するると

もに、本郷から排除されて枝郷となった「かわた」村の村落構造理解と連関し捉えられてきている。(8)

(4)「三位一体」的記事については、第一転換期から第二転換期の大阪版では、一九七五年度版以降一九九三年度版・東京版では一九七五年度版以降一九九七年度版にみられる。大阪版では一九七五年度版に「えた・ひにん身分のものは、居住地が制限されていて、町や村のはずれ、荒れ地など特定の場所に住まわせられた。職業も限られていて、皮革業や下級役人などの仕事に従事させられた」として、身分・居住地・職業の三点が一体となって差別されたことを記している。以降も同様の記述が続き、一九八七年度版では初めて「『えた』身分の人々には農業をいとなむ者もいました」との記事が加筆され農業との関係が明確化される。しかし、農業を営む記述は「わずかの田畑で農業に従事」(一九九〇年度版)など副次的な記述となっており、記事の主体は「三位一体」説にあったと考えられよう。東京版では一九七八年度版に、「えた・ひにんとよぶ、いっそう低い身分をおき、住所や職業を制限」との記事があり、同様に、身分・居住地・職業の三点において差別されてきた状況を述べている。農業を営んでいたとの記述は一九九三年度版以降にみられ、非人の状況の記述が加筆されているのは注目されてよいだろう。

このように、かつての研究では、「かわた」村は農業を禁止され、皮革業などの生業に固定されてきたと論じられてきた。しかし、今日の研究では土地の所持や年貢負担は多くの事例で確認されている。農業・商工業という仕事と固有の専業の複線型として社会に関わったのである。かつての教科書記述では「従事させられた」として、人の嫌がる仕事という側面が強調されたが、これは皮革業の社会的有用性、高い技術的側面を無視した認識である。忌諱する側面を差別との関係性として捉えることが重要であろう。

(5)近世被差別民の「文化・社会を支える」記事についてであるが、「三位一体」的記事と入れ替わる形で、第二転換期以降にその記載がある。二〇一二年度版では「このように社会や文化を支えながらも、これらの人々は百姓・町人からも疎外され、住む場所や、服装・交際などできびしい制限を受けました」と記述され、社会的分業・役負担によって、文化や社会を支えたとする記事が記されている。それまでの「三位一体」的記事と比べると、政治を視点とした記述から社会を視点とした記述へと変遷していることがうかがえよう。このような変更は朝尾直弘氏による「地縁的・職業的身分共同体」の概念提起に起因するものと考えられ、三位一体の母体は共同体の内部にあったとの指摘によるものであろう(9)。

次に、近世被差別民の「文化・社会を支える」記事についてであるが、斃牛馬の処理や皮なめし、刑務・牢番、掃除役などが賤民の専業とされたことは周知のところである。その専業以外にも、関東では、織物の竹筬の製造、砥石の販売、医薬業などがあり、関西では雪駄の製造が代表例である。また、近世被差別民が芸能・門付を担った地方も多い。このような事例は従来の「好まない仕事に縛り付けられた」という理解の転換を求めていると言えよう。

以上の検討によって、「士農工商」的序列記事・「分裂支配」的記事から「社会外」的被差別民記事へ、「三位一体」的記事から「文化・社会を支える」記事へと変遷している状況を整理・確認した。

表6－1　近世身分制に関わる教科書記述の変遷とその内容（抜粋）

年度版	大阪書籍～日本文教出版（大阪版）	中教出版～日本文教出版（東京版）
一九六九（昭和44）	**身分制度と家族制度** 豊臣秀吉のころから、検地・刀狩によって、武士と農民とが区別され、家がらと職業とによる身分の区別が、はっきりときめられていた。さらに江戸幕府は、封建社会のしくみのもとで、武士が庶民を支配するために、士農工商というきびしい身分制度をつくり、士（武士）と農（農民）工（職人）商（商人）の庶民とのあいだに、はっきりと身分の上下の区別をつけた。身分の区別は封建社会の特色で、親子代々うけつがれ、身分と職業とはかたく結びつけられ、身分の移動や職業をかえることは、原則として禁じられていた。	**世を治める武士** 江戸時代になると、武士と農民、商人と農民の分離がいっそう進み、職業によって士農工商の身分がはっきり決まっていた。 **身分のちがい** 主君に忠実に仕えるという封建的な主従関係は、武士のあいだばかりではなく、地主と小作人、主人と奉公人のあいだにもおよんだ。ふだんのつきあいはもちろん、婚姻なども、同じ身分の者どうしに限られ、身なりや住まいから、手紙の書き方まで、身分によってちがっていた。

一九七二（昭和47）

士農工商

江戸幕府は、武士と農民の分離をいっそうおしすすめ、武士が庶民を支配するために、士農工商というきびしい身分制度をつくった。士（武士）と農（百姓）・工（職人）・商（商人）の間には、はっきり上下の差別がつけられ、なお農工商の下に賤民の身分がおかれた。身分は生まれながらに親子代々うけつがれ、身分の移動や職業をかえることは原則として禁じられてきた。

武士の生活

江戸時代になると、武士と農民、商人と農民の分離がいっそう進み、幕府は、職業によって、武士（士）と百姓（農）・町人（工商）やその他の身分をはっきり分けた。

身分のちがい

武士のあいだに見られた主従関係は、さらに、地主と小作人、主人と奉公人の間にもおよんだ。ふだんのつきあいはもちろん、婚姻なども、同じ身分の者どうしに限られ、身なりや住まいから、手紙の書き方まで、身分によってちがっていた。

一九七五（昭和50）

士と農工商

江戸幕府は、大名をはじめ、皇室・公家・寺社をきびしく統制するいっぽうでは、秀吉が行った武士と農民・町人を分離する政策をいっそうおしすすめ、支配者としての武士の地位を不動のものにするため、士と農工商という身分制度をつくった。これによって、士（武士）は農（百姓）・工（職人）・商（商人）より、きわだって高い身分とされ、はっきりと上下の差別がつけられた。幕府はまた、農工商の下にいちだんと低いえた・ひにんの身分をおいて、武士に対する農工商の不満をそらさせようとしたと考えられる。えた・ひにん身分のものは、居住地が制限されていて、町や村のはずれ、荒れ地など特定の場所に住まわせられた。職業も限られていて、皮革業や下級役人などの仕事に従事させられた。身分や職業は親子代々うけつがれ、身分の移動や職業をかえることは、原則として禁じられ、個人の能力や適性は、無視されていた。

士農工商

江戸時代になると、幕府と藩は、その支配を固めるため、武士と、農民・町人（工商）、さらにその下の者という身分を定めて、居住や職業などをきびしく差別した。幕府と藩は、これらの差別をとおして、武士に対する農民や町人などの反抗をおさえ、その支配を容易にした。

身分のちがい

武士のあいだに見られた主従関係は、さらに、地主と小作人、主人と奉公人の間にもおよんだ。ふだんのつきあいはもちろん、婚姻なども、同じ身分の者どうしに限られ、身なりや住まいから、手紙の書き方まで、身分によってちがっていた。

一九七八（昭和53）	**身分制の社会** 幕府は、武士の支配をいつまでもかわらないものにするため、秀吉がおこなった身分令をいっそうおしすすめ、士と農・工・商という身分制度を全国にゆきわたらせました。これによって武士は農民・職人・商人よりもきわだって高い身分とされ、はっきりと上下の差別がつけられました。農工商のなかでは、年貢を負担する農民を上位とし、ついで職人・商人の順に位置づけられました。 （中略） また、幕府や藩は、農工商の下に、えた・ひにんという、いちだんと低い身分を定めました。これはゆるみはじめた身分制度をひきしめようとしたものと考えられます。そのねらいは、庶民を分裂して支配するほうが、支配しやすかったことと、庶民それぞれの不満を、直接支配者である武士に向けさせないようにするためであったと思われます。えた・ひにんとされた人々は、都市や村のはずれ、河原や荒れ地などに住まわさられ、親子代々皮革業やかんたんな細工しごとをいとなまされ、役人の下働きをさせられるなど、しごとが限られていました。	**身分の差別** 幕府や藩は、民衆を支配するために、秀吉の身分制を受けつぎ、きびしく身分を定め、人々を身分ごとに分断しながら、治めようとした。武士は、支配者として高い身分とし、支配される農民や町人（職人と商人）とのあいだに、はっきりと差をつけた。これが士農工商の身分制である。少数ではあるが、公家・神官・僧侶などは武士に準ずる身分とされた。また、士農工商の下に、えた・ひにんとよぶ、いっそう低い身分をおき、住所や職業を制限し、ほかの身分の人々との結婚や交際を禁じて、きびしく差別しつづけた。これは、幕府や藩が、農民や町人に、さらに低い身分があることを知らせ、幕府や武士に対する不満をそらそうとしたものと考えられる。 **身分のちがい** 武士に見られた主従関係は、地主と小作人、親方と弟子、主人と奉公人のあいだにもおよんだ。このため、ふだんの交際や結婚は、同じ身分の者どうしに限られ、服装や住居から、手紙の書き方まで、身分によってちがっていた。
一九八一（昭和56）	**身分制の社会** 幕府は、武士の支配をいつまでも変わらないものにするため、秀吉が出した身分令をいっそうおしすすめ、士と農工商という身分制度を全国にゆきわたらせました。これによって武士は、農民・職人・商人よりもきわだって高い身分とされ、はっきりと上下の差別がつけられました。農工商のなかでは、年貢を負担する農民を上位とし、その下に職人・商人をおきました。また、幕府や藩	**身分の差別** 幕府や藩は、武士を支配者として高い身分とし、支配される農民や町人（職人と商人）とのあいだに、はっきりと差をつけ、人々をそれぞれの身分にしばりつけて支配を固めようとした。これが士農工商の身分制である。少数ではあるが、公家・神官・僧侶などは武士に準ずる身分とされた。また、士農工商の下には、えた・ひにんとよぶ、いっそう低い身分をおき、住所や職業を制限

は、農工商の下に「えた」「ひにん」身分を固定し、それらの人々を都市・村のはずれや、河原や荒れ地など悪い条件のところに住まわせました。「えた」身分の人々には、おもに死牛馬の処理や皮革業、細工などの仕事をさせました。また、「ひにん」とともに警備や犯人の逮捕・処刑など、役人の下働きの仕事もさせました。このような身分制度は、農工商などの庶民が、力をあわせて武士のきびしい支配に反抗しないようにし、また庶民に、苦しい生活のなかでも、自分よりもまだ下の者がいると思わせて、その不満をそらす役割をはたしたと考えられます。

し、他の身分の人々との結婚や交際を禁じて、きびしく差別しつづけた。これは、幕府や藩が、農民や町人にさらに低い身分があることを知らせて、幕府や武士に対する不満をそらそうとしたものと考えられる。

身分のちがい

武士に見られた主従関係は、地主と小作人、親方と弟子、主人と奉公人のあいだにもおよんだ。ふだんの交際や、結婚は、同じ身分の者どうしに限られ、服装や住居から、手紙の書きかたまで、身分によってちがっていた。

一九八四（昭和59）

身分制の社会

幕府は、武士の支配をいつまでも変わらないものにするため、秀吉が出した身分令をいっそうおしすすめ、士と農工商という身分制度を全国にゆきわたらせました。これによって武士は、農民・職人・商人よりもきわだって高い身分とされ、はっきりと上下の差別がつけられました。農工商のなかでは、年貢を負担する農民を上位とし、その下に職人・商人をおきました。また、幕府や藩は、農工商の下に「えた」「ひにん」身分を固定し、それらの人々を都市・村のはずれや、河原や荒れ地など悪い条件のところに住まわせました。「えた」身分の人々には、おもに死牛馬の処理や皮革業、細工などの仕事をさせました。また、「ひにん」とともに警備や犯人の逮捕・処刑など、役人の下働きの仕事もさせました。このような身分制度は、農工商などの庶民が、力をあわせて武士のきびしい支配に反抗しないようにし、また庶民に、苦しい生活のなかでも、自分よりもまだ下の者がい

身分の差別

幕府や藩は、武士を支配者として高い身分とし、支配される農民や町人（職人と商人）とのあいだに、はっきりと差をつけ、人々をそれぞれの身分にしばりつけて支配を固めようとした。これが士農工商の身分制である。農民を職人や商人の上においたのは、農業は国のもとという考えによるもので、農民の納める年貢は、武士の生活をささえるものであったからである。少数ではあるが、公家・神官・僧侶などは武士に準ずる身分とされた。いっぽう、士農工商の下には、えた・ひにんとよぶ、いっそう低い身分をおき、きびしく差別しつづけた。えた・ひにんとされた人々は、幕府や藩によって、町や村のはずれや、あれ地など条件の悪い所に住むように定められ、他の身分の人々との交際や結婚も禁じられた。職業についてもきびしくとりしまられ、治安維持のための警備などもおこなわせられた。こうした差別の中で、えたは、その身分からぬけ出ることはできなかっ

	一九八七（昭和62）
ると思わせて、その不満をそらす役割をはたしたと考えられます。	**身分制の社会** 幕府は、武士の支配を続けるため、秀吉が出した身分令をいっそうおしすすめ、士と農工商という身分制度を全国にゆきわたらせました。武士は、農民・職人・商人よりもきわだって高い身分とされ、農工商のなかでは、年貢を負担する農民を基本にし、職人・商人と区別しました。また、幕府や藩は、農工商の下に「えた」「ひにん」身分を固定し、この人々を都市・村のはずれや荒れ地など、条件の悪いところに住まわせました。「えた」身分の人々には農業をいとなむ者もいましたが、おもに死牛馬の処理や皮革業、細工物・雑業などの仕事をさせました。また、「ひにん」身分の人々とともに、犯人の逮捕・処刑など、役人の下働きの仕事もさせました。このような身分制度は、原則として親子代々うけつがされ、農工商などの庶民が、力をあわせて武士のきびしい
た。これに対して、ひにんは、もとの身分にもどることもできた。幕府や藩がとった、このような士農工商の身分制は、人々の身分を分けることによって、農民や町人が力を合わせて武士に反抗しないようにするとともに、その下にえた・ひにんをおいて、農民や町人にさらに低い身分があることを知らせ、幕府や武士に対する不満をそらそうとしたものと考えられる。 **身分のちがい** 武士に見られた主従関係は、地主と小作人、親方と弟子、主人と奉公人のあいだにもおよんだ。ふだんの交際や、結婚は、同じ身分の者どうしに限られ、服装や住居から、手紙の書きかたまで、身分によってちがっていた。	**士農工商** 幕府や藩は、そのうち1割にも満たない武士を高い身分とし、農民や職人・商人とのあいだにはっきりと差別をつけ、人々をそれぞれの身分にしばりつけて支配した。さらに、農工商の下にえた・ひにんをおいて、きびしく差別しつづけた。えた・ひにんとされた人々は、幕府や藩によって、町や村のはずれや、あれ地など条件の悪い所に住むように定められ、他の身分の人々との交際や結婚も禁じられた。職業についてもきびしくとりしまられた。幕府や藩がとった、このような士農工商の身分制は、人々の身分を分けることによって、農民や町人が力を合わせて武士に反抗しないようにするとともに、その下にえた・ひにんをおいて、農民や町人にさらに低い身分があることを知らせ、幕府や武士に対する不満をそらそうとしたものと考えられる。

	支配に反抗しないようにし、また庶民に、苦しい生活のなかでも、自分よりもまだ下の者がいると思わせて、その不満をそらす役割をはたしたと考えられます。	
一九九〇（平成2）	**身分制の社会** 幕府は、武士の支配をいつまでも続けるため、秀吉が出した身分令をいっそうおしすすめ、士と農工商という身分制を全国にゆきわたらせました。これによって武士は、農工商よりもきわだって高い身分とされました。農工商のなかでは、年貢を負担する農民を基本にし、職人・商人（町人）と区別しました。さらに、農工商の下に「えた」「ひにん」などの身分が固定され、この人々は都市・村のはずれや荒れ地など、生活条件の悪いところに住まわせられるようになりました。「えた」身分の人々の多くは、わずかの田畑で農業に従事しましたが、死んだ牛馬の処理や皮革業、細工業・雑業などの仕事を行いました。 このような身分制は、原則として親子代々うけつがされ、農民や町人が、力をあわせて武士のきびしい支配に反抗しないようにするとともに、自分よりまだ下の者がいると思わせて、その不満をそらす役割をはたしたと考えられます。	**士農工商** 幕府や藩は、そのうち1割にも満たない武士を高い身分とし、農民や職人・商人とのあいだにはっきりと差別をつけ、人々をそれぞれの身分にしばりつけて支配した。さらに、農工商の下にえた・ひにんをおいて、きびしく差別しつづけた。えた・ひにんとされた人々は、幕府や藩によって、町や村のはずれや、あれ地など条件の悪い所に住むように定められ、他の身分の人々との交際や結婚も禁じられた。また、職業についてもきびしくとりしまられた。幕府や藩がとった、このような士農工商の身分制は、人々の身分を分けることによって、農民や町人が力を合わせて武士に反抗しないようにするとともに、その下にえた・ひにんをおいて、農民や町人にさらに低い身分があることを知らせ、幕府や武士に対する不満をそらそうとしたものと考えられる。
一九九三（平成5）	**江戸時代の身分制** 幕府は、武士の支配をいつまでも続けるために秀吉の身分制をひきついで、武士（士）と農民（農）・町人（工・商）という身分制を全国にいきわたらせました。武士は、農民・町人よりもきわだって高い身分とされました。いっぽう農民・町人のなかでは、年貢を負担する農民をもっとも重視し、町人と区別しました。（中略）	**身分による差別** 幕府や藩は、人口の1割にも満たない武士を高い身分とし、農民や職人・商人とはっきり区別した。さらに、農工商の下に、えた・ひにんといういちだんと低い身分をおいて、きびしく差別した。えた・ひにんとされた人々は、幕府や藩によって、町や村のはずれ、荒れ地など条件の悪い所に住まわされ、生活全体にわたって、農

	一九九七（平成9）
さらに、農民・町人の下に、「えた」や「ひにん」などの身分がおかれました。この人々は、生活条件の悪いところに住まわせられ、服装や交際まで差別をうけました。「えた」身分の人々の多くは、わずかの田畑や小作地で農業をいとなみ、死んだ牛馬の処理や皮革業・細工物などの仕事も行いました。また、これらの身分の人々のなかには、役人の下で、犯罪者の逮捕や処刑などの役を課された者もありました。このような身分制は、原則として親子代々うけつがされ、農民や町人が、力をあわせて武士のきびしい支配に反抗しないようにするとともに、自分よりまだ下の者がいると思わせて、その不満をそらす役割をはたしたと考えられます。	**江戸時代の身分制** 　幕府は、武士の支配を続けていくため、秀吉の身分制をひきつぎ、武士（士）と、農民（農）・町人（工・商）という身分制を全国にいきわたらせました。武士は、きわだって高い身分とされ、農民・町人のなかでは、年貢を負担する農民を重視しました。さらに、農民・町人のほかに、「えた」や「ひにん」などとよばれる身分をおきました。「えた」身分の多くは、農業を営んで年貢を納めたり、死んだ牛馬の処理や皮革業、細工物などの仕事に従事したりしました。また、これらの身分のなかには、役人のもとで、犯罪人の逮捕や処刑などの役を果たす者、芸能の分野で活躍する者もありました。このように社会をささえながらも、これらの人々は、農民や町人よりも低い身分とされ、住む場所や、服装・交際などで制限をうけました。こうした身分制は、原則として親子
民よりきびしい制限を受けた。えたは、農業をおこなって、年貢を納めていたが、そのほかの特定の仕事に従事させられ、その身分からぬけ出せなかった。ひにんとされた人々は、えたの身分よりさらに下に位置づけられた。刑罰によって、ほかの身分からひにんにされることもあったが、この場合には、もとの身分にもどることができる者もいた。幕府や藩がとった身分による差別は、農民や町人に、えた・ひにんという、さらに低い身分があることを知らせて、支配者である武士に対する不満をそらすとともに、農民や町人が力を合わせて武士に反抗するのをしにくくするためであったと考えられている。	**身分による差別** 　幕府や藩は、武士が支配する社会をまもるために、秀吉の身分制度を受けついで、武士を高い身分とし、支配される農民や町人（職人・商人）とはっきり区別した。さらに、農民や町人の下に、えた・ひにんといういちだんと低い身分において、きびしく差別した。えた・ひにんとされた人々は、幕府や藩によって、町や村のはずれや荒れ地など、条件の悪い所に住まわされ、生活全体にわたって、農民よりきびしい制限を受けた。えたは、農業をおこなって、年貢を納めていたが、そのほかの特定の仕事に従事させられ、その身分からぬけ出せなかった。ひにんは、えたよりさらに下に位置づけられた。刑罰によって、ほかの身分からひにんにされることもあったが、この場合には、もとの身分にもどることができる者もいた。幕府や藩がとった身分による差別は、農民や

	代々受けつがされ、自分たちよりも下の者がいると思わせるとともに、たがいの身分間で反目させて、きびしい武士支配への不満と抵抗をそらす役割をはたしたと考えられます。	町人に、えた・ひにんというさらに低い身分があることを知らせ、支配者である武士に対する不満をそらそうとするものであったと思われる。それとともに、農民や町人などが力を合わせて武士に反抗しにくくするための政策であったと考えられている。
二〇〇二（平成14）	**江戸時代の身分制** 幕府は、武士の支配を続けていくために秀吉の身分制をひきついで、武士と、百姓・町人という身分制を全国にゆきわたらせました。武士は、きわだって高い身分とされ、百姓・町人のなかでは、年貢を負担する百姓を重くみました。さらに、百姓・町人のほかに、「えた」や「ひにん」などとよばれる身分がありました。「えた」身分の多くは、農業を営んで年貢を納めたり、死んだ牛馬の処理を担い、皮革業、細工物などの仕事に従事したりしました。また、これらの身分のなかには、役人のもとで、犯罪人の逮捕や処刑などの役を果たす者、芸能に従事して活躍する者もいました。このように社会や文化を支えながらも、これらの人々は百姓・町人からも疎外され、住む場所や、服装・交際などできびしい制限を受けました。こうした身分制は武士の支配に都合よく利用され、その身分は原則として親子代々受けつがされました。	**身分による差別** 幕府や藩は、武士が支配する社会を守るために、武士を高い身分とし、支配される農民や町人（職人・商人）とはっきり区別した上、「えた」や「ひにん」とよばれる身分をおいた。これらの人々は、住む場所や、服装・交際などで、きびしい差別を受けながらも、農業を営んで年貢を納め、犯罪人の逮捕や処刑などにあたる中で、社会や文化を支えていた。こうした政策は、農民や町人に、別の身分があると知らせて、武士への不満をそらし、幕府や藩の支配を確立するのに役立ったと考えられている。
二〇〇六（平成18）	**江戸時代の身分制** 幕府は、武士と、百姓・町人という身分制を全国にゆきわたらせました。治安維持や行政・裁判を担った武士を高い身分とし、町人よりも年貢を負担する百姓を重くみました。さらに、百姓・町人のほかに、「えた」や「ひにん」などとよばれる身分がありました。「えた」身	**身分による差別** 幕府や藩は、武士が支配する社会を守るために、武士を高い身分とし、支配される農民や町人（職人・商人）と、はっきり区別した。「えた」や「ひにん」とよばれ農民や町人とはことなる身分とされた人々もいた。えたとよばれた人々は、農業に従事し年貢を納めていた。ひ

分の多くは、農業を営んで年貢を納めたり、死んだ牛馬の処理を担い、皮革業、細工物などの仕事に従事したりしました。また、これらの身分のなかには、役人のもとで、犯罪人の逮捕や処刑などの役を果たす者、芸能に従事して活躍する者もいました。このように社会や文化を支えながらも、これらの人々は、百姓・町人からも疎外され、特に江戸時代の中ごろからは、住む場所や、服装・交際などできびしい制限を受けました。こうした身分制は武士の支配に都合よく利用され、その身分は原則として親子代々受けつがされました。

にんとよばれた人々は、町や村の警備にあたった。これらの人々は、きびしい差別を受けながらも、社会や文化を支えていた。こうした政策は、武士を中心とする政治を進める上で、都合がよいものであった。

二〇一二（平成24）

江戸時代の身分制

幕府は、武士と、百姓・町人という身分制を全国にゆきわたらせました。治安維持や行政・裁判を担った武士をきわだって高い身分とし、町人よりも、年貢を負担する百姓を重くみました。さらに、百姓・町人のほかに、「えた」や「ひにん」などとよばれる身分がありました。「えた」身分の多くは、農業を営んで年貢を納めたり、死んだ牛馬の処理を担い、皮革業、細工物などの仕事に従事したりしました。また、これらの身分のなかには、役人のもとで、犯罪人の逮捕や処刑などの役を果たす者、芸能に従事して活躍する者もいました。このように社会や文化を支えながらも、これらの人々は百姓・町人からも疎外され、住む場所や、服装・交際などできびしい制限を受けました。こうした身分制は武士の支配に都合よく利用され、その身分は原則として親子代々受けつがされました。

二〇一六（平成28年）

江戸時代の身分制

幕府は、武士と、百姓・町人という身分制を全国にゆきわたらせました。治安維持や行政・裁判を担う武士をきわだって高い身分とし、町人よりも、年貢を負担する百姓を重くみました。さらに、百姓・町人のほかに、「えた」や「ひにん」などとよばれる身分がありました。「えた」身分の人々の多くは、農業を営んで年貢を納めたり、死んだ牛馬の処理を担い、皮革業、細工物などの仕事に従事したりしました。また、「えた」や「ひにん」身分の人々のなかには、役人のもとで、犯罪人の逮捕や処刑などの役を果たす人、芸能に従事して活躍する人もいました。このように社会や文化を支えながらも、これらの人々は百姓・町人からも疎外され、住む場所や、服装・交際などできびしい制限を受けました。こうした身分制は、武士の支配に都合よく利用され、その身分は親子代々受け継ぐものとされました。

表 6-2　中学校社会科教科書記述(日本文教出版)にみる研究成果の反映状況

年度版	「士農工商」的序列記事		「分裂支配」的記事		「社会外」的被差別民記事		「三位一体」的記事		「文化·社会を支える」記事	
	大阪版	東京版	大阪版	東京版	大阪版	東京版	大阪版	東京版	大阪版	東京版
1969	○	○	×	×	×	×	×	×	×	×
1972	○	○	×	×	×	×	×	×	×	×
1975	○	○	○	○	×	×	○	○	×	×
1978	○	○	○	○	×	×	○	○	×	×
1981	○	○	○	○	×	×	○	○	×	×
1984	○	○	○	○	×	×	○	○	×	×
1987	○	○	○	○	×	×	○	○	×	×
1990	○	○	○	○	×	×	○	○	×	×
1993	○	○	○	○	×	×	○	○	×	×
1997	○	○	○	○	○	×	×	○	○	×
2002	×	○	×	○	○	×	×	×	○	○
2006	×	×	×	×	○	○	×	×	○	○
2012	×		×		○		×		○	
2016	×		×		○		×		○	

（備考）　○＝該当有　×＝該当無

（備考）　傍線は以下の分類による。
・「士農工商」的序列記事 ＝ ─
・「分裂支配」的記事 ＝ ═
・「社会外」的被差別民記事 ＝ 〰
・「三位一体」的記事 ＝ ┄
・「文化・社会を支える」記事 ＝ ╌

3　中学校社会科教科書における「村（ムラ）」の記述の変遷

前節では、近世身分制に関わる教科書記述の変遷を検討した。本節では、身分制記述と連動する、近世社会を構成する主たる要素である「村」に関わる教科書記述の変遷をみていきたい。高木昭作氏の「役負担」論と朝尾直弘氏の「地縁的・職業的身分共同体」論を統一的に理解しようとした塚田孝氏は、「人びとは生きる上で依拠する集団を形成しており、その集団がある社会的な役割を果たし、位置づけを与えられる。個々人はその集団に属することで社会的に位置づいているのです。武士についてもそうですし、百姓や町人、かわたや非人についても同じです[10]」と述べている。そして、「朝尾説における社会的なまとまりとして現実に存在している集団が、どのようにして社会全体の中に位置づいているのかを明らかにしたのが高木説であった[11]」としてまとめている。つまり、諸身分全体が「単位社会集団」を形成し、社会的分業を担い、社会全体に位置づいていたのが近世社会であることを指摘したのである。このような理解に立って記述されているのが現在の二〇一六年度版の教科書記述である。学習テーマが「百姓と村」となっている所以である。では、その記述の変遷を詳細にみていきたい。大阪版と東京版に分類し整理したのが表6－3である。

まず、大阪版の変遷をみていく。内容的には、大きく一九六九年度版～一九七五年度版の第一段階、一九七八年度版～一九九〇年度版の第二段階、一九九三年度版～二〇〇六年度版の第三段階に分類できる。

一九六九年度版から一九七五年度版に至るまでは、⑴「農民の統制」記事、⑵「村の政治」記事、⑶「農民の生活」記事、⑷「農民の身分」記事のすべてがみられる。⑴においては、寛永二〇年（一六四三）の田畑永代売買の禁令、延宝元年（一六七三）の分地制限令、田畑勝手作りの禁が記されており、幕府が百姓からの年貢・諸役の徴収を確実にしようとした諸政策が明記されている。⑵では、庄屋（名主）・組頭・百姓代からなる村役人が幕府や藩の支配のもとで村の政治を執り行ったことが記されている。たとえば、一九七五年度版では「幕府や藩は村役人を支配し、また農民に五人組をつくらせ、年貢の納入や犯罪の防止に連帯して責任をとらせるようにした」との記事があり、百姓が幕府によって統制されてきた視点からの記述であることが分かる。(3)では、入会地の共同利用、用水や山野の管理について記されており、寄合など村の自治的側面の記述がみられる。(4)については、「士農工商」的身分観の記述がみられることが明らかである。

一九七八年度版から一九九〇年度版では、(1)「農民の統制」記事、(2)「村の政治」記事が主となり、近世政治権力による統制的意味合いが非常に強くなっている。第一段階で、唯一、村の自治的側面が記されていた(3)「農民の生活」記事は削除されている。また一九七八年度版では、現在、その存在価値が異なって捉えられている「慶安の触書」が記されている。第二段階では、近世政治起源説との深い連関をみることができよう。

一九九三年度版から二〇〇六年度版においては、(1)・(2)・(3)の視点からの記述が存在する。最も大きな変化がみられるのは、(2)「村の政治」である。たとえば一九九三年度版では、「村は、室町時代の惣の伝統をひきついでいたので、幕府や藩は、その自治組織を利用して、村ごとに庄屋（名主）・組頭・百姓代という村役人を選ばせ、村を運営させました」とある。中世からの連続性を重視した記事となり、村の自治的側面に頼って支配したとする村請制の理論が認められる。また二〇〇六年度版においては、「本百姓のなかから庄屋（名主）・組頭・百姓代などの村役人を出し、寄合によって村を運営しました」との記事があり、さらに村が主体となって、自治を行っていた側面が強くなっている。

このように大阪版の変遷をみていくと、近世政治権力による統制的記述から百姓による自治を中心とした記述へと変遷していることが明らかである。

次に、東京版をみてみよう。東京版も内容的には大きく三段階に分けられる。第一段階は一九六九年度版～一九七五年度版、第二段階は一九七八年度版～一九九三年度版、第三段階は一九九七年度版～二〇〇六年度版である。

第一段階の一九六九年度版から一九七五年度版では、(1)「農民の統制」記事、(2)「村の政治」記事、(3)「農民の生活」記事、(4)「農民の身分」記事のすべてがみられる。学習テーマは〈世をささえる農民〉〈農民の生活〉となっており、(3)に主眼があると推察できる。その内容は大阪版と大きな差はなく、入会地の共同利用、用水や山野の管理について記述されている。また、「ゆい」についての言及があり、寄合など村の自治的側面の記述がみられる。(1)については大阪版同様に、田畑永代売買の禁令、分地制限令、田畑勝手作りの禁が記されている。(2)については「本百姓から選ばれた庄屋（名主）・組頭・百姓代などの村役人があって、村を治め」（一九七五年度版）とあり、近世政治権力の強い干渉は認められない。

第二段階の一九七八年度版から一九九三年度版においては、大阪版同様に近世政治権力による統制的記述が色濃く表れる。〈農民の統制〉という学習テーマが明確化されていることからも明らかである。こうした学習テーマのもとで、「本百姓から選ばれた庄屋（名主）・組頭・百姓代などの村役人が、武士の役人のもとで村を治めた」（一九七八年度版）、「村では本百姓の中から庄屋（名主）・組頭・百姓代などの村役人が決められ、領主の役人のもとに村の政治をおこなった」（一九九三年度版）との記述があり、「武士の役人のもとで」「領主の役人のもとに」という文言が加筆され、政治権力との関わりが明確化されている。また、「慶安の触書」が強調されている点もこの時期の特徴である。

一九九七年度版から二〇〇六年度版においては、大阪版同様に近世国家権力の関係性が徐々に薄らいでいく。一九九七年度版は学習テーマを〈米をつくる農民〉とするもので、「慶安の触書」の記述はあるものの、「本百姓の中から庄屋（名主）・組頭・百姓代などの村役人が選ばれ、年貢の納入と村人の生活を監督した」として、その主体は政治と共同体のいずれとも捉えることができる。二〇〇二年度版以降は「村の政治」の記述がなくなり、学習テーマも〈村のくらし〉として、百姓の社会生活が中心となる。百姓による村の自治的側面からの記述は大阪版ほどみられない。

このように、「村」に関わる教科書記述の変遷からは、一九七八年度版以降一九九〇年度版あるいは一九九三年度版において、近世政治権力との強い連関を指摘することができる。一九九七年度版以降は村請制論を背景に、村の自治的側面が徐々に押し出されていくようになる。こうした「村」に関わる教科書記述の段階は、前節で述べた身分制記述の転換期とパラレルな関係にある。つまり、様々な身分集団が「単位社会集団」を形成していたことは百姓も町人も「かわた」も同様であった。近世身分制研究・部落史研究は決して特異な研究分野ではなく、近世史研究全体に位置づいているのである。

なお、二〇一二年度版以降の統一版については、基本的に大阪版を踏襲しており、第三段階に位置づけられることも、ここで確認しておきたい。

表6-3　「村と百姓」についての教科書記述の変遷とその内容

年度版	大阪書籍～日本文教出版（大阪版）	中教出版～日本文教出版（東京版）
一九六九（昭和44）	**農民の生活** □農民は百姓とよばれ、工商より上の身分におかれていた。農業がもっとも大切な産業であり、農民の数が人口の大部分をしめ、その納める年貢が武士の生活をささえていたからである。 ○それだけに、農民に対する幕府や藩の統制はきびしく、くらしをきりつめて年貢を完納するように、つねに御触書などでこまかいとりしまりをうけていた。また、かってに移住したり、田畑を売買したりすることを禁止され、米・麦など以外の作物の種類も制限されていた。年貢の割合は収穫のおよそ半分で、そのほかいろいろな税をかけられたので、農民の生活は苦しかった。 ◎農民には、本百姓（地主・自作農）、水呑百姓（小作人）などの身分の区別があった。本百姓からえらばれた庄屋（名主）・組頭・百姓代などの村役人が、領主の支配をうけて、年貢のわりあてなど村を治める仕事をした。幕府や諸藩は、農民に五人組をつくらせ、防犯の防	**士農工商** 〈世をささえる農民〉 □農民は、人口の大部分をしめて武士につぐものとされた。農民の中には、耕地を本百姓と土地を借りて耕す水呑（小作人）や日雇いなど、いろいろあった。 ◎村には、本百姓から選ばれた庄屋（名主）・組頭・百姓代などの村役人があって村を治め、農民はまた、五人組をつくって、年貢や犯罪などについて、たがいに責任をもつようになっていた。 ○農民は、武士の生活をささえる者として、年貢をはじめ、さまざまな税をかけられ、きびしく取りしまられた。たとえば、かってに田畑を売ったり分けたりできず、作物の植え付けや、よその土地に移ったりすることも、自由にできなかった。衣食住にもきびしい制限が加えられ、名字を名のることも、村役人など、とくに許された者に限られていた。 ●農民は、塩や魚などを買い求めたほかは、衣食住のほ

止や年貢の納入のために、農民に連帯責任をとらせた。

●農村には、商人・職人のはいることを禁じ、食料・肥料など必要な品物は、なるべく農民の手でつくって、自給自足のくらしを行なうたてまえであった。山林・草刈場や用水などの多くは農民が共有し、また、いそがしいときに共同で仕事をする組織（ゆい）もつくられた。村の問題は寄合できめられ、これに従わないときは、村八分といって絶交されたり、村からおいはらわれたりすることもあった。

とんどを自分のつくったものでまかなう自給自足の生活を送っていた。これらのことは、幕府が、本百姓を維持することにより、社会の安定をはかり、政権の土台を固めようとしたためである。百姓は、ゆいなどのしくみをつくって、田植えや取り入れに、たがいに助けあい、また、寄合を開いて、相談しあった。村の申しあわせやおきてにそむくと、村八分といって、のけ者にされることもあった。こうした農民の生活は楽ではなかったが、正月や盆は、村の祭りとともに、わずかにあたえられたほね休みのときであり、楽しみとなっていた。

一九七二（昭和47）

村と農民

□農民は百姓とよばれ、人口の大部分をしめ、工商よりいちだん上の身分とされていた。農業が人々の食糧を生産するたいせつな産業であり、しかも農民のおさめる年貢が武士の生活を支えていたからである。

○それだけに、幕府や藩は農民をきびしくとりしまり、農民がかってに村をはなれたり、田畑を売買したりすることを禁止し、米麦以外の作物を作ることも制限した。また、衣食住などのくらしについても、こまかいきまりが定められていた。

●しかし、どんなにくらしをきりつめても、農民は収穫のおよそ半分ほどを年貢にとられ、そのほかにもいろいろな税をかけられたので、生活はつねに苦しかった。

◎農民のなかにも、耕地の有無や家がらによって、本百姓（自作農）と水呑百姓（小作人）などの区別があった。本百姓からえらばれた庄屋（名主）・組頭・百姓代などの村役人が、村を治める仕事をした。幕府や藩は村

士農工商の世の中

〈農民の生活〉

□農民は、全人口の8割以上をしめ、武士の生活をささえる者として、厳しい統制を受けていた。農民の中には、耕地をもつ本百姓と、土地を借りて耕す水呑（小作人）や日雇など、いろいろあった。

◎村には、本百姓から選ばれた庄屋（名主）・組頭・百姓代などの村役人があって、村を治め、農民は、五人組によって、年貢や犯罪などについて、たがいに責任をもつようにきめられていた。

○農民は、とれ高の10分の5（五公五民）前後を、年貢としてとり立てられたほか、さまざまな税をかけられた。かってに田畑を売ったり、分けたりすることも禁じられ、作物の植えつけや、よその土地への移動も、自由にできなかった。衣食住にも制限が加えられ、名字を名のることも、村役人など、とくに許された者に限られていた。

役人を支配し、また農民に五人組をつくらせ、年貢の納入や犯罪の防止に連帯して責任をとらせるようにした。

●村には商人や職人の居住を禁じ、農民のくらしに必要な品物は、なるべく自給自足させるたてまえであった。山林・草刈場・用水などの多くは、村で共同に利用し、村の問題は寄合できめられ、これにしたがわなかったり、村のしきたりにそむいたりしたときは、村八分などの制裁をうけることもあった。しかし、お互いに助けあって仕事をする組織（ゆい）も広まり、盆や正月や村祭りなどの年中行事はさかんに行なわれた。

●また、農民は、塩や鍬などを買い求めたほかは、衣食住のほとんどを自分のつくったものでまかなう自給自足の生活を送っていた。いっぽう農民は、ゆい（結）などのしくみをつくって、田植えやとり入れのときには、たがいに助け合い、また、村のことは、寄合を開いて相談した。村の申しあわせやおきてにそむくと、村八分といって、のけ者にされることもあった。こうした農民の生活は、楽ではなかったが、正月や盆は、村の祭りとともに、わずかな楽しみとなっていた。

一九七五（昭和50）

農民と町人

□農民は百姓とよばれ、人口の大部分をしめ、工商よりいちだん上の身分とされていた。農業が人々の食糧を生産するたいせつな産業であり、しかも農民のおさめる年貢が武士の生活を支えていたからである。

○それだけに、幕府や藩は農民をきびしくとりしまり、農民がかってに村をはなれたり、田畑を売買したりすることを禁止し、米麦以外の作物を作ることも制限した。また、衣食住などのくらしについても、こまかいきまりが定められていた。

●しかし、どんなにくらしをきりつめても、農民は収穫のおよそ半分ほどを年貢にとられ、そのほかにもいろいろな税をかけられたので、生活はつねに苦しかった。

◎農民のなかにも、耕地の有無や家がらによって、本百姓（自作農）と水呑百姓（小作人）などの区別があった。本百姓からえらばれた庄屋（名主）・組頭・百姓代などの村役人が、村を治める仕事をした。幕府や藩は村

士農工商の世の中

〈農民の生活〉

□農民は、全人口の8割以上をしめたが、年貢を納めて、武士の生活をささえる者として厳しく統制された。農民には、耕地をもつ本百姓と土地を借りて耕す小作人がおり、また、日雇などもいた。

◎村には、本百姓から選ばれた庄屋（名主）・組頭・百姓代などの村役人があって、村を治め、農民は、五人組によって、年貢や犯罪などについて、共同の責任をもつようにきめられていた。

○農民は、とれ高の10分の5（五公五民）前後を、年貢としてとり立てられたほか、さまざまな税をかけられた。かってに田畑を売ったり、分けたりすることも禁じられ、作物の植えつけや、よその土地への移動も、自由にできなかった。衣食住にも制限が加えられ、名字を名のることも、村役人など、とくに許された者に限られていた。

役人を支配し、また農民に五人組をつくらせ、年貢の納入や犯罪の防止に連帯して責任をとらせるようにした。

●村には商人や職人の居住を禁じ、農民のくらしに必要な品物は、なるべく自給自足させるたてまえであった。山林・草刈場・用水などの多くは、村で共同に利用し、村の問題は寄合できめられ、これにしたがわなかったり、村のしきたりにそむいたりしたときは、村八分などの制裁をうけることもあった。しかし、お互いに助けあって仕事をする組織（ゆい）も広まり、盆や正月や村祭りなどの年中行事はさかんに行われた。

●また、農民は、塩や鍬などを買い求めたほかは、衣食住のほとんどを自分のつくったものでまかなう自給自足の生活を送っていた。いっぽう、農民は、ゆい（結）などのしくみをつくって、田植えやとり入れのときには、たがいに助け合い、また、村のことは、寄合を開いて相談した。村の申しあわせやおきてにそむくと、村八分といって、のけ者にされることもあった。こうした農民の生活は、楽ではなかったが、正月や盆は、村の祭りとともに、わずかな楽しみとなっていた。

一九七八（昭和53）

農民と町人

○このころの人口の大部分をしめる農民は、五公五民などといって収穫高の半分ほどの年貢をおさめるほか、いろいろな雑税も取りたてられ、武士の生活をささえていました。幕府や藩は年貢をふやすために、農業生産を高めるいっぽう、農民に節約をすすめ、農民の生活のすべてにわたってこまかいきまりを定め、御触書を出しました。なかでも、一六四九年（慶安二）に出された慶安の御触書には、農民のくらしに必要なものは自給せよ、酒・茶・たばこと、米ばかりを食べることをぜいたくだからと禁止して、朝早くから夜おそくまでしごとにはげめと命じています。また、旅行や農作物の種類を制限し、田畑の売買や住んでいる土地をはなれること、分家することを禁止しました。

◎検地帳に名前がしるされている農民（本百姓）のなかから、村ごとに庄屋（名主）・組頭・百姓代などの村役人がえらばれ、村をおさめさせました。幕府や藩は、村

士農工商の世

〈農民の統制〉

○鎖国が完成する前後から、農村は、はげしい凶作におそわれ、また、太閤検地以来の重い年貢に無理があったので、農村は荒れ果てていた。そこで、幕府は年貢を維持し、さらに増収をはかるために、農村の立てなおしをはからねばならなかった。そして、大名や旗本に、農民の支配に力を入れるように命じるとともに、一六四九年（慶安二年）、慶安の御触書を出して、農民の生活を細かく定めた。

●農民は、収穫の半分ちかくを年貢にとられたほか、さまざまな税をかけられた。かってに田畑を売ったり、分けたりすることも禁じられ、作物の植えつけや、よその土地への移動も、自由にはできなかった。また、衣食住にもきびしい制限が加えられ、塩や鍬などを買い求めるほかは、衣食住の多くを自分の作ったものでまかなう自給自足の生活を送った。

役人を支配し、農民に五人組をつくらせて、年貢納入や犯罪防止に連帯して責任をとらせるようにしました。

◎農民は全人口の80％をしめたが、その中には、検地帳に記されて幕府や藩から一人前の農民として認められた本百姓と、本百姓から土地を借りて耕す小作人がいた。村には、本百姓から選ばれた庄屋（名主）・組頭・百姓代などの村役人が、武士の役人のもとで村を治めた。また、五人組がつくられ、年貢や犯罪などについて、共同の責任をもたされた。

●いっぽう、農民は、ゆい（結）などのしくみをつくって、田植えやとり入れのときには、たがいに助け合い、また、寄合を開いて、肥料にする草かり場や、かんがい用水の共同利用などについて相談した。村の申しあわせやおきてにそむくと、村八分といって、のけ者にされることもあった。農民のくらしは、らくではなかったが、正月や盆・村の祭りなどは、楽しみとなっていた。

一九八一（昭和56）

農民と町人

○このころの人口の大部分をしめる農民は、五公五民などといって、収穫高の半分ほどの年貢をおさめるたてまえでした。そのほか、いろいろな雑税もとりたてられ、武士の生活をささえていました。幕府や藩は年貢を安定させるために田畑の売買を禁止し、農民に節約をすすめ、農民の生活のすべてにわたってこまかいきまりを定め、御触書を出しました。

◎幕府や藩は、村ごとに検地帳に名前がしるされている農民（本百姓）のなかから、庄屋（名主）・組頭・百姓代などの村役人を任じ、村をおさめさせました。また、農家を5戸ずつまとめて五人組をつくらせ、年貢納入や犯罪防止に共同責任をとらせました。

農民の生活

〈農民の統制〉

○鎖国が完成する前後から、はげしい凶作が農村をおそい、太閤検地以来、重い年貢を負っていた農村は荒れ果てた。そのため、幕府は、年貢を維持し、さらに増収をはかるために、農村を立てなおさなければならなかった。そこで、大名や旗本に、農民の支配に力を入れるように命じるとともに、一六四九年（慶安二年）、慶安の御触書を出して、農民の生活を、衣食住にわたって細かく定め、制限した。農民は、五公五民とか、四公六民などとよばれた重い年貢のほか、さまざまな税をかけられた。さらに、かってに田畑を売ることが禁じられ、田畑を分けることも制限された。そのうえ、作物の植えつけ

	一九八四（昭和59）
	農民と町人 ○このころの人口の大部分をしめる農民は、五公五民などといって、収穫高の半分ほどの年貢をおさめるたてまえでした。そのほか、いろいろな雑税もとりたてられ、武士の生活をささえていました。幕府や藩は年貢を安定
や、よその土地への移動も、自由にはできなかった。 〈村の政治〉 ◎農民は、全人口の80％をしめたが、その中には、検地帳に記されて幕府や藩から一人前の農民として認められた本百姓と、土地を多くもつ本百姓（地主）から土地を借りて耕す小作人がいた。村には、本百姓の中から決められた庄屋（名主）・組頭・百姓代などの村役人がいて、かれらが、武士の役人のもとで村を治めた。また、五人組がつくられ、年貢や犯罪などについて、村民たちは共同の責任をもつようになった。 〈農民のくらし〉 ●このように、きびしい制限が加えられた農民は、塩や鍬などを買うほかは、衣食住の多くを自分のつくったものでまかなう、自給自足の生活を送らなければならなかった。農民は、ゆい（結）などのしくみをつくって、田植えやとり入れのときには、たがいに助け合った。また、村では、農民たちが寄合を開いて、肥料にする草をかる場所や、かんがい用水の共同利用などについて相談した。村の申しあわせやおきてにそむくと、村八分といって、のけ者にされることもあった。農民のくらしは、らくではなかったが、正月や盆・村祭りなどは、楽しみとなっていた。	農民の生活 〈農民の統制〉 ○鎖国が完成する前後から、はげしい凶作が農村をおそい、太閤検地以来、重い年貢を負っていた農村は荒れ果てた。そのため、幕府は、年貢を維持し、さらに増収を

させるために田畑の売買を禁止し、農民に節約をすすめ、農民の生活のすべてにわたってこまかいきまりを定め、御触書を出しました。
◎幕府や藩は、村ごとに検地帳に名前がしるされている農民（本百姓）のなかから、庄屋（名主）・組頭・百姓代などの村役人を任じ、村をおさめさせました。また、農家を5戸ずつまとめて五人組をつくらせ、年貢納入や犯罪防止に共同責任をとらせました。

はかるために、農村を立てなおさなければならなかった。そこで、大名や旗本に、農民の支配に力を入れるように命じるとともに、一六四九年（慶安二年）、慶安の御触書を出して、農民の生活を、衣食住にわたって細かく定め、制限した。農民は、五公五民とか、四公六民などとよばれた重い年貢のほか、さまざまな税をかけられた。さらに、かってに田畑を売ることが禁じられ、田畑を分けることも制限された。そのうえ、作物の植えつけや、よその土地への移動も、自由にはできなかった。

〈村の政治〉
◎農民は、全人口の約80％をしめたが、その中には、検地帳に記されて幕府や藩から一人前の農民として認められた本百姓と、土地を多くもつ本百姓（地主）から土地を借りて耕す小作人がいた。村には、本百姓の中から決められた庄屋（名主）・組頭・百姓代などの村役人がいて、かれらが、武士の役人のもとで村を治めた。また、五人組がつくられ、年貢や犯罪などについて、村民たちは共同の責任をもつようになった。
〈農民のくらし〉
●このように、きびしい制限が加えられた農民は、塩や鍬などを買うほかは、衣食住の多くを自分のつくったものでまかなう、自給自足の生活を送らなければならなかった。農民は、ゆい（結）などのしくみをつくって、田植えやとり入れのときには、たがいに助け合った。また、村では、農民たちが寄合を開いて、肥料にする草をかる場所や、かんがい用水の共同利用などについて相談した。村の申しあわせやおきてにそむくと、村八分とい

一九八七（昭和62）	
	農民と町人 ○武士の生活をささえたのは、五公五民、六公四民などといわれた農民の年貢でした。幕府や藩は年貢を完納させるために、田畑の売買を禁止し、農民に節約をすすめ、農民の生活のすべてにわたってこまかいきまりを定め、御触書を出しました。 ◎また、村ごとに検地帳に名前がある農民（本百姓）のなかから、庄屋（名主）・組頭・百姓代などの村役人を任じ、村をおさめさせました。そして、農家を5戸ずつまとめて五人組をつくらせ、年貢の納入や犯罪防止に共同責任をとらせました。
って、のけ者にされることもあった。農民のくらしはらくではなかったが、正月や盆・村祭りなどは、楽しみとなっていた。	村と町の生活 〈農民の統制〉 ○農民は、五公五民などといって、収穫高の半分ほどを年貢としてとり立てられた。幕府や藩は、収入のほとんどが農民の納める年貢であったので、農民の支配には心をくばった。農民は、田畑を売ったり、子どもに分けあたえたりすることや、よその土地へ移ったりすることは許されず、作物の栽培も制限されて、村にしばりつけられた。また、一六四九年（慶安二年）には慶安の御触書が出され、農民の生活は、衣食住にわたって細かく定められ、統制された。 〈村の政治〉 ●農民は、塩・鉄製品など特別なものを買い求めたほかは、みそ・しょうゆ・衣服・肥料など、日常生活に必要なほとんどのものを自分の家でつくり、自給自足の生活を送っていた。 ◎村には本百姓の中から決められた庄屋（名主）・組頭・百姓代などの村役人がいて、領主の役人のもとで村を治めた。そして、村人のあいだには五人組がつくられ、年貢や犯罪などについて、共同の責任をもたされていた。 ●村人たちは、家族を中心に小規模な農業をおこない、ゆい（結）などのしくみをつくって、田植えやとり入れのときなどには、たがいに協力しあった。また、寄合を

	一九九〇（平成2）
	農民と町人 ○武士の生活をささえたのは、農民からの年貢でした。幕府や藩は、年貢確保のために田畑の売買を禁止し、倹約をすすめ、農民の生活のすべてにわたってこまかいきまりを定めた御触書を出しました。 ◎村では、田畑・屋敷をもち、検地帳に名前ののせられた農民を本百姓とよび、そのなかから、庄屋（名主）・組頭・百姓代などの村役人を任じて、村をおさめさせました。また、農家を5戸ずつまとめて五人組をつくらせ、たがいに監視させて、年貢の納入や犯罪防止に共同責任をとらせました。
開いて村の問題などについて相談し、村の申しあわせにそむいたときには、村八分といって、日常の生活でのけ者にされることもあった。	村と町の生活 〈農民の統制〉 ○農民は、五公五民などといって、収穫高の半分ほどを年貢としてとり立てられた。幕府や藩は、収入のほとんどが農民の納める年貢であったので、農民の支配には心をくばった。農民は、田畑を売ったり、子どもに分けあたえたりすることや、よその土地へ移ったりすることは許されず、作物の栽培も制限されて、村にしばりつけられた。また、一六四九年（慶安二年）には慶安の御触書が出され、農民の生活は、衣食住にわたって細かく定められ、統制された。 〈村の政治〉 ●農民は、塩・鉄製品など特別なものを買い求めたほかは、みそ・しょうゆ・衣服・肥料など、日常生活に必要なほとんどのものを自分の家でつくり、自給自足の生活を送っていた。 ◎村には本百姓の中から決められた庄屋（名主）・組頭・百姓代などの村役人がいて、領主の役人のもとで村を治めた。そして、村人のあいだには五人組がつくられ、年貢や犯罪などについて、共同の責任をもたされていた。 ●村人たちは、家族を中心に小規模な農業をおこない、ゆい（結）などのしくみをつくって、田植えやとり入れのときなどには、たがいに協力しあった。また、寄合を

開いて村の問題などについて相談し、村の申しあわせにそむいたときには、村八分といって、日常の生活でのけ者にされることもあった。

一九九三（平成5）

農民と町人

●農民は全人口の80％以上をしめ、武士の生活は農民がおさめる年貢でささえられました。年貢の量は、生産高のほぼ半分でした。

◎村は、室町時代の惣の伝統をひきついでいたので、幕府や藩は、その自治組織を利用して、村ごとに庄屋（名主）・組頭・百姓代という村役人を選ばせ、村を運営させました。また、農家を5戸ずつにまとめた五人組をつくらせてたがいに監視させ、年貢納入や犯罪防止に共同責任をとらせました。

○さらに、田畑の売買を禁止し、倹約をすすめるなど、生活のあらゆる面にわたって細かいきまりを定めました。

きびしい身分制度

〈武士と農民・町人〉

□農民は、収穫高の半分近くを年貢としてとり立てられ、さまざまな労役も命じられた。農民の中には、領主から一人前の農民として認められた本百姓と、土地をほとんどもたず、本百姓から土地を借りて耕作する水呑百姓（小作人）がいた。

村のくらし

〈農民の統制〉

○幕府や藩は、収入のほとんどが農民の納める年貢であったので、農民の支配にはとくに心をくばった。農民は、かってに田畑を売ったり、分割して相続したり、よその土地へ移ったりすることは禁止され、米以外の作物をつくることも制限された。そして、3代将軍の家光の時代になると、一六四九（慶安二）年に、慶安の御触書が出され、農民の生活は、衣・食・住にわたるまで細かく統制された。

◎村では本百姓の中から庄屋（名主）・組頭・百姓代などの村役人が決められ、領主の役人のもとに村の政治をおこなった。そして、村人のあいだには五人組がつくられ、年貢の納入や犯罪などについて、たがいに監察しあい、共同の責任をもたされていた。

●村の申し合わせにそむくと、村八分といって、葬式や火事の場合以外のつき合いはしてもらえなかった。

一九九七（平成9）	
	農民と村 ●農民は全人口の80％以上を占め、武士の生活は農民が納める年貢でささえられました。年貢の量は、生産高のほぼ半分でした。農民のなかには、土地をもち、年貢納入の義務を負った本百姓と、土地をもたない水呑百姓との区別がありました。 ◎村は、室町時代の惣の伝統をひきついでいたので、幕府や藩は、その自治組織を利用して、村ごとに庄屋（名主）・組頭・百姓代という村役人を選ばせ、村を運営させました。また、農家を5戸ずつにまとめた五人組をつくらせてたがいに監視させ、年貢納入や犯罪防止に共同責任をとらせました。 ○さらに、田畑の売買を禁止し、倹約をすすめるなど、生活のあらゆる面にわたって細かいきまりを定め、御触書を出しました。
	きびしい身分制度 〈武士と農民・町人〉 □農民は、四公六民とか五公五民といわれた年貢をとり立てられ、さまざまな労役も命じられた。農民の中には、領主から一人前の農民として認められた本百姓と、土地をほとんどもたず、本百姓から土地を借りて耕作する水呑百姓（小作人）とがいた。 米にたよる社会 〈米をつくる農民〉 ○幕府や藩は、収入のほとんどが農民の納める年貢であったので、「死なぬように生きぬように」という考えで、農民を支配した。農民は、かってに田畑を売ったり、分割して相続したり、よその土地へ移ったりすることは禁止され、米以外の作物をつくることも制限された。3代将軍徳川家光の時代の一六四九（慶安二）年に出された慶安の御触書には、農民の生活について、衣・食・住にわたって細かく定められている。 ◎江戸時代の村の多くは、50～60戸の集落であった。本百姓の中から庄屋（名主）・組頭・百姓代などの村役人が選ばれ、年貢の納入と村人の生活を監督した。村人のあいだには五人組がつくられ、年貢の納入や犯罪などについて共同で責任をとらされた。 ●村の申し合わせに違反したものは、村八分にされた。村人は、塩や鎌・鍬などを買うほかは、みそ・しょう油・衣服・肥料など、日常の生活に必要な品物を自分の家でつくり、燃料の薪も村の共有地（入会地）で手に入れるなど、自給自足の生活を送った。田植えや災害のと

		きは、たがいに助けあった。
二〇〇二（平成14）	**百姓と村** ●百姓は全人口の80％以上を占め、武士の生活は百姓の納める年貢で支えられました。年貢の量は収穫高のほぼ半分でした。百姓のなかには、土地をもち、年貢納入の義務を負った本百姓と、土地をもたない水呑百姓との区別がありました。 ◎幕府や藩は、室町時代からひきつがれていた惣の自治組織を使って、村ごとに、本百姓のなかから庄屋（名主）・組頭・百姓代という村役人を選ばせ、村を運営させました。また、百姓を5戸ずつにまとめた五人組をつくらせてたがいに監視させ、年貢納入や犯罪防止に連帯責任をとらせました。 ○さらに、御触書を出して、田畑の売買を禁止し、倹約をすすめるなど、生活のあらゆる面にわたって細かいきまりを定めました。	**きびしい身分制度** 〈武士と農民・町人〉 □農民は生産高のほぼ半分ほどの年貢をとり立てられ、さまざまな労役も命じられた。農民の中には、土地をもつ本百姓と、土地をもたない水呑百姓の区別があった。 〈村のくらし〉 ○幕府や藩は、できるだけ多くの年貢をとるため、農民の生活をきびしく制限した。田畑の売買は禁止され、生活のあらゆる面にわたって、御触書で細かいきまりが定められていた。 ●農民は、林野や用水を共同で利用し、田植えなども助け合いが欠かせなかった。そのため、村の寄合で定められた掟に違反すると、村八分にされることもあった。
二〇〇六（平成18）	**百姓と村** ●百姓は全人口の80％以上を占め、50～100戸からなる村に住み室町時代からの惣の伝統を受けついで山野・用水を共同で管理し、田植えなどの農作業を助け合いました。 ◎村には土地を持つ本百姓と、土地をもたない水呑百姓との区別があり、本百姓のなかから庄屋（名主）・組頭・百姓代などの村役人を出し、寄合によって村を運営しました。 ◎幕府や藩は、この村の自治を利用し、五人組を組織して年貢納入や犯罪防止に連帯責任をとらせました。 ○さらに、田畑の売買を禁止したほか、倹約をすすめる	**きびしい身分制度** 〈武士と農民・町人〉 □農民の納める年貢は、武士の生活をささえるもので、農民は、五公五民とか四公六民などとよばれた年貢をとり立てられ、さまざまな労役も命じられた。農民の中には、土地をもつ本百姓と、土地をもたない水呑百姓の区別があった。 〈村のくらし〉 ○幕府や藩は、できるだけ多くの年貢をとるため、農民の生活をきびしく制限した。田畑の売買は禁止され、生活のあらゆる面にわたって、御触書で細かいきまりが定

	御触書を出しました。 められていた。 ●農民は、林野や用水を共同で利用し、田植えなども助け合いが欠かせなかった。そのため、村の寄合で定められた掟に違反すると、村八分にされることもあった。
二〇一二（平成24）	**百姓と村** ●百姓は、全人口の80％以上を占め、50戸から100戸でなる村に住み、山野・用水を共同で管理し、田植えや稲刈りなどの農作業を助け合いました。 ◎村には、土地を持つ本百姓と土地をもたない水呑百姓との区別があり、本百姓のなかから、庄屋（名主）・組頭・百姓代などの村役人を出し、年貢納入の責任を負いました。 ◎〇武士の生活は、百姓の納める年貢で支えられていました。幕府や藩は、田畑の売買を禁止したほか、村の自治のしくみを利用して年貢を取り立てました。また、五人組をつくり、たがいに監視させ、年貢納入や犯罪防止に連帯責任をとらせました。
二〇一六（平成28）	**百姓と村** ●百姓は、全人口の80％以上を占め、50戸から100戸くらいの村に住みました。室町時代の惣の伝統を受けついだ村では、山野・用水を共同で管理し、田植えや稲刈りなどの農作業を助け合いました。 ◎村に住む百姓には、土地を持つ本百姓と土地をもたない水呑百姓との区別があり、本百姓のなかから、庄屋（名主）・組頭・百姓代などの村役人を出して、年貢納入の責任を負いました。 ◎〇武士の生活は、百姓の納める年貢で支えられていました。そのため幕府や藩は、田畑の売買を禁止したほか、村の自治のしくみを利用して年貢を取り立てました。また、五人組をつくり、たがいに監視させ、年貢納入や犯罪防止に連帯責任をとらせました。

（備考）「農民の統制」記事＝〇、「村の政治」記事＝◎、「農民の生活」記事＝●、「農民の身分」＝□

4　中学校社会科教科書における「町（チョウ）」の記述の変遷

「町」の記述については、「村」の記述ほど、想定できる明確な視点と近世身分制との関連を言及することは難しい。これは近世における百姓が全人口の八割以上を占め、政治を担った武士の生活が百姓の納める年貢で支えられていたとする一般的理解が大きいことにもよるが、近世都市社会史研究が一九八〇年代以降に大きく進展したこともあり、「町」が都市内部の基礎的な住民の生活単位であり、「村」同様に「単位社会集団」であるという理解が教育現場に浸透していない結果であるかもしれない。

よって本節では、まず、近世都市社会史の研究状況を吉田伸之氏・塚田孝氏の論考をもとに整理しておく。(12)吉田氏によると、研究には大きく三つの波が存在したという。第一の波は豊田武氏や原田伴彦氏らによって切り開かれた先駆的研究、第二の波は松本四郎氏らによって進められ、幕藩制構造論や世直し状況論と結び付いた都市史研究、そして第三の波は、一九八〇年代以降に都市の内部構造に分け入った朝尾直弘氏の研究を起点とする都市史研究である。このうち、身分制研究と深く関わる第三の波を朝尾直弘氏の見解をもとに整理しておきたい。

朝尾氏は、周知のように「地縁的・職業的身分共同体」という概念を提起し、百姓の「村」、町人の「町」、あるいは「かわた」の身分集団が相当することを指摘した。このなかで「町」を中心とした近世都市についての氏の言及は以下の吉田氏の整理した四点が指摘できよう。(13)

(1)　日本の社会における都市と農村の社会的規模での分離は、チョウ（町）とムラ（村）の成立のなかにみることができる。

(2)　町と村は、中世社会の一つの普遍的な社会集団である惣村を母胎として生み出された双生児であった。惣村から町への展開には市から町へ、と、領主主導による人為的な成立、の二つの型がみられる。また、京都や堺などでは、惣町が惣村と共通の性格をもち、人為的ではない町の形成の条件を付与した。

(3)　こうして成立した町は、近世都市の基本的な社会集団となった。町は、道路を挟んで向かいあった両側の家屋敷に住む人々の生活共同体であったが、同時に、構成員である町人の家屋敷・財産・信用を相互に保証しあった。

(4)　町の家持の中心は商人であり、彼の属す町がその資本を保証する唯一の組織であった。このように、個々の町によって信用を与えられる個性的な差異をもつ資本は身分的資本と呼ぶことができる。こうして、町は身分的資本の単位であり、身分的所有（町人的所有）の主体であった。

以上から、「町」が「村」と同様に、生活共同体であるとともに、所有と経営の集団的保証が存在していたことが理解できる。[14]「町」は近世社会における基本的な社会集団であり、「村」と同様の身分的性格を有していたのである。しかしながら、近世身分制研究が、主として百姓・被差別民を中心に行われ、町人が固有の身分として研究対象として取り上げられたのは、第三の波以降であったことから、近世身分としての町人の成立や特質が教科書記述に取り上げられたのは「村」の記述に比べて遅れるのは必然であった。具体的に教科書（歴史的分野）の近世身分制記述における町人身分の記事内容を分析してみよう。(1)「町人の統制」記事、(2)「町の政治」記事、(3)「町人の生活」記事、(4)「町人の身分」記事によって分類してみた。表6－4を参照いただきたい。

大阪編集版・東京編集版のいずれにおいても、「村」同様に三段階に分類することができる。以下、具体的に検討してみよう。

大阪編集版においては、一九六九年度版から一九七五年度版（第一段階）においては、「町人の生活」「町人の社会」をテーマとして、町人の身分の低位性に反して財力を有していた状況を述べている。そして、町人への支配を五人組制度などを中心として述べたうえで、町人の自治についてもふれている。一九七八年度版から一九九三年度版（第二段階）においては、「農民と町人」というテーマになっている。農民と町人の双方を扱うように教材構成されているが、一九七八年度版をはじめとして圧倒的に農民を扱う内容が多い。この段階においては、町人の身分を扱う記述、町の政治を扱う記述が顕著となっている。その具体的内容は「町人（職人と商人）は、城下町に住まわされていました」（一九七八年度版）といった近世国家権力による身分創出に関与が認められる記述から、「村と同じように町役人が選ばれ、町政を運営しました」（一九九三年度版）という町の自治が認められる記述へと変遷していることが分かる。一九九七年度版から二〇〇六年度版（第三段階）においては、「町人と町」というテーマとなっており、「農民と村」「百姓と町人」に対応したものとなっている。この段階で、「単位社会集団」としての身分論が教科書記述に反映していることが分かる。内容は第二段階同様に、町人の身分を扱う記述、町の政治を扱う記述となっており、第二段階と大きな差異はない。ただし一九九七年度版では、「町人は、商人（商）と、大工などの職人（工）とからなり」と「士農工商」的身分観の記述が見受けられる。これが二〇〇六年度版では「町人は、商人と、大工などの職人とからなり」との記述に変更されており、「士農工商」的身分観は払拭されるようになる。

東京編集版について検討してみよう。一九六九年度版から一九七八年度版（第一段階）においては、「士農工商」「士農工商の世の中」などの大テーマのなかで〈町人の生活〉として学習内容が記述されている。大阪版同様に、町人身分の低位性を論じながらも財力を有する者が存在したこと、農村と同様に五人組制度が存在しており、幕府や藩の統制があったこと、徒弟制度の存在が明記されている。一九八一年から一九九〇年度版（第二段階）においては、〈町人の身分〉〈町の政治〉〈町人の生活〉などの学習テーマが設定されている。この段階では「農村と同じように町名主や組頭などの町役人がおかれ」（一九七八～八四年度版）、「その関係は、農村の地主と小作人の関係に似ていた」（一九八一～八四年度版）、「農村と同じように町役人がおかれ、五人組の制度もあった」（一九八七～九〇年度版）など、村との共通性に言及する記述が多くなっている。この点は百姓の村、町人の町、職人の仲間など、団体や集団ごとに近世社会の諸身分が組織化されたという研究が浸透していったものと考えられる。また、一九八七・九〇年度版では「町人たちは、さまざま助けあいをした」との記事があり、近世政治権力による支配的記述から町の自立性に言及する記述へと変遷していることが理解できる。こうした点も大阪版の第二段階と共通する内容である。一九九三年度版から二〇〇六年度版の東京版においては、町人身分を個別で取り上げた学習テーマはなく、二〇一二年度版の統一版を待つこととなる。

なお、二〇一二年度版以降の統一版については、基本的に大阪版を踏襲しており、第二段階に位置づけられることをここで確認しておきたい。

表6-4　「町と町人」についての教科書記述の変遷とその内容

年度版	大阪書籍～日本文教出版（大阪版）	中教出版～日本文教出版（東京版）
一九六九（昭和44）	**町人の生活** □身分のうえでは低いものとされていたが、都市生活をしている武士の必要な品物をととのえたり、武士が農民からとりたてた年貢米を貨幣にかえたりしたので、有力な商人はしだいに財産をたくわえ、なかには大名をしのぐ財力をもつものもあらわれた。 ○町人は、城下町の侍屋敷の外側に、それぞれの仕事や商売によって住む場所をさだめられ、町奉行の支配をうけた。 ◎その下で、家持のうちからえらばれた町年寄（町名主）・組頭などが町を治め、村と同じように、五人組の制度があった。しかし、村とくらべると、はるかに自治がみとめられ、税金などの負担も農民よりかるかった。	**士農工商** 〈町人の地位〉 □町に住み、商業や工業に従う人々を町人といった。その身分は、農民よりも低かったが、わりあい自由をあたえられ、しだいに富をたくわえて、その地位を高めた。 ●商人は、自分の店をもっている主人のもとに住みこみ、あきないを覚えて、いつかは店をもつことを許された。職人も、まず仕事場をもっている親方のもとに弟子入りして仕事を覚え、年季をおわって職人となり、やがて親方になることもできた。
一九七二（昭和47）	**町人の社会** □町に住む商人と職人をあわせて町人といった。身分のうえでは、農民の下におかれたが、城下町に住む武士にとっては、くらしに必要な品物をととのえるためにも、農民からとりたてた年貢米を貨幣にかえるためにも、町人は、欠くことのできないものであった。そこで、商業の発達につれて有力な商人はしだいに財産をたくわえ、なかには大名をしのぐ財力をもつものもあらわれた。 ●町人にも、職人の親方と弟子、商家の主人と奉公人、その奉公人も番頭・手代・でっちに区別するなど、武士と同じような主従関係で結ばれていた。	**士農工商の世の中** 〈町人の生活〉 □町人は、町に住み、商業や工業に従事していた。その身分は、農民よりも低かったが、農民にくらべると、税の負担も軽く、わりあい自由をあたえられ、しだいに富をたくわえて、その地位を高めた。 ◎町名主や組頭などの町役人がいて、町を治めた。また、村と同じように五人組制度もあった。 ●商人は主人の店に住みこんで、勤勉に働き、商売に慣れ、一人前になると、独立して店をもつことを許された。職人も、まず仕事場をもっている親方のもとに弟子

	○城下町の町人は、武士の屋敷の外側に、それぞれの仕事や商売によって住む場所を定められ、町奉行の支配をうけた。 ◎町奉行の下で、町年寄（町名主）・組頭などが町をおさめ、村と同じように五人組の制度があった。しかし、村とくらべると、はるかに自治がみとめられ、税の負担も農民よりかるかった。 ●それだけに、町人のくらしには、農民よりものびのびとした明るさがみられ、町には活気があふれていた。	入りして仕事を覚え、年季を終わって職人となり、やがて親方になることもできた。このような徒弟制度は、ヨーロッパのギルドにもみられた。
一九七五（昭和50）	**町人の社会** □町に住む商人と職人をあわせて町人といった。身分のうえでは、農民の下におかれたが、城下町に住む武士にとっては、くらしに必要な品物をととのえるためにも、農民からとりたてた年貢米を貨幣にかえるためにも、町人は、欠くことのできないものであった。そこで、商業の発達につれて有力な商人はしだいに財産をたくわえ、なかには、大名をしのぐ財力をもつものもあらわれた。 ●町人にも、職人の親方と弟子、商家の主人と奉公人、その奉公人も番頭・手代・でっちに区別するなど、武士と同じような主従関係で結ばれていた。 ○◎城下町の町人は、武士の屋敷の外側に、それぞれの仕事や商売によって住む場所を定められ、町奉行の下で、町年寄（町名主）・組頭などが町をおさめ、村と同じように五人組の制度があった。しかし、村とくらべると、はるかに自治がみとめられ、税の負担も農民よりかるかった。 ●それだけに、町人のくらしには、農民よりものびのび	**士農工商の世の中** 〈町人の生活〉 □町人は、町に住み、商業や工業に従事していた。その身分は、農民よりも低かったが、農民にくらべると、税の負担も軽く、わりあい自由をあたえられ、しだいに富をたくわえて、その地位を高めた。 ◎町名主や組頭などの町役人がいて、町を治めた。また、村と同じように五人組制度もあった。 ●商人は主人の店に住みこんで、勤勉に働き、商売に慣れ、一人前になると、独立して店をもつことを許された。職人も、まず仕事場をもっている親方のもとに弟子入りして仕事を覚え、年季を終わって職人となり、やがて親方になることもできた。このような徒弟制度は、ヨーロッパのギルドにもみられた。

	とした明るさがみられ、町には活気があふれていた。	
一九七八（昭和53）	**農民と町人** ○◎町人（職人と商人）は、城下町に住まわされていました。それぞれの町には、町奉行のもとで町の政治にたずさわる町役人がいました。これらの町役人は、土地屋敷をもつ町人のなかからえらばれました。農民と同じように五人組の制度もつくらせました。	**士農工商の世** 〈町人の生活〉 □商人や職人は、町人として町に住み、商業や工業に従事していた。その身分は、農民より低かったが、農民の年貢のように税が重くなかったので、かれらのあいだには、しだいに富をたくわえる者も出てきた。 ◎町には、農村と同じように、町名主や組頭などの町役人がおかれ、五人組制度もあって、幕府や藩の統制を受けた。また、町人には、土地や家屋をもつ地主や家持ち（大家）と、その土地や建物を借りて住む人々がいて、農村の本百姓と小作人の関係に似ていた。 ●職人は、仕事場をもっている親方のもとに弟子入りして仕事を覚え、年季を終わって職人となり、やがて親方になることもできた。商人は、主人の店に奉公人として住みこんで仕事を見習い、番頭として一人前になると、独立して店をもつことが許された。
一九八一（昭和56）	**農民と町人** ◎商人や職人は、町人とよばれました。町ごとに、町年寄・町名主などの町役人がえらばれ、農村と同じように、五人組の制度がつくられました。 □また、町人は、職人の親方と弟子、商家の主人と奉公人、そして、その奉公人も、番頭・手代・でっちに区別されていました。	**町人の生活** 〈町人の身分〉 □職人や商人は、町人として町に住み、手工業や商業に従事していた。その身分は、農民より低いものとされたが、農民の年貢のように税が重くなかったので、かれらのあいだには、しだいに富をたくわえる者も出てきた。町人として税を納めたのは、土地・家屋のもち主に限られていた。 ●職人は、仕事場をもっている親方のもとに弟子入りして仕事を覚え、年季が終わると一人前の職人になり、や

	一九八四（昭和59）
	農民と町人 ◎商人や職人は、町人とよばれました。町ごとに、町年寄・町名主などの町役人がえらばれ、農村と同じように、五人組の制度がつくられました。 □また、町人は、職人の親方と弟子、商家の主人と奉公人、そして、その奉公人も、番頭・手代・でっちに区別されていました。
がて親方になることもできた。商人は、主人の店に奉公人として住みこんで仕事を見習い、番頭になると、独立して店をもつことが許された。 〈町の政治〉 ◎町には、農村と同じように、町名主や組頭などの町役人がおかれ、五人組制度もあり、幕府や藩の統制を受けた。 □町人には、土地や家屋をもつ地主や家持ち（大家）と、その土地や建物を借りて住む人々がいて、その関係は、農村の地主と小作人の関係に似ていた。	**町人の生活** 〈町人の身分〉 □職人や商人は、町人として町に住み、手工業や商業に従事していた。その身分は、農民より低いものとされたが、農民の年貢のように税が重くなかったので、かれらのあいだには、しだいに富をたくわえる者も出てきた。町人として税を納めたのは、土地・家屋のもち主に限られていた。 ●職人は、仕事場をもっている親方のもとに弟子入りして仕事を覚え、年季が終わると一人前の職人になり、やがて親方になることもできた。商人は、主人の店に奉公人として住みこんで仕事を見習い、番頭になると、独立して店をもつことが許された。 〈町の政治〉 ◎町には、農村と同じように、町名主や組頭などの町役人がおかれ、五人組制度もあり、幕府や藩の統制を受けた。

	一九八七（昭和62）	一九九〇（平成2）
	農民と町人 ◎都市に住む商人や職人は、町人とよばれました。町ごとに、町年寄・町名主などの町役人が選ばれ、農村と同じように、五人組の制度がつくられました。 □また町人は、職人の親方と弟子、商家の主人と奉公人、そして、その奉公人も、番頭・手代・でっちなどと序列がついていました。	**農民と町人** ◎商人や職人は都市に住み、町人とよばれました。町人は、地主や家持ちと地借りや店子らに分けられ、地主や家持ちのなかから、町役人が選ばれました。 □また町人は、職人の親方と弟子、商家の主人と奉公人、そして、その奉公人にも、番頭・手代・でっちなどと序列がついていました。
□町人には、土地や家屋をもつ地主や家持ち（大家）と、その土地や建物を借りて住む人々がいて、その関係は、農村の地主と小作人の関係に似ていた。	**村と町の生活** 〈町人の生活〉 ●職人の多くは、親方のもとに弟子入りして仕事を覚え、年季が終わると一人前の職人になった。商人も主人の店で奉公人として仕事を見習い、番頭になると独立して店をもつことが許された。 □町人は、これらの職人・商人を中心にした都市の住民からなり、土地や家屋の税を払ったが、農民の年貢よりは軽かった。 ◎町にも、農村と同じように町役人がおかれ、五人組の制度もあった。 ●こうした中で、地借りや店子らの人々をふくめて、町人たちは、さまざま助けあいをした。	**村と町の生活** 〈町人の生活〉 ●職人の多くは、親方のもとに弟子入りして仕事を覚え、年季が終わると一人前の職人になった。商人も主人の店で奉公人として仕事を見習い、番頭になると独立して店をもつことが許された。 □町人は、これらの職人・商人を中心にした都市の住民からなり、土地や家屋の税を払ったが、農民の年貢よりは軽かった。 ◎町にも、農村と同じように町役人がおかれ、五人組の制度もあった。

		●こうした中で、地借りや店子らの人々をふくめて、町人たちは、さまざま助けあいをした。
一九九三（平成5）	**農民と町人** □いっぽう、町人は、商人（商）と、大工などの職人（工）とからなり、町に住みました。町人の負担は、農民にくらべれば少ないものでした。 ◎町人の住む個々の町では、村と同じように町役人が選ばれ、町政を運営しました。	**きびしい身分制度** 〈武士と農民・町人〉 □職人には親方と弟子、商人には主人と奉公人の区別があった。町人の住居は、土地や家屋に税をかけられたが、農民の年貢より軽かった。
一九九七（平成9）	**町人と町** □町人は、商人（商）と、大工などの職人（工）とからなり、町に住みました。町人には、地主・家持と、地借・店子との区別がありました。また職人の親方と弟子、商家の主人と奉公人、そして奉公人にも、番頭・手代・でっちなどの序列がありました。 ◎町人の負担は、農民にくらべれば少ないものでした。町人が住む個々の町では、村と同じように町役人が選ばれ、町政を運営しました。	**きびしい身分制度** 〈武士と農民・町人〉 □職人には親方と弟子、商人には主人と奉公人の区別があったが、弟子や奉公人も一人前になれば独立できた。町人のもつ土地や家屋には税をかけられたが、農民の年貢よりは軽かった。 **米にたよる社会** 〈米を売る商人〉 武士から米を買った商人は、地元で売るほかに、江戸・大阪・京都など人口の多い都市に送って売りさばき、利益をあげた。米を売り買いすることが中心になって、貨幣を使うことも全国に広まっていった。
二〇〇二（平成14）	**町人と町** □町人は、商人と、大工などの職人とからなり、町に住みました。町人には、地主・家持と、地借・店子との区別がありました。また、職人の親方と弟子、商家の主人と奉公人、そして奉公人にも、番頭・手代・でっちなどの序列がありました。	**きびしい身分制度** 〈武士と農民・町人〉 □職人には親方と弟子、商人には主人と奉公人の区別があったが、弟子や奉公人も一人前になれば独立できた。町人のもつ土地や家屋には税をかけられたが、農民の年貢よりは軽く、比較的自由な生活が許されていた。

	◎町人の負担は、百姓にくらべれば少ないものでした。町人の住む個々の町では、村と同じように町役人が選ばれ、町政を運営しました。	
二〇〇六（平成18）	**町人と町** □町人は、商人と、大工などの職人とからなり、町に住みました。町人には、地主・家持と、地借・店子との区別がありました。また、職人の親方と弟子、商家の主人と奉公人、そして奉公人にも、番頭・手代・でっちなどの序列がありました。 ◎町人の負担は、農民にくらべれば少ないものでした。町人が住む個々の町では、村と同じように町役人が選ばれ、町政を運営しました。	**きびしい身分制度** 〈武士と農民・町人〉 □職人には親方と弟子、商人には主人と奉公人の区別があったが、弟子や奉公人も一人前になれば独立できた。町人のもつ土地や家には税をかけられたが農民の年貢よりは軽く、比較的自由な生活が許されていた。
二〇一二（平成24）	**町人と町** □町人は、商人と、大工などの職人とからなり、町に住みました。町人には、地主・家持と、地借・店子との区別がありました。また、職人の親方と弟子、商家の主人と奉公人、そして奉公人にも、番頭・手代・でっちなどの序列がありました。 ◎町人の負担は、農民にくらべれば少ないものでした。町人の住む個々の町では、村と同じように町役人が選ばれ、町政を運営しました。	
二〇一六（平成28）	**町人と町** □町人は、商人と、大工などの職人とからなり、町に住みました。町人には、地主・家持と、借家人の区別がありました。また、職人の親方と弟子、商家の主人と奉公人、そして奉公人にも、番頭・手代・でっちなどの序列がありました。 ◎町人の負担は、農民にくらべれば少ないものでした。町人の住む個々の町では、村と同じように町役人が選ばれ、町政を運営しました。参加できるのは地主・家持に限られました。	

（備考）「町人の統制」記事＝○、「町の政治」記事＝◎、「町人の生活」記事＝●、「町人の身分」＝□
一九九三～二〇〇六年度東京版では、百姓と異なり、町人を個別で取り上げた箇所はない。

5　近世身分学習の改善の視点

第2節においては、近世身分制研究の重要語句とその内容が教科書記述にどのように表現されているか、その変遷を検討した。第3節・第4節においては、近世の身分秩序と深く関わる「村と百姓」「町と町人」の記事を三段階（近世政治権力による統制強度が「中→大→小」と変遷している段階）に分類できる点を指摘・考察した。ここでは、これら三つの要素がどのように関係づけられているのかを分析し、中学校社会科授業における近世身分学習の改善の視点を指摘したい。

表6-5は本章での検討内容の概要をまとめたものである。一覧して、第2節で検討した視点が第3節・第4節で検討した段階とパラレルに位置づいていることが分かるであろう。近世身分制記述における第一転換期までが「村と百姓」「町と町人」記事の第一段階とパラレルな関係にあり、第一転換期から第二転換期までが第二段階、そして、第二転換期以降の「社会外」的被差別民記事、「文化・社会を支える」記事が第三段階とパラレルな関係にあることが分かる。

以上の教科書記述のなかで、とくに強い連関がみられるのは、身分と近世政治権力との関係記事がみられる第二段階である。「士農工商」的序列記事、近世政治起源に関わる「分裂支配」的記事、「三位一体」的記事がリンクしていることが分かる。これは近世政治起源説を中心とした教育状況、身分と政治との強い関連性が教育現場で授業化されてきたことを証するものである。第Ⅰ部にて述べたように、一九八〇年代には近世身分制研究が進展し、「部落史の見直し」と呼ばれる大きな研究の波が進行したが、こうした波が教育現場において具現化していくのは、第三段階の二〇〇〇年前後と考えられるだろう。

この研究と教育のタイムラグは現在まで大きく影響をもつに至る。冒頭で述べたように、近世政治起源的に学習した児童・生徒は非常に多いと思われる。これは、差別を政治政策と授業化したり、近世身分を政治による統制あるいは編成と教示したりした結果であろうと考えられる。今日において、このような近世身分制学習の現状を克服するための方策は何であろうか。歴史学研究の立場から三点を指摘したい。

第一に、近世身分学習を差別の学習として捉えるのではなく、身分を共同体（社会）との関わりから捉えることである。近世身分制研究を文字通り牽引してきた部落問題研究所『部落の歴史と解放運動』において、一九七一年度版では、「近世の差別的身分制度は、原則的には、封建領主が民衆を分割支配する必要からつくったものである」と述べているが、一九八五年度版では「まず、この皮多・穢多身分の成立について、全く新たに近世権力によって政治的に創設されたとはしていないことである」と正反対とも考えられる叙述がなされている[15]。この記述の変遷の背景には黒田俊雄氏・脇田修氏らの部落問題研究所を中心とした研究者が、七〇年代に、差別の研究ではなく身分制の研究へと論理化したことによるだろう。また、臼井寿光氏・藤沢靖介氏も同様に、差別と身分制度とは方法論的にも区別するべきであると主張しているし[16]、筆者も政治的に百姓身分であった村が周辺地域から卑賤視され、政治的身分と社会的身分が異なっている事例を示し、身分と差別が同位相でない事例を明らかにしている[17]。このように、身分編成と差別を峻別して捉えることは、近世身分制研究のなかではほぼ定着しつつある。学校現場においても、この社会認識構造としての「近世身分」の学習と部落差別の歴史的性格の学習とを峻別する必要性があると思われる。とくに部落差別の起源を幕府による分裂支配政策として教授することは、今日の近世身分制研究の成果からは看過できない。今後は、中世から近世・近代と進むなかで、人々はどのような領域を特別視し、卑賤視や排除が生まれたのかが問われなければならないであろう。その意味で、第二転換期以降の「社会外」的被差別民観という視点から、近世身分学習が再設計されるべきであろう。

第二に、近世身分を捉えるために、「単位社会集団」の代表的事例である「百姓」「町人」の特質を授業化することである。かつては、近世身分を「士農工商、穢多・非人」という身分序列で捉える傾向があり、教科書記述においても大きな影響をもっていたことは本章の検討からも明白である。しかし、「農工商」という身分序列ではなく、「地縁的・職業的身分共同体」として、「百姓」「町人」という身分が把握されるべきとの理解が今日では妥当であ

表6-5　日本文教出版「歴史的分野」の近世身分記事の全体像

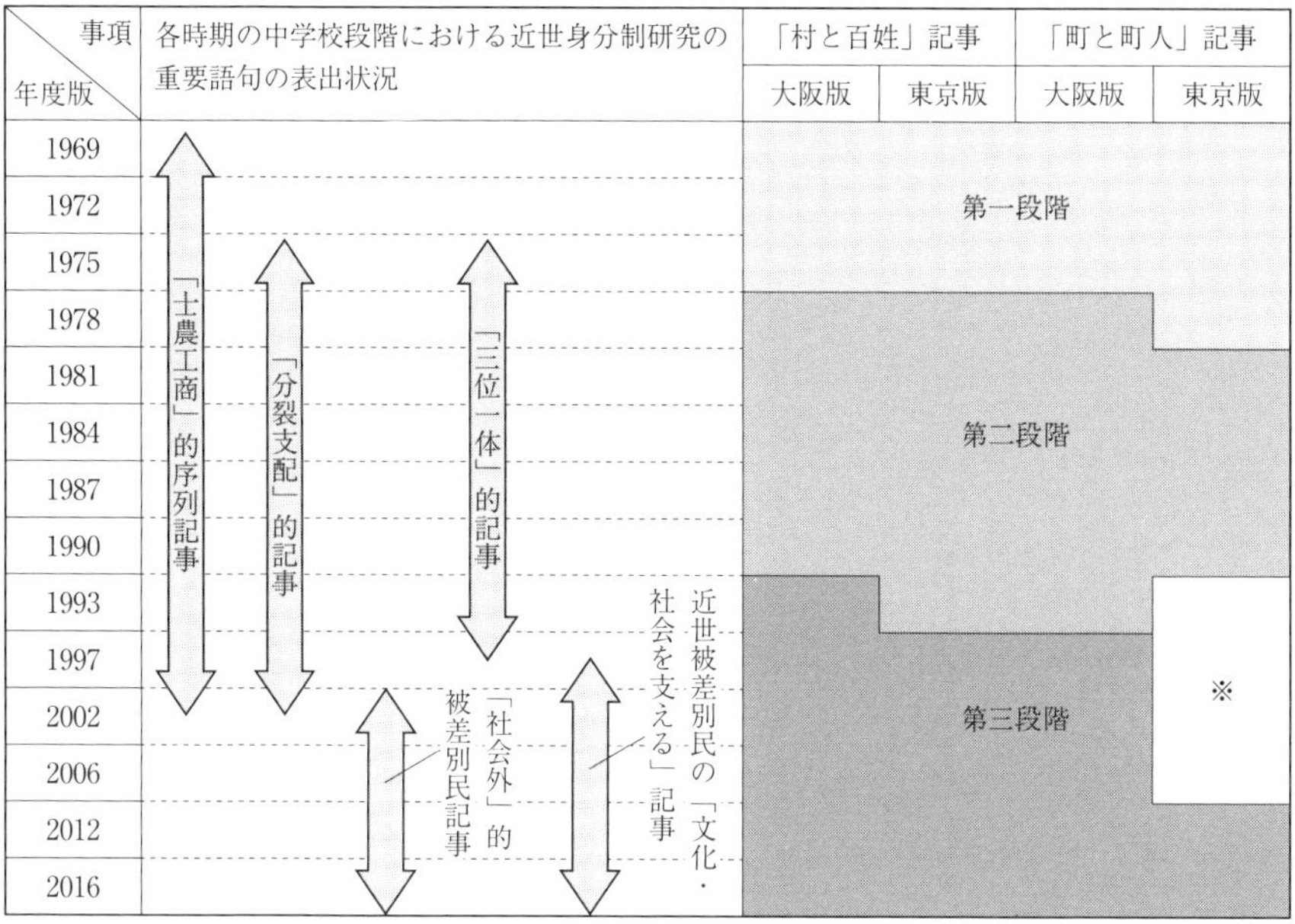

（備考）　※は該当の記載のなかった年代である。重要語句の表出が大阪版のみ・東京版のみの場合は，矢印はその平均値とした。

ろう。「百姓」「町人」が、共同体のなかでどのように自治を行い、生活を営んだかを授業化することが重要である。そして、両者の共通点をすくい出し、近世身分の特質を理解させる活動を近世身分学習の中核に据えたい。さらに、同じく「単位社会集団」である「かわた」村を取り上げ、賤民が下位に位置づけられたのはもちろんであるが、「百姓」「町人」共同体の「外」側に置かれた状況を教材化する努力をしていかねばならない。芸能や宗教、呪術などの多様な被差別民が、近代への歴史的経過のなかで共同体に組み込まれていくにもかかわらず、最後まで「穢多」身分をはじめとする特定の被差別民のみが「外」側に置かれ続けたことを捉えさせる学習プログラムの作成が必要ではないだろうか。

　第三に、身分集団の職能、および社会的分業のなかでの位置を役負担とともに授業化することである。高木昭作氏の「役負担」論については近世身分制研究に大きな影響を与えてきたことは周知の通りである。高木氏の

「役負担」論を社会的分業という視点で捉えさせ、「単位社会集団」との関係性を理解させる授業を仕組みたい。そうすることで、それぞれの集団が社会的分業を担い、社会全体に位置づいていたとする近世社会の特質を捉えさせることができると考える。そして、近世の「かわた」村が専業とされた斃牛馬の処理や皮なめし、刑務・牢番についても、その社会的有用性を教材化し、さらに、専業以外にも様々な産業に関わったことを実証的に授業実践を行い、近世被差別民像の転換を図れればと考える。

以上、中学校社会科授業における近世身分学習の留意点を三点提示した。
注

(1)朝尾直弘編『日本の近世』七（中央公論社、一九九二年）第一章、斎藤洋一・大石慎三郎『身分差別社会の真実』（講談社、一九九五年）、など。
(2)藤沢靖介「今日の前近代部落史研究――その主要論点」（『街道絵図に描かれた被差別民――『五街道分間延絵図』解説篇補遺』東京美術、二〇〇八年）。
(3)黒田俊雄「中世の身分制と卑賤観念」（『部落問題研究』三三、部落問題研究所、一九七二年）。のちに、『黒田俊雄著作集』第六巻（法藏館、一九九五年）所収。
(4)渡辺広『未解放部落の史的研究』（吉川弘文館、一九六三年）一八八頁。
(5)峯岸賢太郎「近世賤民制の基礎構造」（『部落問題研究』八九、部落問題研究所、一九八六年）八九～九二頁。
(6)同右、六九頁。
(7)上杉聰『これでわかった！部落の歴史』（解放出版社、二〇〇四年）四三～五九頁。
(8)一九九七年度版の大阪版では「農民・町人のほかに、『えた』や『ひにん』などとよばれる身分をおきました（傍点筆者）」とあり、近世政治起源に関わる記述からの変更過程にあることがうかがえる。なお、「社会外身分」についてであるが、各時代の職分あるいは役負担についての共同体意識が大きく反映すると考えられる。また、それぞれの時期における各集団の交流状況とも深く関係してくるだろう。教育・啓発において、「外」を一元的に捉えることは適切でないことも付言しておきたい。

（9）朝尾直弘「『身分』社会の理解」（奈良人権・部落解放研究所編『日本歴史の中の被差別民』新人物往来社、二〇〇一年）四八頁。

（10）塚田孝『近世身分社会の捉え方――山川出版社高校日本史教科書を通して』（部落問題研究所、二〇一〇年）二七頁。

（11）同右、二八頁。

（12）吉田伸之『近世都市社会の身分構造』（東京大学出版会、一九九八年）終章、塚田孝『近世の都市社会史――大坂を中心に』（青木書店、一九九六年）序章。

（13）吉田前掲書、三一〇～三一一頁。

（14）吉田氏は④について、「身分的資本＝町人＝商人」と捉えることが困難であることを指摘している（吉田前掲書、三一〇～三一三頁）。

（15）朝尾直弘編『日本の近世』第七巻（中央公論社、一九九二年）二四～二六頁の指摘による。

（16）藤沢靖介『部落・差別の歴史』（解放出版社、二〇一三年）三二六～三二七頁に詳しい。

（17）拙稿「宗旨人別帳の別記載化と身分――摂津国川辺郡火打村を事例として」（『近大姫路大学教育学部紀要』第七号、近大姫路大学教育学部、二〇一四年）、同「近世身分の種姓的特質――『火打村一件』を中心として」（『政治経済史学』五八九号、政治経済史学会、二〇一六年）。

第七章　社会科における「理論と実践の融合」の現状と課題

――二〇一六年度版中学校社会科教科書の分析を中心に――

1　「理論と実践の融合」とは

平成一六年（二〇〇四）一〇月、文部科学大臣から「今後の教員養成・免許制度の在り方について」の諮問を受けた中央教育審議会は、⑴教員養成における専門職大学院の在り方、⑵教員免許制度の改革、とりわけ教員免許更新制の導入についての検討を行う。平成一八年（二〇〇六）七月、中央教育審議会は「今後の教員養成・免許制度の在り方について（答申）」を提出した。この答申では、教職課程改善のモデルとしての教職大学院の教育内容が示され、学校現場における実践力・応用力など教職に求められる高度な専門性を育成するため、「理論と実践の融合（往還）」が重要とされた。

この「理論と実践の融合」は教職課程における視点だけではなく、教科教育の理論知と実践知との融合を図る教育研究にも通底する視座である。(1)そこで本章では、中学校社会科の学習指導要領（歴史的分野）内容⑶「近世の日本」ア(イ)に該当する学習において、いかに「理論と実践の融合」が図られているかを検証する。とくに、近年の近世身分制研究の進展に伴い、近世身分学習は大きな転換期を迎えている。二〇一六年度から社会科教科書が改訂されたが、近世身分制研究の成果がどのように授業に還元され、「理論と実践の融合」がなされているのかを検討したい。(2)具体的に次のような研究方法をとる。

第一に、二〇一六年度版社会科教科書（歴史的分野）の発行者八社の記述内容を検討する。まず、学習テーマと学習項目から、各発行者が近世身分をどのように捉えているのかを明らかにする。次に、身分制度に関わる記事を抽出し、身分編成の要因を政治的要因として捉えているのか、社会的要因として捉えているのか、その双方なのかの検討を行う。そして、百姓身分・町人身分の記事を、支配的側面と自治的側面に類型化して考察を行う。最後に、被差別民に関わる記事を検討し、被差別民への差別的記事が政治的側面から論じているのか、社会的側面から論じているのかを考察する。以上によって、近世身分の教科書記述が近世身分制研究をふまえたものになっているか否かを検証していく。

第二に、二〇一六年度版社会科教科書（歴史的分野）の指導書を検討する。指導書は授業者の日常的な教材研究の書であり、直接的に授業に影響を与えるものである。指導書の内容が近世史研究を生かした授業設計となっているか否かを検討し、授業の背景にある近世身分制像を明らかにしたい。次に、目標設定と授業展開（発問）を抽出することで、一般的に行われている授業内容の課題を把握したい。以上の検討作業を通して、現時点での社会科教育における「理論と実践の融合」の現状と課題を把握する。

2　二〇一六年度版社会科教科書（歴史的分野）の考察

学習テーマの検討

本章で検討する中学校社会科教科書（歴史的分野）は、育鵬社・教育出版・清水書院・自由社・帝国書院・東京書籍・日本文教出版・学び舎の八社である。表7－1に、八社の学習テーマ・項目名を示す。

表の学習テーマから、身分制度の確立を主たるテーマとしたものと個々の身分の生活を主としたテーマに大別されることが分かる。前者は育鵬社・清水書院、後者は教育出版・東京書籍・日本文教出版・学び舎である。この中間に位置するのが帝国書院ということになろう。自由社は「江戸の社会の平和と安定」という独自の方向性を有している。学習項目を概観すると、身分制度や差別に関する項目（教育出版『身分による差別』・清水書院「身分制度」

表7-1　各教科書の学習テーマと学習項目

発行者	学習テーマと学習項目
育鵬社	身分制度の確立 ○町に住む武士と町人，○百姓の暮らす村
教育出版	身分ごとに異なる暮らし ○武士と百姓・町人，○村に住む人々の暮らし，○町に住む人々の暮らし，○身分による差別
清水書院	身分制度の確立と農村のようす ○身分制度　・身分による制限，○農民のくらしと町人　・家制度と女性
自由社	江戸の社会の平和と安定 ○身分制度，○村と百姓，○城下町と町人
帝国書院	身分制社会での暮らし ○身分制度と武士，○百姓・町人，○文治政治への転換
東京書籍	さまざまな身分と暮らし ○武士と町人，○村と百姓，○厳しい身分による差別
日本文教出版	江戸時代の百姓と町人 ○百姓と村，○町人と町，○江戸時代の身分制
学び舎	武士のいない村－江戸時代の村－ ○村ごとの年貢の取り立て，○村の自治と百姓の家，○身分による社会

（備考）学習項目名を「○」で示し，さらに小項目がある場合は「・」で示した。

「身分による制限」・自由社「身分制度」・帝国書院「身分制度と武士」・東京書籍「厳しい身分による差別」・日本文教出版「江戸時代の身分制」・学び舎「身分による社会」）と、百姓・町人・武士を中心にした個々の身分の生活に関する項目（育鵬社「町に住む武士と町人」「百姓の暮らす村」・教育出版「村に住む人々の暮らし」「町に住む人々の暮らし」・清水書院「農民のくらしと町人」・自由社「村と百姓」「城下町と町人」・帝国書院「百姓・町人」・東京書籍「武士と町人」「村と百姓」・日本文教出版「百姓と村」「町人と町」・学び舎「村ごとの年貢の取り立て」「村の自治と百姓の家」）が大勢を占めており、発行者により、前者・後者のいずれかの学習テーマは採用するものの、学習内容では大きな差異はないように見受けられる。しかしながら、内容の詳細をみていくと、明確な違いが存在することが理解できる。

この点を確認するために、実際の教科

書記述から、身分制度に関わる記事、百姓・町人に関わる記事、被差別民に関わる記事を具体的に検討してみよう。

身分制度に関わる記事の検討

本節末の表7－2の身分制度に関わる記事を参照されたい。まず、大方の発行者の共通する記述は「武士」「百姓」「町人」という身分が存在したとする点である[(3)]。現在、近世史研究で否定されている「士農工商」的序列記事は見受けられない[(4)]。一覧すると、各発行者ともに、ほぼ同様の内容記述と考えられるが、詳細をみていくと若干の違いが存在する。その違いは政治あるいは社会が身分編成にどのように関わっているかという視点で分析すると明らかになってくる。たとえば、政治が身分編成に関わっていると考えられる記述は、育鵬社「幕府は、武士と百姓、町人という身分を定め」、教育出版「江戸幕府は（中略）人びとを武士と百姓（農民など）・町人（商人・職人）の身分に分けて、身分の上下を強めました」、帝国書院「幕府は（中略）武士と百姓・町人の身分を区別する制度をかためていきました」、日本文教出版「幕府は、武士と、百姓・町人という身分制を全国にゆきわたらせました」である。身分編成への政治の積極的関与が認められない記述は、清水書院「江戸時代には、武士と百姓（おもに農民）、町人（商人・職人）の身分と、さらに「えた」「ひにん」という身分がおかれ」、東京書籍「身分は、武士と百姓、町人と大きく分かれ」が挙げられる。さらに、身分編成を社会に要因を置く記述は、学び舎「江戸時代の人びとは、身分に応じた役（負担）を果たし、集団に属して生活し、社会のなかで認められていました」が挙げられる。自由社の場合は「江戸幕府は秀吉の刀狩の方針を受けつぎ、武士・百姓・町人を区別する身分制度を定めた。それによって、争いのない穏やかな社会秩序に基礎を置く平和で安定した社会をつくり出した」としており、身分編成への政治的関与の記述はあるが、身分制度が平和な社会をもたらしたとする方向性を明記している。

注目されるのは、育鵬社と自由社に「江戸時代の身分制度」「身分制度と百姓・町人」というコラム的記事が示されている点、学び舎に「役負担」論をもとに「御用」と「公認」の身分論が示されている点である。

前者では、「士農工商」的身分観の払拭に主旨があると考えられる。そして育鵬社では、「江戸時代の身分社会は流動的な部分もあった」として、身分の柔軟性を述べている。また自由社でも、身分の柔軟性を論じながらも「江戸時代の身分制度は、職業による身分の区分」として、社会的分業を重視する見解をとっているところに特徴がある。「士農工商」的身分観の払拭を明確に打ち出した点は評価されるべきである。しかしながら、自由社「江戸時代の身分制度は、（中略）血統による身分ではなかったから、その区別はきびしいものではなかった」とする記事には「種姓」についての議論が進行している現在、検討の余地もあるだろう。(5)

後者では、高木昭作氏の「役負担」論(6)と朝尾直弘氏の「地縁的・職業的身分共同体」論(7)を止揚した塚田孝氏の「御用」と「公認」の身分論(8)に依拠した記述であることが理解できる。政治的要因（役負担）によって、社会的に身分が認知されていくという、政治と社会の相互作用を論じているところに学び舎の特質がある。この相互作用をどのように授業化していくかが重要となるだろう。

以上、身分編成に政治的要因を重要視する立場の五社（育鵬社・教育出版・自由社・帝国書院・日本文教出版）、身分編成の要因を社会的な編成に力点を置く一社（学び舎）、そして、その中間に位置する二社（清水書院・東京書籍）に分類できることを指摘した。

百姓・町人に関わる記事の検討

本項では、個々の身分（百姓・町人）に関わる記事をみてみよう。まず、本節末の表7－3の百姓に関わる記述を検討したい。各発行者とも百姓に関わる学習項目が設定されており、その記述の分量も多い。「本百姓」「水呑百姓」の村の構成員に関わる理解から、「名主（庄屋）」「組頭」「百姓代」の村役人の役割の理解に至るまで、村の運営面の記述が共通する。

さらに、公儀による村への規制面の記述も多く存在している。各発行者とも「五人組」の文言があり、年貢の納入や犯罪防止などで、連帯責任を負わせている記述が多い。また、「田畑永代売買の禁止令」（一六四三）、「分地制限令」（一六七三）、「田畑勝手作の禁」に関する記述が見受けられるのは、教育出版「年貢を安定して取るため、土地の売買を禁止し」、清水書院「御触書を出して田畑の売買を禁止し」、自由社「幕府は年貢を安定的に確保するため、原則として田畑の売買を禁じた」、帝国書院「幕府や藩は安心して年貢を徴収できるように、村を通して農民に細かい指示を出したり、土地の売買を制限したりしました」、東京書籍「幕府は、安定して年貢を取るため、土地を売買したり、米以外の作物の栽培を制限したりするなどの規制を設けました」、日本文教出版「幕府や藩は、田畑の売買を禁止した」である。こうした百姓の小経営を安定させ、年貢の徴収を確実にしようとした政策への言及がなされていないのは学び舎と育鵬社である。学び舎には独自の展開があり、年貢徴収に関わる学習項目「村ごとの年貢の取り立て」が設定されている。年貢割付状をはじめ年貢徴収の具体像が分かりやすく提示されている。

注目されるのは、育鵬社の記述に村の自治的側面が強調されている点である。五人組の制度については「たがいに助け合いながら生活していきました」と記載されており、村八分についても「このような自治によって、農村の治安は保たれていました」との記述がある。このような村の自治に依存して、幕府や諸大名が村民を掌握した、所謂「村請制」に関する記述はすべての教科書にみられるが、とくに「村八分」を引用して具体的に述べているのは育鵬社・自由社・東京書籍の三社となっている。学び舎は学習項目「村の自治と百姓の家」が設定されており、具体的に村の自治の様相が記されている。村の自治的記述については、教育出版・日本文教出版にも存在するものの、前述した四社（育鵬社・自由社・東京書籍・学び舎）は村の自治的側面を重要視していると捉えられよう。

次に、表7－4の町人に関する記述を検討していこう。各発行者ともに、「村と百姓」に関する記述と比べると、「町と町人」に関する記述分量は少ない。学び舎の場合は学習テーマ自体が「武士のいない村－江戸時代の村－」となっており、町人身分を対象としたものにはなっていない。単独で学習項目を立てているのは、教育出版・自由社・日本文教出版のみである。他社は武士身分や百姓身分との共同の記載となっている。ここには各発行者の近世身分の捉え方が垣間見えてくる。というのも、武士身分と町人身分を同一学習項目で扱うということは、身分を住んでいる場所や集団によって規定していくとする「地縁的・職業的身分共同体」を理論基盤とした「単位社会集団」の考え方に依拠していると考えられるし、百姓身分と町人身分を同一学習項目で扱うということは、支配身分と被支配身分とに類別して教授しようとする近世身分の捉え方が見てとれるからである。この点は関心のあるところであるが、本章の目的を超えるため、別稿にて論じることとする。

さて、村と同様に、町の自治を視点として記述全体をみていこう。育鵬社以外のすべての教科書で、自治的側面を論じた記述が存在する。具体的には、教育出版「町人は、呉服町・魚町のように業種ごとに住むことが多く、そのなかから町役人が選ばれ、町奉行のもとで町の運営にあたりました」、清水書院「豊かな町人から選ばれた町役人が、町奉行のもとで町政にあたった」、自由社「町の有力者が町役人となり、一定の自治を行った」、帝国書院「地主・家持から選ばれた町役人が、町奉行の監督のもとで町の自治を行いました」、東京書籍「町ごとに名主などの町役人が選ばれて自治を行いました」、日本文教出版「町人の住む個々の町では、村と同じように町役人が選ばれ、町政を運営しましたが、参加できるのは地主・家持に限られました」、学び舎「町役人が選ばれ、町の運営にあたりました」である。以上から、町人の自治を重視した七社を捉えることができるだろう。しかしながら、百姓に関わる記述のように、公儀の支配的視点からの記述は見受けられないばかりか、その記述自体、具体的かつ詳細なものではなく、限定的な記載方法となっていることに注意する必要がある。小学校社会科教科書において、町人身分を重視し、詳述した東京書籍でさえも、多くの紙幅を割くことをしていない。この点は、近世史研究が当初は百姓身分への研究を中心として進められ、近年になってようやく都市史研究が活況を呈してきている歴史学研究の事情によるかもしれない。

以上の本節での検討内容を表7－5にまとめた。近世身分の成立を政治と社会の双務的とする捉え方は、近世史研究ではほぼ定着してきた感があるが、中学校社会科教科書においてはいまだ政治重視の傾向があると言えよう。個々の身分の記述については、百姓身分については自治的記述と支配的記述の双方が認められるが、町人身分については自治的側面の記述のみである。これら三者の関係になんらかの法則性があるのかを考察してみたが、とくには見出せなかった。たとえば、身分編成が政治的に行われた点を強調する教科書が百姓記述・町人記述において支配的側面を強調しているかというとそうではない。ここには、むろん、近世身分制研究の多種多様な蓄積があることが理解できるが、その多様さゆえに中学生の発達段階に適した内容をどのように構成するべきかが、いまだ各発行者において検討されている途上であることがうかがえよう。さらに指摘するならば、身分編成において政治重視の記述のある教科書の学習テーマをみてみると、身分制度の確立を主たるテーマとしたものは一社のみで、個々の身分の生活を主たるテーマにしたものが三社、その中間的なテーマを採用しているものが一社という状況である。一般的な歴史認識からは、身分編成に関わる記述において政治重視の方向性を有する場合は身分制度の確立を主たるテーマとし、社会重視の場合は個々の身分の生活を主たるテーマに設定するという理解が成り立つが、二〇一六年度版教科書ではそのようにはなっていない[9]。近世の身分の学習が全国でいかに多様な形で行われているか、換言するならば、教える教師の裁量のなかに随分と任されてきた状況が指摘できるのである。

以上の考察からも、近世の身分に関する研究史の整理を行い、発達段階を考慮した授業づくりと教材研究、そして、授業開発と教材開発を行っていく必要性があることが理解できるだろう。

被差別民に関わる記事の検討

部落差別を解消する教育は、道徳・特別活動・総合的な学習の時間・教科のすべての教育活動において行われてきた。この教育における歴史的取り組みを考えると、科学的認識の育成に関わる教科である社会科に大きな力点が置かれてきたことは周知のところである。部落差別が歴史性を有する問題であり、とくに近世における被差別民の状況を正しく捉えていくことがその解消に資することになることは間違いない。第三章・第六章にて、日本文教出版の社会科教科書を事例とし、一九七一年度版以降の小学校社会科教科書と一九六九年度版以降の中学校社会科教科書（歴史的分野）を検討したように、小学校においては一九七四〜二〇〇二年度版、中学校においては一九七五〜二〇〇二年度版において、「分裂支配」的記事がみられた。つまり、幕府が農民の不満をそらせるために「穢多」「非人」身分を設定したという内容がみられたのである。また、小学校においては一九七七〜一九九二年度版、中学校においては一九七五〜一九九七年度版において、「三位一体」的記事もみられた。つまり、「穢多」「非人」身分は条件の悪い土地に住まわされ、人の嫌がる仕事をさせられたとする内容がみられたのである。現行の教科書においてはこうした内容は削除されていると考えられるが、二〇一六年度版中学校社会科教科書では、近世史研究、とくに被差別民に関する研究の成果がどのように生かされているのだろう。本項ではこの点を明らかにしていきたい。

各教科書の被差別民に関わる記述を本節末の表7－6に示す。表7－6から、被差別民に関わる学習項目を設定しているのは教育出版・清水書院・帝国書院・東京書籍となっている。自由社・日本文教出版・学び舎は、身分制度に関わる学習項目に含まれており、育鵬社は、百姓身分の記述の中に包含されている。

まず、各発行者に共通するのは、「穢多」身分の仕事や役割に関わる記述が明記されている点である。斃牛馬処理・皮革業・刑吏役を示す記述が散見されることが理解できる。かつての近世政治起源説では、近世の「穢多」身分は「農業は禁止されていた」と捉えており、教育啓発の場では皮なめしや牢番などの仕事や役割を公儀によって「強制されてきた」と教えられてきた。しかしながら、被差別民に関する研究が進展していくなかで歴史的事実と異なることが指摘され、多くの近世の被差別部落で農業が行われていることは周知の事実となり、皮革業を「人の嫌がるもの」といった理解にも疑問が呈されている(10)。

こうした近世被差別民の仕事に関わる研究史から鑑みるならば、教科書記述のなかに、「穢多」身分が農業を営んでいた記述があるかどうか、斃牛馬処理や皮革業、刑吏役を被差別民の生業として、「人の嫌がる仕事や役割を強制された」存在ではなく、換言するならば、社会や文化の担い手としての記述があるかどうかが問われることになろう。以上から検証すると、「穢多」身分が農業を営んでいた記述は、すべての発行者にみられることが理解できる。生業については「人の嫌がる仕事や役割を強制された」との理解ができる教科書はない。社会や文化の担い手としての記述例として、育鵬社「これらの人々は農業のほかに、死んだ牛馬の処理や、皮革製品をつくったり、役目として罪人の世話などを担当し、社会を支えました」・教育出版「これらの人々は、社会や文化を支える役割を果たしていました」・清水書院「これらの人びとは、社会に必要な仕事や文化をにないながらも、百姓・町人から差別され、住む場所や服装・交際などできびしい制限を受けた」・帝国書院「これらの人々は、社会的に必要とされる仕事や役割・文化を担っていったのです」・日本文教出版「このように社会や文化を支えながらも、これらの人々は百姓・町人からも疎外され、住む場所や、服装・交際などできびしい制限を受けました」が挙げられよう。

次に、近世被差別民への差別的記事について検討したい。前述したように、部落差別を解消する教育は社会科に力点が置かれてきた。社会科教科書における近世被差別民の記述には差別の様相が示されている。教育の場においては身分と差別は一括りのなかで教授されてきたと言ってよいだろう。しかしながら、近年、近世被差別民史研究では、身分と差別の概念的区別が主張されるようになってきている。たとえば藤沢靖介氏は、一九九七年に「従来は差別を身分制で説明するのが主流だったが、身分政策や身分ヒエラルキーで説明できるのだろうか。疑問です」と述べており[11]、さらに同年にのびしょうじ氏は「身分と（被差別民への）差別とは関連はあるが、淵源的にも現象としても別なものであることが漠然とであれ意識されてきたからである」と述べている[12]。こうした論調の背景には、各藩による「穢多」身分への統制や差別的規制が一七世紀後半以降であることから、部落差別の起源をこの時期に求めた、かつての研究への批判があった。それはすでに中世から存在していた河原者・長吏・かわた・穢多などの被差別民への習俗的差別の問題が捨象されてしまうことへの批判でもあった。このような学界の研究状況は、「士農工商」的身分観とともに、江戸時代の分裂支配政策が依然として大きな影響を及ぼしている教育現場の状況に一石を投じている。

では、二〇一六年度版教科書を検討してみよう。中学校社会科教科書の記述は大きく三つに分類できると考えられる。第一に政治的要因によって差別を受けたとする記事、第二に社会的に受けた差別が幕府や藩によって利用されたとする記事（社会と政治の双務的要因とする記事）、第三に差別が政治的要因なのか社会的要因なのかが判然としない場合、あるいは明確な差別の状況が示されていない場合である。第一の記事としては、清水書院「百姓・町人から差別され、住む場所や服装・交際などできびしい制限を受けた。このような差別政策は、『えた』『ひにん』とされた人びとへの差別意識を強めていった」・自由社「特定の地域に住むことが定められるなどきびしい差別を受けた」が挙げられる。第二の記事としては、教育出版「こうした差別は、幕府や藩の支配に都合よく利用されました」・帝国書院「差別は非合理的で、支配者につごうよく利用されたものであるといえます。（中略）江戸時代中期から幕府や藩が出す御触れなどによって、百姓や町人とは別の身分として位置づけられました。そのため、差別はさらに強化されました」・東京書籍「幕府や藩は、住む場所や職業を制限し、服装などの規制を行いました。これによって、これらの身分の人々に対する差別意識が強まりました」・日本文教出版「こうした身分制は、武士の支配に都合よく利用され、その身分は親子代々受け継ぐものとされました」が挙げられる。第三の記事には育鵬社「一方で、住む場所や服装を制限されるなど、さまざまな面できびしい差別を受けました」と、とくに差別の状況が示されていない学び舎が位置づけられよう。以上から、中学校社会科教科書歴史的分野において、近世身分における差別が政治的・意図的に設定されたとの記載事項が多いことが理解できよう。

本節で検討した内容を表7-7に示し整理する。「穢多」身分の仕事や役割について「農業を営む記事」の記載はすべての発行者にみられ、「文化・社会を支える記事」があるのは五社である。近世被差別民研究の成果が生かされた結果とみることができる。差別的記事については、政治的要因から述べた記述が二社、社会的要因と政治的要因の双務的関係があったとする記述が四社みられる。近世における差別を政治的・意図的なものとする理解にあることがうかがえるだろう。そうしたなかで、身分と差別の概念的峻別を図りながら、中世の習俗的差別から近世の意図的な差別を論じた帝国書院の記事は評価されてよいだろう。

表7-2　二〇一六年度版中学校社会科教科書における身分制度に関わる記述

記述内容
町に住む武士と町人（抜粋） 豊臣秀吉《とよとみひでよし》の兵農分離《へいのうぶんり》の方針を受けついだ幕府《ばくふ》は、**武士**《ぶし》と**百姓**《ひゃくしょう》、**町人**《ちょうにん》という身分を定め、秩序《ちつじょ》ある社会をつくろうとしました。武士は城下町《じょうかまち》にあつめられたため、生産物の加工や流通にたずさわる職人や商人も町人として城下町に集まり、多くの地方都市が栄えるようになりました。

育鵬社	教育出版	清水書院	自由社
江戸時代の身分制度 江戸時代には、「士《し》・農《のう》・工《こう》・商《しょう》」（武士《ぶし》・農民・職人〔工人〕・商人）という、4つの固定化された身分制度があったといわれていました。しかし実際には、武士、百姓《ひゃくしょう》（村に住む人）、そして町人《ちょうにん》（都市にすむ人）という、3つの区分で見る方が実態に即《そく》しています。百姓は、農民を含《ふく》めて、農業を経営しながら他業にも従事《じゅうじ》する人たちを指します。検地《けんち》によって百姓は、実質的な田畑《たはた》の所有権を得て、米以外の商品を生産する者も出ました。中には、醸造《じょうぞう》業や織物《おりもの》業、さらに廻船《かいせん》業を営む者もあらわれ、村の中に都市化する場所が増えました。こうした貨幣経済《かへいけいざい》の発達もあって、豊かな百姓・町人の中には、武士身分の買い取りや武家との養子縁組《ようしえんぐみ》などにより、武士になるものもいました。この背景《はいけい》には、行政《ぎょうせい》を行ううえでの読み書き能力を、百姓ももっていたことがあげられます。逆に、家をつげなかった武士の次男《じなん》・三《さん》男《なん》などには、農家や商家の跡《あと》をつぐ者もいるなど、身分がかわった例は存在しました。このように、江戸時代の身分社会は流動的《りゅうどうてき》な部分もあったといえるでしょう。	**武士と百姓・町人（抜粋）** 江戸《えど》幕府《ばくふ》は豊臣秀吉《とよとみひでよし》が進めた兵農分離《へいのうぶんり》をもとに、人びとを**武士**と**百姓**（農民など）・**町人**（商人・職人）の身分に分けて、身分の上下を強めました。	**身分制度（抜粋）** 江戸幕府《ばくふ》は、秀吉の兵農分離《へいのうぶんり》政策を受け継《つ》いだ。江戸時代には、武士と百姓《ひゃくしょう》（おもに農民）、町人《ちょうにん》（商人・職人）の身分と、さらに「えた」「ひにん」という身分がおかれ、すべての人びとが身分・職業・居住地《きょじゅうち》を原則《げんそく》として固定され、社会的な上下関係に組みこまれていた。（中略）こうした身分制度は、原則として親子代々受け継がれ、武士の支配につごうよく利用された。しかし、戦乱の少ない安定した時代のなか、人びとはそれぞれの身分のなかで、分業された仕事をにない、産業を発展させていった。	**身分制度（抜粋）** 江戸《えど》幕府《ばくふ》は秀吉《ひでよし》の刀狩《かたながり》の方針を受けつぎ、武士《ぶし》・百姓《ひゃくしょう》・町人《ちょうにん》を区別する身分制度を定めた。それによって、争いのない穏《おだ》やかな社会秩序《ちつじょ》に基礎《きそ》を置く平和で安定した社会をつくり出した。（中略）武士と百姓・町人を分ける身分制度は必ずしも厳格《げんかく》に固定されていたわけではなく、武士が百姓や町人になり、町人が武家の養子になることもあった。そのほか、公家《くげ》や神官《しんかん》・僧侶《そうりょ》などの人々がいた。 **身分制度と百姓・町人** 江戸《えど》時代には、「士農工商《しのうこうしょう》の4つの身分があった」といわれることがある。しかし、「工」（手工業者）と「商」（商人）

	帝国書院	東京書籍	日本文教出版	学び舎
の間には身分上の区別はなかった。「士農工商」は中国の古い書物にある言い方にすぎず、江戸時代に実際に行われていた身分制度は、武士《ぶし》、百姓、町人の3つの身分を区別するものだった。江戸時代の身分制度は、職業による身分の区分であり、血統による身分ではなかったから、その区別はきびしいものではなかった。百姓や町人から武士に取り立てられる者も、反対に武士から町人などになる者もいた。武士の家でも、長男が家をつげば、二男・三男らは農家の養子になることもあった。町人は、城下町《じょうかまち》に住んでいる、武士以外のさまざまな職業の人をさし、百姓は、村に住んでいる人々をさした。したがって、城下町で営業する鍛冶屋《かじや》は町人で、「村の鍛冶屋」は百姓であり、漁業や林業に従事《じゅうじ》する人々も百姓だった。だから、「百姓＝農民」とは限らないことに注意したい。	**身分制度と武士**（抜粋） 幕府《ばくふ》は、豊臣秀吉《とよとみひでよし》のときに行われた兵農分離《へいのうぶんり》をさらに進め、17～18世紀にかけて、**武士**《ぶし》と**百姓**《ひゃくしょう》・**町人**《ちょうにん》の身分を区別する制度をかためていきました。この過程《かてい》で、百姓や町人に組み入れられなかった一部の人々は差別されることになりました。	**武士と町人**（抜粋） 太閤検地《たいこうけんち》や刀狩《かたながり》などによって定まった**身分**《みぶん》は、江戸時代になってさらに強まりました。身分は、**武士**《ぶし》と**百姓**《ひゃくしょう》、**町人**《ちょうにん》と大きく分かれ、江戸や大名《だいみょう》の城下町《じょうかまち》には、武士と町人が集められました。	**江戸時代の身分制**（抜粋） 幕府は、武士と、百姓・町人という身分制を全国にゆきわたらせました。治安維持《いじ》や行政・裁判《さいばん》を担《にな》う武士をきわだって高い身分とし、町人よりも、年貢を負担する百姓を重くみました。（中略）また、しだいに「家」が重んじられるようになりました。女性の地位は低くおさえられるようになり、特に武家では、子どもを産んで「家」をたやさないことが女性の役目とされました。	**身分による社会** 江戸時代の人びとは、身分に応じた役《やく》（負担）を果たし、集団に属して生活し、社会のなかで認《みと》められていました。上下の秩序《ちつじょ》が重んじられました。

表7-3　二〇一六年度版教科書における百姓に関わる記述

	記述内容
育鵬社	**百姓の暮らす村** 百姓は農村に住み、幕府や藩に年貢米《ねんぐまい》を納《おさ》めていました。百姓は自分の土地をもつ本百姓《ほんびゃくしょう》と土地をもたない水呑百《みずのみびゃく》姓《しょう》に分かれ、本百姓の中からは名主《なぬし》（庄屋《しょうや》）、組頭《くみがしら》、百姓代《ひゃくしょうだい》とよばれる村役人が選ばれました。本百姓たちは寄合《よりあい》を開き、年貢や祭り、共有地の世話や用水の管理などを話し合いによって運営しました。 また、村には**五人組**《ごにんぐみ》という制度がつくられ、年貢の納入《のうにゅう》や犯罪《はんざい》防止について連帯責任を負うとともに、たがいに助け合いながら生活していきました。村の取り決めを守らない百姓に対しては、村八分《むらはちぶ》とよばれるきびしい罰《ばつ》があたえられることもありました。このような自治《じち》によって、農村の治安は保たれていました。 百姓の年貢は、農地のかんがい事業や新田《しんでん》開発などにも使われました。そのため百姓にとって年貢は当然の義務として受けとめられていましたが、藩が新たな税や不当に高い年貢を要求した場合など、百姓一揆をおこして負担の軽減を求めることもありました。
教育出版	**村に住む人々の暮らし** 人口の大部分を占《し》める百姓は、数十戸からなる村に住み、土地をもち年貢《ねんぐ》を納《おさ》める本百姓《ほんびゃくしょう》と、土地をもたない水呑《みずのみ》百姓《びゃくしょう》に分かれていました。村の生活は自給自足に近く、肥料・燃料をとる林野や、農業用水は共同で利用し、田植えや祭りなども協力し合って行いました。 幕府や藩《はん》は、有力な本百姓を名主《なぬし》（庄屋《しょうや》）・組頭《くみがしら》・百姓代《ひゃくしょうだい》などの村役人とし、年貢の納入《のうにゅう》や村の運営にあたらせました。百姓に対しては、年貢を安定して取るため、土地の売買を禁止し、衣食などの生活も規制しました。さらに、5～6戸で**五人組**《ごにんぐみ》を組織し、年貢の未納《みのう》や犯罪には連帯で責任を負わせました。
清水書院	**農民のくらしと町人（抜粋）** 江戸時代には、全人口の80％以上を農民がしめていた。ひとつの村は数十戸《こ》がふつうで、数百戸からなる大きな村もあった。農民のなかには、土地をもち年貢納入《のうにゅう》の義務《ぎむ》を負《お》った本百姓《ほんびゃくしょう》と、土地をもたない水呑《みずのみ》百姓との区別があった。 幕府や藩《はん》は、室町《むろまち》時代から引き継がれていた惣《そう》の自治組織《じちそしき》を使って、村ごとに本百姓のなかから庄屋《しょうや》（名主《なぬし》）・組頭《くみがしら》・百姓代《ひゃくしょうだい》という村役人（村方三役《むらかたさんやく》）を選ばせ、村を運営《うんえい》させた。また、農民を5戸ずつにまとめた五人組をつくらせ、たがいに監視《かんし》させ、年貢納入や犯罪防止《はんざいぼうし》に連帯《れんたい》責任を取らせた。さらに、御触書《おふれがき》を出して田畑《でんぱた》の売買を禁止し、倹約《けんやく》をす

東京書籍	帝国書院	自由社	
村と百姓 　百姓は、全人口の約85％をしめ、生活は自給自足に近いものでした。百姓には、土地を持つ本百姓《ほんびゃくしょう》と土地を持たずに小作《こさく》を行う水のみ百姓《びゃくしょう》との区別があり、有力な本百姓は、庄屋《しょうや》（または名主《なぬし》）や組頭《くみがしら》、百姓代《ひゃくしょうだい》などの村役人になり、村の自治を行い、年貢《ねんぐ》を徴収《ちょうしゅう》して幕府や藩に納めました。年貢は、主に米で取り立てられました。幕府や藩は、村の自治にたよって年貢を取り立て、財政をまかないました。幕府は、安定して年貢を取るため、土地を売買したり、米以	**百姓・町人（抜粋）** 　全人口の80％以上をしめたのは百姓で、大部分は村に住み農業を営む農民であり、自給自足に近い生活をしていました。農民は、農地をもち年貢《ねんぐ》をおさめる本百姓《ほんびゃくしょう》と農地をもたない水呑百姓《みずのみびゃくしょう》などに分かれていました。村の有力者は名《な》主《ぬし》（庄屋《しょうや》）・組頭《くみがしら》・百姓代《ひゃくしょうだい》など村方三役《むらかたさんやく》という役目につき、村の自治《じち》にあたりました。農民に課せられた主な税は収《しゅう》穫《かく》した米の40～50％の年貢でした。年貢は藩や幕府に納められ、武士の生活を支えました。幕府や藩は安心して年貢を徴収《ちょうしゅう》できるように、村を通して農民に細かい指示を出したり、土地の売買《ばいばい》を制限したりしました。さらに、五人組をつくり、たがいに監視《かんし》させて犯罪《はんざい》を防止したり、年貢の納入《のうにゅう》に連帯責任をとらせたりしました。また、百姓は藩などからの指示を理解したり、年貢などの計算や記録をしたりする必要性から「読み・書き・そろばん」も身につけていきました。	**村と百姓** 　江戸時代の村では、有力者が名主《なぬし》（庄屋《しょうや》）・組頭《くみがしら》・百姓代《ひゃくしょうだい》などの**村役人**《むらやくにん》となり、年貢《ねんぐ》の徴収《ちょうしゅう》、入会地《いりあいち》の調整、用水・山野の管理など、村全体にかかわる仕事を行った（**村請**《むらうけ》）。村の自治は中世以来の惣《そう》の伝統を受けつぎ、寄合《よりあい》の合議によって行われた。 　村人は五人組に組織され、年貢の徴収や犯罪の防止に連帯責任《れんたいせきにん》を負った。村には「結《ゆい》」「催合《もやい》」などさまざまな相互扶《そうごふ》助《じょ》の慣行があった。また、重大な犯罪を犯した者や、寄合で定めた掟《おきて》を守らない者には**村八分**《むらはちぶ》の制裁が加えられた。 　幕府は年貢を安定的に確保するため、原則として田畑の売買を禁じた。百姓は年貢をおさめることを当然の公的な義務と考えていたが、不当に重い年貢を課せられると結束して軽減を訴《うった》えた。これを**百姓一揆**《ひゃくしょういっき》という。一揆は暴動の形をとることはめったになく、たいていは領主との団体交渉だった。大名はできるだけ要求を受け入れておだやかにことをおさめようとした。	めるなど、生活面でも決まりを定めた。 　人口の多数をしめる農民は、農作業などで助けあいながらくらしていた。幕府や藩は、その財政《ざいせい》が年貢に支えられていたので、新田《しんでん》開発などの農業政策に力を入れた。

	日本文教出版	学び舎
外の作物の栽培《さいばい》を制限したりするなどの規制を設けました。また、五人組の制度を作り、犯罪の防止や年貢の納入に連帯責任を負わせました。百姓は林野や用水路を共同で利用し、田植えなども助け合って行い、しきたりや寄合《よりあい》で定められたおきてを破る者には、葬式《そうしき》など以外には協力しない村八分《むらはちぶ》というばつがあたえられました。	**百姓と村** 百姓《ひゃくしょう》は、全人口の80％以上を占《し》め、50戸《こ》から100戸くらいの村に住みました。室町《むろまち》時代の惣《そう》の伝統を受けついだ村では、山野・用水を共同で管理し、田植えや稲刈《いねか》りなどの農作業を助け合いました。村に住む百姓には、土地をもつ本百姓《ほんびゃくしょう》と土地をもたない水呑《みずのみ》百姓との区別があり、本百姓のなかから、庄屋《しょうや》（名主《なぬし》）・組頭《くみがしら》・百姓代《ひゃくしょうだい》などの村役人を出して、**年貢**納入《ねんぐのうにゅう》の責任を負いました。 武士の生活は、百姓の納《おさ》める年貢で支えられていました。そのため幕府《ばくふ》や藩《はん》は、田畑の売買を禁止したほか、村の自治のしくみを利用して年貢を取り立てました。また、**五人組**《ごにんぐみ》をつくり、たがいに監視《かんし》させ、年貢納入や犯罪防止に連帯責任をとらせました。	**村ごとの年貢の取り立て** 代官所の役人は、毎年秋になると村の数カ所の田で、1坪分《つぼぶん》の稲を刈《か》り取って、実り具合を調べます。これによって、その年の年貢の割合が決まったので、村では役人のもてなしに気をつかいました。 しばらくすると、村全体の年貢の量と、納入の期限を書いた年貢割付状《ねんぐわりつけじょう》が、代官所から名主《なぬし》（庄屋《しょうや》）に送られてきます。名主は本百姓《ほんびゃくしょう》を集め、年貢の量を1戸《こ》ごとに割り当てます。 本百姓5～6戸をまとめて五人組がつくられ、連帯責任で年貢を納めました。年貢は、兵農分離《へいのうぶんり》で村に武士がいなくても、村に請《う》け負《お》わせて、集められるようになりました（村請制度《むらうけせいど》）。藩の財政と武士の生活は、この年貢によって成り立ちました。 **村の自治と百姓の家** 名主（庄屋）や組頭《くみがしら》・百姓代《ひゃくしょうだい》などの村役人が中心となって、村を運営しました。用水や山林（入会地《いりあいち》）の管理、火の用心や犯罪防止《はんざいぼうし》、祭りや年中行事も、村でおこないました。費用は百姓全体で負担《ふたん》しました。 百姓の家が代々《だいだい》成り立つようになり、その家が集まってできた村が長くつづくようになるのは、江戸時代からです。村では田植えなどで助け合い、いきづまった家が出たときには、本百姓が集まって対策《たいさく》を立てました。百姓の家は家族全員で働き、生活するところでした。土地や屋敷《やしき》は、家長《かちょう》（長男）に受けつがれました。女性は、農作業や家事で大切な働き手でしたが、村の寄合《よりあい》には参加できませんでした。 **身分による社会（抜粋）**

支配される人の多く（人口の80％以上）は、村に住む百姓身分の人びとで、田畑を耕作するなどして、年貢を納めることが役でした。

表7－4　二〇一六年度版教科書における町人に関わる記述

	記述内容
育鵬社	**町に住む武士と町人**（抜粋） 町人は城下町に活気をあたえました。職人は生活に欠《か》かせない手工業品をつくる人々であり、親方《おやかた》の家に住みこんで修業を重ね、一人前の職人になりました。商人も子どものころから店の下働きを積み、手代《てだい》、番頭《ばんとう》となるにつれ大事な仕事をまかされました。商人は運上金《うんじょうきん》などの税を負担《ふたん》しましたが、しだいに幕府や大名に大金を貸す豪商《ごうしょう》もあらわれるようになりました。
教育出版	**町に住む人々の暮らし** 江戸・大阪《おおさか》・京都《きょうと》や各地の城下町《じょうかまち》などには、家をもち、税を納める町人と、家を借りて日雇《ひやと》いなどで働く人々が住んでいました。町人は、呉服《ごふく》町・魚町のように業種ごとに住むことが多く、そのなかから町役人《ちょうやくにん》が選ばれ、町奉行《ぶぎょう》のもとで町の運営にあたりました。町人の負担《ふたん》は百姓に比べて軽く、商売に成功して大きな富を蓄《たくわ》える者も現れました。また、町人や職人の家には、奉公人《ほうこうにん》や徒弟《とてい》が年少のころから住み込《こ》みで働き、将来《しょうらい》の独立を目ざしました。
清水書院	**農民のくらしと町人**（抜粋） 町人《ちょうにん》は商人と職人に分けられ、城下町《じょうかまち》などの都市の定められた区域《くいき》に住んだ。豊《ゆた》かな町人から選ばれた町役人が、町《まち》奉行《ぶぎょう》のもとで町政《ちょうせい》にあたった。
自由社	**城下町と町人** 城下町では、武士と町人の住む地域は区別された。武士は城を守るように住まい、町人は街道《かいどう》にそって下町《したまち》を形成した。大工《だいく》町、鍛冶《かじ》町、呉服《ごふく》町のように商業別に集まり住むこともあった。商人がおさめる冥加《みょうが》金・運上《うんじょう》金とよばれる営業税は、藩にとって年貢米《ねんぐまい》とともに重要な収入源だった。また、町の有力者が町役人となり、一定の自治を行った。
書院	**百姓・町人**（抜粋） 町人の身分は、商人と職人からなり、おもに城下町《じょうかまち》に住みました。町人は、町内に土地や家をもつ一部の地主《じぬし》・家持《いえもち》

帝国	東京書籍	日本文教出版	学び舎
と、それらをもたない多くの地借《じがり》・店借《たながり》などに分かれていました。地主・家持から選ばれた町役人が、町奉行《まちぶぎょう》の監督《かんとく》のもとで町の自治を行いました。	**武士と町人**（抜粋） 町人は、幕府や藩《はん》に営業税を納め、町ごとに名主《なぬし》などの町役人《ちょうやくにん》が選ばれて自治《じち》を行いました。町の運営に参加できるのは、地主《じぬし》や家持《いえもち》に限られていました。多くの借家人《しゃくやにん》は日雇《ひやと》いや行商《ぎょうしょう》などで暮らし、商家《しょうか》の奉公人《ほうこうにん》や職人の弟子《でし》は、幼いときから主人の家に住みこんで仕事を覚え、独立を目指しました。	**町人と町** 町人《ちょうにん》は、商人と、大工などの職人とからなり、町に住みました。町人には、地主・家持《いえもち》と、借家人の区別がありました。また、職人の親方と弟子《でし》、商家の主人と奉公人《ほうこうにん》も、番頭《ばんとう》・手代《てだい》・でっちなどの序列がありました。町人の負担《ふたん》は、百姓に比べれば少ないものでした。町人の住む個々の町では、村と同じように町役人が選ばれ、町政を運営しましたが、参加できるのは地主・家持に限られました。	**身分による社会**（抜粋） 町人身分の人びとは、城下町《じょうかまち》などの都市に家や店をもち、商業や手工業を営《いとな》みました。町役人が選ばれ、町の運営にあたりました。

表7－5　各教科書における身分編成ならびに百姓・町人記述の特徴

教科書記述 ＼ 発行者：「学習テーマ」	身分編成記述			百姓記述		町人記述	
	政治重視⇔社会重視			自治的	支配的	自治的	支配的
育鵬社：「身分制度の確立」	○			○			
教育出版：「身分ごとに異なる暮らし」	○			○	○	○	
清水書院：「身分制度の確立と農村のようす」		○			○	○	
自由社：「江戸の社会の平和と安定」	○			○	○	○	
帝国書院：「身分制社会での暮らし」	○				○	○	
東京書籍：「さまざまな身分と暮らし」		○		○	○	○	
日本文教出版：「江戸時代の百姓と町人」	○			○	○	○	
学び舎：「武士のいない村－江戸時代の村－」			○	○	○	○	

（備考）　該当する部分を「○」で示した。該当しない場合は空欄としている。

表7－7　各教科書における被差別民記述の特徴

教科書記述 ＼ 発行者：「学習テーマ」	「穢多」身分の仕事や役割		差別が政治的か社会的かの区別		
	農業を営む記事	文化・社会を支える記事	政治的	双務的	社会的
育鵬社：「身分制度の確立」	○	○			
教育出版：「身分ごとに異なる暮らし」	○	○		○	
清水書院：「身分制度の確立と農村のようす」	○	○	○		
自由社：「江戸の社会の平和と安定」	○		○		
帝国書院：「身分制社会での暮らし」	○	○		○	
東京書籍：「さまざまな身分と暮らし」	○			○	
日本文教出版：「江戸時代の百姓と町人」	○	○		○	
学び舎：「武士のいない村－江戸時代の村－」	○				

（備考）　該当する部分を「○」で示した。該当しない場合は空欄としている。

表7-6　二〇一六年度版教科書における被差別民に関わる記述

	記述内容
育鵬社	**百姓の暮らす村**（抜粋） 百姓・町人とは別に、えた・ひにんとよばれる身分もありました。これらの人々は農業のほかに、死んだ牛馬の処理や、皮革《ひかく》製品をつくったり、役目として罪人の世話などを担当し、社会を支えました。一方で、住む場所や服装を制限されるなど、さまざまな面できびしい差別を受けました。
教育出版	**身分による差別** 民衆のなかには、百姓・町人とは別に、えた・ひにんなどの身分とされた人々がいました。これらの人々は、幕府や藩の役人のもとで、犯罪者の取りしまりや処刑《しょけい》などの役目を担《にな》ったり、芸能にたずさわったりしました。えたの身分のなかには、農業を営んで年貢を納める者も多く、死んだ牛馬を処理《しょり》する権利《けんり》をもち、その皮革《ひかく》を加工する仕事や、履物《はきもの》づくりなどの仕事に従事《じゅうじ》する者もいました。これらの人々は、社会や文化を支える役割《やくわり》を果たしていましたが、暮らしのうえではさまざまな差別を受けました。住む場所や服装《ふくそう》、ほかの身分の人々との交際などを制限され、こうした差別は、幕府や藩の支配に都合よく利用されました。
清水書院	**身分による制限** 「えた」「ひにん」とされた人びとは、農業を営《いとな》んで年貢《ねんぐ》を納めたり、死んだ牛馬《ぎゅうば》の処理・皮革《ひかく》業・草履《ぞうり》づくり・竹細《たけざい》工《く》・腑《ふ》分け（解剖《かいぼう》）などの仕事に従事《じゅうじ》したりした。また、これらの身分のなかには、役人のもとで、犯罪人の逮捕《たいほ》や処刑《しょけい》などの役を果《は》たす者、芸能に従事する者がいた。これらの人びとは、社会に必要な仕事や文化をにないながらも、百姓・町人から差別され、住む場所や服装・交際《こうさい》などできびしい制限を受けた。このような差別《さべつ》政策は、「えた」「ひにん」とされた人びとへの差別意識を強めていった。
自由社	**身分制度**（抜粋） これとは別に、えた・ひにんとよばれる身分が置かれた。これらの身分の人々は、農業のほかに、牛馬の死体処理、武具の皮革《ひかく》製品などの特殊《とくしゅ》な工芸に従事し、特定の地域に住むことが定められるなどきびしい差別を受けた。
	差別された人々 近世の社会にも、中世と同じように、天変《てんぺん》地異《ちい》・死・犯罪《はんざい》など人間がはかりしれないことを「けがれ」としておそれる傾向《けいこう》があり、それにかかわった人々が差別されることがありました。もっとも、死にかかわっていても、医師・僧侶《そうりょ》・処《しょ》

帝国書院	東京書籍	日本文教出版	学び舎
刑《けい》役に従事した武士《ぶし》などは差別されなかったので、差別は非合理的で、支配者につごうよく利用されたものであるといえます。差別された人々は、地域によってさまざまな呼び名や役割《やくわり》で存在していました。えたとよばれた人々は、農林漁業を営みながら、死牛馬からの皮革《ひかく》の製造、町や村の警備、草履《ぞうり》や雪駄《せった》づくり、竹細工《たけざいく》、医薬業、城や寺社《じしゃ》の清掃《せいそう》のほか、犯罪者《はんざいしゃ》の捕縛《ほばく》や行刑《ぎょうけい》役などに従事しました。ひにんとよばれた人々は、町や村の警備・芸能などに従事しました。これらの人々は、社会的に必要とされる仕事や役割・文化を担《にな》っていったのです。こうしたなかで、経済的に豊かになる人も現れましたが、江戸《えど》時代中期から幕府《ばくふ》や藩《はん》が出す御触《おふ》れなどによって、百姓《ひゃくしょう》や町人《ちょうにん》とは別の身分として位置づけられました。そのため、差別はさらに強化されました。	**厳しい身分による差別** 百姓・町人とは別に、えた身分、ひにん身分などの人々がいました。えた身分は、農業を行って年貢を納めたほか、死んだ牛馬の解体や皮革業、雪駄《せった》作り、雑業などをして生活しました。また、犯罪者をとらえることや牢番《ろうばん》などの役人の下働きも、役目として務めました。ひにん身分も、役人の下働きや芸能、雑業などで生活しました。これらの身分の人々は、他の身分の人々から厳しく差別され、村の運営や祭りにも参加できませんでした。幕府や藩は、住む場所や職業を制限し、服装などの規制を行いました。これによって、これらの身分の人々に対する差別意識が強まりました。	**江戸時代の身分制**（抜粋） さらに百姓・町人のほかに、「えた」や「ひにん」などとよばれる身分がありました。「えた」身分の人々の多くは、農業を営んで年貢を納めたり、死んだ牛馬の処理《しょり》を担い、皮革業《ひかくぎょう》、細工物《さいくもの》などの仕事に従事《じゅうじ》したりしました。また、「えた」や「ひにん」身分の人々のなかには、役人のもとで、犯罪人の逮捕《たいほ》や処刑《しょけい》などの役を果たす人、芸能に従事して活躍《かつやく》する人もいました。このように社会や文化を支えながらも、これらの人々は百姓・町人からも疎外《そがい》され、住む場所や、服《ふく》装《そう》・交際などできびしい制限を受けました。こうした身分制は、武士の支配に都合よく利用され、その身分は親子代々受け継ぐものとされました。	**身分による社会**（抜粋） 「かわた（長吏《ちょうり》）」「えた」とよばれた人びとは、農業や皮の加工などに従事し、死んだ牛馬の処理《しょり》を役としました。「ひにん」は、村や町の番人・清掃などで他の身分と区別され、一段《いちだん》低く見られていました。

3　二〇一六年度版社会科教科書（歴史的分野）指導書の考察

前節では、二〇一六年度版社会科教科書（歴史的分野）を、近世の身分編成要因や被差別民への差別が政治的か社会的かなどの視点から考察し、近世身分学習が全国でいかに多様な形で行われているかを指摘した。そして、今後の近世身分制研究や被差別民研究を生かした教材開発の必要性を述べた。

本節では、各発行者の指導書授業案を検討し、各発行者がいかに近世史研究との往還を図った授業設計を行っているかを検討したい。

本節末の表7－8に各発行者の授業目標と学習展開を一覧にした。まず、目標部分について検討する。各発行者の目標は一～四項目となっており、その多くは知識理解に関わる内容となっている。それらを類別すると、(1)江戸幕府の身分制度確立についての理解、(2)武士・百姓・町人の生活状況についての理解、(3)被差別民の状況やその制度化の要因についての理解、の三点に分けることができるだろう。(1)を含まないのは帝国書院のみとなっており、多くが幕府による身分制度への理解を中心内容としている。しかしながら、帝国書院の学習展開の内実をみると「農民や町人を統制するしくみや制度について理解する」とあり、(1)への言及もある。次に、(2)を含まないのは育鵬社と日本文教出版である。しかしながら、育鵬社の主発問は「江戸時代の身分制度の中で人々の暮らしはどのようなようすだったのだろうか」となっており、(2)を問うものとなっている。学習展開から鑑みて、目標記述に明記されていないだけではないかと推察される。日本文教出版では主発問は「村や町で、人々はどのように結びつきながら生活をしていたのだろう」となっているが、その学習展開では幕藩体制維持のための民衆支配の構造を問うものとなっている。よって、日本文教出版における視点は(1)にあると言えるであろう。(3)を含まないのは、清水書院・帝国書院・日本文教出版・学び舎である。そのいずれも学習展開での被差別身分の扱いは限定的となっている。

以上、目標記述を考察した結果、発行者によって三点の内容視点に軽重があることを指摘した。

では、具体的に学習展開を考察してみよう。ここでは、(ア)江戸幕府による身分制度確立を問う主発問、(イ)各身分の生活の様子を問う主発問に類別して検討したい。つまり、授業視点を幕府や藩に置く場合を(ア)、各身分の状況に置く場合を(イ)として、近世史研究との往還を図った授業設計を行っているかを検討したい。まず、(ア)を主発問としているのは、清水書院・東京書籍・学び舎の三社である。

清水書院では、本学習を「江戸幕府が安定した支配を続けていくためにどのような仕組みを作っていったのか」を学習する第二段階と位置づけ、身分制社会の確立と農民への統制を重要視した授業設計を組んでいる。そして、指導書には「二六〇年もの長きにわたって支配が続けられていったのはなぜか、武士・百姓・町人・『えた』『ひにん』の諸階層の立場から考えさせていきたい」とあり、「その際、『忠・孝』を重んじる武士の価値観が民衆の中にも広まってきたことをおさえる必要がある」としている。[13] 指導書からはこうした指導内容をうかがい知ることができるが、具体的な授業の流れには明示されていない。〈事項解説〉において解説されているのは「身分制度」「本百姓」「町人」となっている。こうした点は授業者にとって若干の戸惑いを感じるかもしれない。参考文献として、斎藤洋一氏・大石慎三郎氏の『身分差別社会の真実』(講談社現代新書、一九九五年)、深谷克己氏の『江戸時代の身分願望』(吉川弘文館、二〇〇六年)などが示されており、授業者に役立つ内容が解説されている。

東京書籍では、指導案の形で授業展開が示されており、資料と発問が分かりやすく提示されている。本時の中心部分では、武士と町人・百姓、つまり、都市と農村の支配の仕組みについて言及されている。ここには朝尾直弘氏の「地縁的・職業的身分共同体」の理論に基づく「単位社会集団」の概念を通して身分を追究しようとするスタンスがみてとれる。指導書に「都市と農村の支配の仕組みを比べて、共通点や相違点を読み取らせることができる。どちらも統治組織を持っており、基本的に自治を行っていたことに気付かせたい」[14]と記されていることからも明らかである。また、雪駄作りの資料から被差別民の生活についての学習ができるように解説がなされている。本指導書においては、主発問は(ア)の視角であるが、内容的には村や町の自治的側面を重視した展開となっていることが理解できよう。

学び舎では、導入部分にて玄米選別作業を体験させることで「米こしらえ」を実感させ、百姓の立場を想像させることから学習を始めている。そして、「年貢の割合は誰が決めたのか・誰が納めたのか」「村の運営は誰が行っていたか」などの問いを重ねることで、身分制度を整序した幕府のねらいは何か、百姓は身分制についてどのように感じていたのかという点に迫る授業展開となっている(15)。教材配列や発問から考察して、幕府や藩が「武士のいない村」をどのように支配したのかを学習する授業過程であり、百姓に感情移入がなされるよう設定されていることが理解できる。近世身分の指導について解説している箇所は限られており、指導書では資料「結でおこなう田植え」から女性と男性の身分差についての解説が示されている程度である。課題としては、指導書では「治者身分制」「公民身分制」「良賤身分制」「ジェンダー身分制」「家族身分制」などの多様な用語が並列されて示されているが、この用語についての解説および参考文献などは見当たらない。おそらくは、深谷克己氏の著作によるものと考えられるが(16)、授業者に正確に氏の考え方が伝わるように解説ならびに参考文献を示す必要があるだろう。

次に、(イ)を主発問とする育鵬社・教育出版・自由社・帝国書院・日本文教出版について検討したい。

育鵬社では、武士・町人・百姓の役割などを考える活動が主であり、社会的分業を意識した授業展開となっている(17)。各身分を社会分業の総体系から捉えるということは重要である。すでに塚田孝氏が指摘しているように(18)、高木昭作氏の「役負担」論と朝尾直弘氏の「地縁的・職業的身分共同体」論に共通するのは、社会的分業の編成の問題を身分の問題と結び付けている点であり、社会的分業は近世身分の成立要因で重要な位置を占める。しかし、残念ながら「えた」身分・「ひにん」身分の社会的な役割への言及は授業展開からは見られない。発問例では「差別されていた身分がなぜつくられたのか、考えてみよう」とあり、被差別身分の成立要因を問うものとなっている。被差別民を含めた社会的分業の総体を捉えさせる学習がのぞまれよう。

教育出版では、資料「百姓に対する法令」について、山本英二氏の研究をもとに解説が加えられている。参考文献も紹介されており、近年のいわゆる「慶安御触書」への評価が分かりやすく記している(19)。課題としては、被差別身分への授業展開のなかで、『えた・ひにん』身分への差別が、幕府や藩に対する不満をそらさせることに利用されたことを理解させる」との記述がある点である。これは、いわゆる近世政治起源説のなかで流布されてきた分裂支配政策の顕著な理解である。分裂支配政策は、多くの先行研究で修正されてきている。差別が利用されたことは事実であるが、より慎重な発問と授業展開が必要であろう。

自由社では、田中圭一氏や佐藤常雄氏・大石慎三郎氏らの著書(20)を引用しながら、これまでの百姓観を見直す資料などを提示している(21)。また、被差別身分の職分についての理解を深める資料も提示されており(22)、授業者の教材研究を助ける役目を果たしている。課題としては、授業展開例では限定的な発問が多い点が挙げられる。たとえば、「江戸時代の身分制度で、重要なポイントを三つ、ノートに書きなさい」「江戸時代の百姓の生活ぶりは、豊かでしたか、貧しかったですか」という発問は豊潤な近世史研究の成果を歪曲させる懸念がある。また、被差別民への学習において「彼らは特定の地域に住むことが定められていました。これは、幕府や藩の命令ではなく、村や町が自発的に行ったものです」という記述は、差別の要因を民衆のみに限定して理解させてしまうという懸念が残る。

帝国書院では、「士農工商」的身分観払拭を目的とした記述が見受けられる。たとえば、「武士・農民・職人・商人の順に、身分の上下もあるとされる。ところが、当時はそのようないい方をされておらず、また身分間を流動する事例も多くあった」「身分間も流動的で、武士身分を金で買う例や、大奥にも町人身分出身の者がいた」などである(23)。また、人権コラム「差別された人々」への解説部分では近世身分制研究の現時点での成果が生かされた記述となっている。課題としては、こうした記述を授業者がさらに深めることができるように、参考文献が参照できるようにしているとよいと考えられる。

日本文教出版では、百姓と町人を中心として、「地縁的・職業的身分共同体」としての授業展開が認められる。それぞれの身分の状況を理解させせながら、支配身分である武士との関係性を捉えさせようとする意図が理解できる(24)。被差別身分については「疎外」と「制限」という言葉で表現されており、近年の近世身分制研究の成果をふまえた内容となっている。課題としては、前述した「疎外」という文言について、身分の上下関係として捉えるのではないという近世史の研究状況を示す参考文献や解説が必要と考えられよう。

表7-8　二〇一六年度版教科書（教師用指導書）における近世身分学習の目標と展開

発行者	育鵬社	教育出版
学習課題・目標	**【身分制度の確立】** (1)江戸時代の身分制度と、それぞれの身分の役割について理解する。 (3)武士・百姓・町人とは別に、差別されていた人々がいたことに気付く。	**【身分ごとに異なる暮らし】** (1)(3)幕府や藩が人々を支配するうえで、身分制度が果たした役割や、えた・ひにんの身分とされた人々が差別を受けた理由について考える。 (2)村や町に住む人々の暮らしの様子について、幕府や藩による民衆支配との関わりから理解する。
学習展開	主発問：江戸時代の身分制度の中で人々の暮らしはどのようなようすだったのだろうか。 1．江戸時代の身分について、知っていることを発表し、関心をもつ。 2．武士の仕事と役割についてまとめる。 3．町人の仕事と役割についてまとめる。 4．百姓の役割と農村のしくみについてまとめる。 5．えた・ひにん身分がなぜつくられたのかを考える。 6．身分制度の影響について話し合う。 7．江戸時代は身分制社会であり、それぞれの立場で社会の役割を果たしていったことを理解する。	主発問：身分制の世の中で、人々はどのような暮らしをしていたのでしょうか。 1．資料「江戸の町の様子」から、江戸の町で暮らす人々の様子を読み取り、当時の身分や職業について捉える。 2．都市と農村の関係について考えさせ、農村が江戸などの都市の繁栄を支えていたことに気づく。 3．資料「身分別の人口の割合」をもとに、江戸時代が農業中心の社会であり、幕藩体制は少数の武士が大多数の百姓や町人などを支配する仕組みであったことを捉える。 4．資料「年貢を納める百姓」「秋の祭礼でくつろぐ人々」「百姓に対する法令」から、百姓の生活を読み取り、日常生活に厳しい規制があった理由を理解する。 5．「えた・ひにん」への差別が幕府や藩に対する不満をそらせることに利用されたことを理解する。 6．身分制や身分による差別は、武士による民衆支配や、封建社会の秩序を維持するためのしくみだったことを理解する。

自由社	清水書院
【江戸の社会の平和と安定】 (1)江戸時代の身分制度は、それぞれの役割を明確にし、互いに補完し合いながら安定した社会を支え合うものだったことを理解させる。 (2)百姓は江戸時代の経済を支える重要な柱であり、その居住する村には米を納めるための組織や村全体を支えるための自治的組織があったことを理解させる。 (2)城下町などに住む職人や商人は町人と呼ばれ、生産物の加工や流通の役割を担い、町役人を中心とした自治組織で成り立っていたことを理解させ	【身分制度の確立と農村のようす】 (1)江戸幕府は身分制度を確立し、支配を安定して進めたことを理解させる。 (2)民衆の生活の様子について、図や資料などを使って調べ、幕府や藩が特に農民の統制に力を入れていたのはなぜかを考えさせる。
主発問：江戸時代の身分制度の実態は、どのようなものだったのだろうか。 1．教師の範読後に、江戸時代の身分制度で重要なポイントをノートにまとめる（①身分は「武士・百姓・町人」、②職業による身分の区別、③村に住む者が「百姓」、町に住む者が「町人」）。 2．武士と百姓・町人の役割をノートにまとめる。 3．えた・ひにんはどんな仕事についていたかを考える。 4．教科書記述を読み、百姓の重要な仕事は何かを考え、年貢を納めるための村の決まりについて理解する。 5．百姓の生活が豊かであったか、貧しかったのかを考え、「百姓が貧しい」という既有の知識を捉えなおす。 6．農民が一揆を起こした原因を考え、教科書記述から、百姓の行動に権利意識があったことを捉える。 7．教科書記述を読み、町人の役割について理解する。 8．武士に関するクイズによって、まとめを行う。	主発問：江戸幕府はどのように民衆を支配したのだろうか。 1．資料「身分による食事風景」「農民と武士の服装」から、それぞれの身分でどのような違いがあったのかを考える。 2．資料「身分別人口割合」から、幕府はなぜこのような身分制度で人々を支配したのかを考える。 3．資料「年貢米の納付」「農村の様子」「田畑売買禁止令」から、幕府や藩はどのように農村を治めていたのかを考える。 4．幕府や藩は町人に対してはどのような政策をとったのかを考える。 5．幕府や藩が農民や町人らにとった政策が江戸時代の長い間続けられたのはなぜかを考える。

出版	東京書籍	帝国書院	
【江戸時代の百姓と町人】 (1)幕府が年貢の確保のため、村や町のしくみを利用していっ	【さまざまな身分と暮らし】 (1)(2)江戸時代の身分制度と武士、百姓、町人それぞれの職分や生活の様子を理解する。 (3)百姓や町人とは別に、差別された身分の人々がいたことの意味について考える。	【身分制社会での暮らし】 (2)江戸時代の人口構成の特色を理解させ、身分制度の下、人々がどのような暮らしをしていたか理解させる。	る。 (3)えた・ひにん身分の人々は、厳しい差別を受ける一方で、さまざまな職業に従事し、その分野のプロフェッショナルとして社会に貢献してきたことを認識させる。
主発問：村や町で、人々はどのように結びつきながら生活をしていたのだろう。 1．資料「百姓と武士」から百姓と武士がどのような関係であったかを考え、江戸時代の身分制を理解するきっかけとする。	主発問：江戸幕府はどのようにして人々を支配したのでしょうか。 1．資料から江戸時代の身分に武士・百姓・町人があったことをイメージする。（現在の日本では武士・町人・百姓が何人くらいになるかを計算させ、江戸時代の人口割合を具体的に捉える） 2．人々を支配するために、武士や町人・百姓にどのような決まりや仕組みが作られたかを調べ、発表する。 3．都市と農村の支配の仕方を比較し、気付いたことを発表する。 4．江戸幕府が百姓をどのように支配していたかを考える。 5．えた身分、ひにん身分についての説明を聞く。 6．町や村の政治はどのように行われていたのかをノートに整理する。	主発問：江戸時代の人々は身分制社会の下でどのような暮らしをしていたのでしょうか。 1．江戸時代の様子を描いたイラストから、どんな身分や職業の人がいるかを読み取る。 2．江戸時代の身分別の人口構成の特色を理解し、武士の義務と特権を考える。 3．農民や町人を統制するしくみや制度について理解する。 4．武士を頂点として、百姓・町人・差別された人々という身分に分けられ、各身分内で上下の序列が重んじられたことをまとめる。	

日本文教	学び舎
たことを理解することができる。 (1)幕府が身分制を利用した民衆支配に力を入れていたことに気づかせる。	【武士のいない村】 (2)年貢割合の決定権は誰が持ち、領主に誰が納めるのか、具体的に理解する。 (1)なぜ、江戸幕府は、厳しい身分制をしいたのか「身分別の人口構成グラフ」をもとにグループで話し合う。
2. 百姓が全人口の八四%を占めることから、幕藩体制維持のための徹底した民衆支配の構造を理解する。 3. 資料「江戸の商人」「江戸の職人」から町人の様子を知る。 4. 少数の武士が多勢の百姓を支配するための身分制を理解する。 5. 身分ごとに生活の様子や役割をまとめ、社会の特色をつかむ。	主発問：厳しい身分制社会の武士のねらいは何か。百姓は身分制をどう思っていたのだろうか。 1. 「米こしらえ」を見て、気づいたことを発表する。 2. 玄米選別作業を通して、百姓の立場を捉える。 3. 年貢の割合は誰が決めたのか・誰が納めたのかを問い、村請制度や五人組について理解する。 4. 村の運営は誰が行っていたかを考える。 5. 江戸時代が身分差別によって成り立っていた社会であった点を確認する。 6. なぜ、厳しい身分制社会だったのか、幕府のねらいを考える。

（備考）目標記述の(1)(2)(3)は以下の類別による。
(1)江戸幕府の身分制度確立についての理解、(2)武士・百姓・町人の生活状況についての理解、(3)被差別民の状況やその制度化の要因についての理解

4　近世身分学習のカリキュラム開発の必要性

本章での検討内容を要約する。

まず、各発行者の教科書記述の検討を行い、身分制度に関わる記事の検討を行った。これまで定説とされてきた「士農工商」的序列記事は見受けられない。育鵬社と自由社には明確に「士農工商」的身分観を否定するコラムがあり、研究の進展が教育に生かされている。しかしながら、身分編成については政治と社会の双務的とする捉え方

が現時点での近世史研究では承認されているが、各教科書記述においては、政治的要因を重要視する立場の五社（育鵬社・教育出版・自由社・帝国書院・日本文教出版）、身分編成の要因を社会的な編成に力点を置く一社（学び舎）、そして、その中間に位置する二社（清水書院・東京書籍）に分類でき、発行者によって若干の差異が存在することが明らかとなった。

次に、百姓・町人に関わる記事を検討した。それぞれの記述を自治的側面と支配的側面から検討した結果、百姓身分については両側面からの記事が存在しているが、町人身分については自治的側面からの記事のみとなっていることが明らかである。この点は幕府の支配の方向性が百姓に重点を置いていたことにもよるが、近世史研究が当初は百姓身分への研究が主であった事情によるのではないかと推察した。

最後に、被差別民に関わる記事を検討した。「穢多」身分が農業を営んでいた記事があるかどうか、斃牛馬処理や皮革業、刑吏役を被差別民の生業として、「人の嫌がる仕事や役割を強制された」ものではない存在として、換言するならば、社会や文化の担い手としての記事があるかどうかを考察した。その結果、「穢多」身分が農業を営んでいた記事はすべての発行者にみられること、生業については「人の嫌がる仕事や役割を強制された」との理解が得られる教科書はないことが明らかになった。次に、近世被差別民への差別的記事について検討した結果、政治的要因から論じた記述が二社、社会的要因と政治的要因の双務的関係があったとする記述が四社みられることが明らかになった。

以上を総合的に考察すると、身分編成記述、百姓・町人記述、被差別民記述の間に、政治的要因・社会的要因の一定の方向性を論じた教科書はなく、政治的要因と社会的要因の双務的な理解を促す充分な内容には至っていないことが指摘できよう。学習者が近世身分を学ぶにあたって、自由社・学び舎など意図した歴史像が設定されている発行者はあるものの、「士農工商」論以降の近世史研究の成果が充分に生かされた内容となっていない。つまり、近世身分の学習が全国でいかに多様な形で行われているかということになるだろう。

さらに、各発行者の指導書授業案を検討し、各発行者がいかに近世史研究との往還を図った授業設計を行っているかを検証した。その結果、⑴江戸幕府の身分制度確立についての理解、⑵武士・百姓・町人の生活状況についての理解、⑶被差別民の状況やその制度化の要因についての理解を目標とした授業設計が行われていることが明らかとなった。近世史研究を生かした解説や補助説明が各発行者で工夫されている一方、「なぜ、被差別身分を置いたのか」といった被差別民の身分設定要因を幕藩体制に置く発問が行われている。指導書の理論部分では近世史研究が生かされているが、実践レベルになると旧態依然とした授業展開が残存している場合もあった。また、教科書記述において「士農工商」的身分観の払拭を行っているにもかかわらず、指導書の実践部分で、近世政治起源説に基づく分裂支配政策の発問や解説が存在している例もあった。指導書が教師の日常的な教材研究の書であることを鑑みると、近世史研究の成果への窓口ともなる解説や引用、参考文献の紹介が望まれよう。

以上、本章では近世身分学習が全国で多様な形で行われ、授業者の教材研究に大きく左右される状況を指摘した。近世身分学習のカリキュラム開発の必要性が喫緊の課題として挙げられよう。「理論と実践の融合」という視点から鑑みるに、研究者と現職教員の連携、歴史学研究者と社会科教育研究者の連携などによる共同作業を通して、カリキュラム開発を行うことが重要となるだろう。

注

（1）こうした視座からの研究として、兵庫教育大学の『「理論と実践の融合」に関する共同研究』が挙げられる。筆者は平成二三〜二四年度に、「部落史研究の成果を組み込んだ社会科歴史授業の開発――小・中学校の歴史教科書の分析と授業開発を中心として」（代表者：米田豊）に参加している。

（2）文部科学省『中学校学習指導要領解説社会編』（平成二九年六月）では、「身分制と農村の様子については、それぞれの身分の中で人々が職分を果たしたこと、人口の多数を占めた農民が村を生活の基盤として農作業などで助け合いながら暮らしていたこと、農村が幕府や藩の経済を支えていたことに気付くことができるようにする」とある。もちろん、学習指導要領の解説においても近世身分制研究の成果が還元されるべきである。たとえば、「農民」という文言も近世身分制から捉えるならば、「百姓」と表記した方が適切であるし、「町人」への言及も必要と考えられる。

（3）学び舎には、この点への直接の記述はないが、教科書記述では、武士・百姓・町人が紹介されている。

（4）たとえば、日本文教出版（大阪版）では一九六九年度版以降一九九七年度版に「士農工商」的序列記事が存在しているが、二〇〇二年度版以降は「士農工商」的序列記事は存在しない。

（5）横田冬彦「近世の身分制」（『岩波講座日本歴史』第一〇巻、岩波書店、二〇一四年）、拙稿「『本願寺末寺帳』における身分的特質」（近大姫路大学人文学・人権教育研究所編『翰苑』第二号、海風社、二〇一四年）、同「近世身分の種姓的特質――『火打村一件』を中心として」（『政治経済史学』五八九号、政治経済史学会、二〇一六年）などがある。

（6）高木昭作「幕藩初期の身分と国役」（『歴史学研究』一九七六年度歴史学研究会大会報告別冊、歴史学研究会、一九七六年）に詳しい。

（7）朝尾直弘「近世の身分制と賤民」（『部落問題研究』六八、部落問題研究所、一九八一年）に詳しい。

（8）塚田孝『近世身分制と周縁社会』（東京大学出版会、一九九七年）第一章に詳しい。

（9）もちろん、ここには各発行者の編集の方向性があることをふまえなければならない。たとえば、自由社の場合は「江戸の社会の平和」が身分制度によって構築されたとする趣旨で編集されており、村や町の自治も平和で安定した社会がいかに構築されたかという視点で執筆されている。育鵬社も「平和」という文言は使用していないが、自治によって「村の治安」が実現したことを記述している。一方、学び舎は同じ自治を強調しているが、「家」社会の成立と継承という側面から執筆されたものであり、自由社・育鵬社と比べて明確な違いがあると言えよう。

（10）詳しくは、藤沢靖介『部落・差別の歴史――職能・分業・社会的位置・歴史的性格』（解放出版社、二〇一三年）第二章を参照されたい。

（11）東日本部落解放研究所『明日を拓く』一七・一八号（東日本部落解放研究所、一九九七年）八六～八七頁。「地域史をふまえた全体像の形成を――部落史研究の現在」というテーマで、大串夏身氏（司会）・斎藤洋一氏・大熊哲雄氏・藤沢靖介氏・門馬幸夫氏・石田貞氏・佐藤泰治氏・松浦利貞氏による座談会を行った記録である。

（12）のびしょうじ「地域被差別民史の研究構想――近年の部落史研究の動向と課題」（『部落解放研究』一一七号、部落解放・人権研究所、一九九七年）二七頁。

（13）『中学歴史日本の歴史と世界（サポートＤＶＤ）』（清水書院、二〇一六年）八四頁。

（14）『新編新しい社会歴史　教師用指導書』指導展開編（東京書籍、二〇一六年）二一五頁。

(15)『ともに学ぶ人間の歴史　教師用指導書』（学び舎、二〇一六年）一二八～一二九頁。
(16)深谷克己『江戸時代の身分願望』（吉川弘文館、二〇〇六年）、同「士農工商と近世身分制」（大橋幸泰・深谷克己編『〈江戸〉の人と身分6　身分論をひろげる』吉川弘文館、二〇一一年）などに依拠したものと推察される。
(17)『新編新しい日本の歴史　教師用指導書』（育鵬社、二〇一六年）一九〇～一九一頁。
(18)塚田孝『近世身分社会の捉え方――山川出版社高校日本史教科書を通して』（部落問題研究所、二〇一〇年）二一～三二頁。
(19)『中学社会歴史未来をひらく　教師用指導書』学習指導編（教育出版、二〇一六年）。
(20)佐藤常雄・大石慎三郎『貧農史観を見直す』（講談社現代新書、一九九五年）、田中圭一『百姓の江戸時代』（ちくま新書、二〇〇〇年）。
(21)『新版新しい歴史教科書　教師用指導書』（自由社、二〇一六年）一三六～一三七頁。
(22)本資料は斎藤洋一・大石慎三郎『身分差別社会の真実』（講談社現代新書、一九九五年）に依拠していると思われる。
(23)『社会科中学生の歴史　日本の歩みと世界の動き』上巻（帝国書院、二〇一六年）一九六～一九七頁。
(24)『中学社会歴史的分野教師用指導書』研究と資料編（日本文教出版、二〇一六年）二〇〇～二〇一頁。

第八章　単元「さまざまな身分と生活」の授業開発

1　中学校社会科教科書（歴史的分野）の課題

筆者は、前章にて、「理論と実践の融合」の視点から、二〇一六年度版中学校社会科教科書（歴史的分野）における近世身分に関わる内容を、身分編成記述・百姓町人記述・被差別民記述から考察し、「士農工商」的身分観は払拭されているものの、近世身分を政治的要因と社会的要因の双務的関係として充分に捉えられていないことを指摘した。また、同教科書の指導書を検討した結果、解説などの理論部分では発行者によっては近世史研究を生かす工夫がなされているが、授業展開案などの実践レベルになると、「理論と実践の融合」が図られていない場合が認められた。具体的には、「なぜ、被差別身分を置いたのか」といった被差別民の身分設定要因を幕藩体制に置く発問が多く行われているなど、指導書の理論部分では近世史研究が生かされているが、実践レベルになると旧態依然とした授業展開が残存している場合が存在した。また、教科書記述において「士農工商」的身分観の払拭を行っているにもかかわらず、指導書の実践部分で、近世政治起源説に基づく分裂支配政策の発問や解説が存在している例もあった。指導書が教師の日常的な教材研究の書であることを鑑みると、近世史研究の成果を生かした授業カリキュラムの作成が急務であると言えよう。

そこで本章では、中学校社会科学習指導要領（歴史的分野）内容(3)「近世の日本」ア(イ)における具体的授業論の提案を行う。提案に際しては、第五章にて単元開発を行った小学校社会科「江戸時代の身分」との関連を重視する。「江戸時代の身分」は「士農工商」的身分観の払拭を目指す授業構成を意図したものであるが、本章の性格からも、小学校社会科教育との連携が重要であると考えられる。なお、提案する「さまざまな身分と生活」の授業内容には「江戸時代の身分」と重複する部分が必然的に表れることをここで確認しておきたい。また、本授業開発で使用する資料の出典、ならびに参考文献については、「授業計画」末尾に記した。

2　授業開発の概要

本節末に、「対象教科と単元の位置づけ」「単元の目標」「授業計画」を示しているが、それらの概要を述べていこう。本単元の目標は、(1)「江戸時代には多様な人々が存在していることを知り、当時の人々の『士農工商』観を理解する」、(2)「幕府は幕藩体制維持のため、町（チョウ）や村（ムラ）のしくみを利用して支配したことを理解する」、(3)「百姓や町人の生活を絵図やグラフ、史料などを活用して調べ、集団によって居住地や職業などが決められていたことを理解する」である。単元は二つの段階「さまざまな身分」「百姓と町人」と、五つの学習パートによって構成している。

第一次「さまざまな身分」での学習課題は「江戸時代の身分の実態について考えよう」である。これは三つのパートを貫く課題となっている。

第1時では、まず「江戸時代の身分の実態について考えよう」と第一次の学習課題を提示する。そして、小学校で学習した知識を総動員し、身分の実態を予想させる。ここでは「士農工商」への言及があってもよい。その後、文化二年（一八〇五）の江戸日本橋を描いた絵巻である「熈代勝覧」（資料①）を提示し、史料から読み取れる情報を自由に発表させる。町人や武士ばかりでなく、様々な職分があることを捉えさせたい。ここではいわゆる「士農工商」だけでなく、様々な職分が社会に存在したことを理解させることを目的としている。次に、「身分別の人口割合」のグラフ（資料②）を提示し、武士と百姓、町人が主要身分となっていることを捉えさせたい。「熈代勝覧」で検討した身分の人々との関連性もふまえながら考えさせるようにする。グラフ中の「えた」「ひにん」身分については追加資料による説明が必要と考えられる。ここでは、平成二八年度版社会科教科書（歴史的分野）の帝国書院『中学生の歴史』におけるコラム記事が参考になる（資料③）。そして、近世初頭に成立した『日葡辞書』の記事を提示し、「士農工商」について考えさせたい（資料④）。「士農工商」が「サブライ・ノウニン・ダイク・アキビト」を指すこと、「四民」が「シノウコウショウ」を指すことから、「士農工商」という言葉が江戸時代には定着していたことを確認し、「士農工商」にどのような意味があるのかを予想させていきたい。そして、次時における「士農工商の日本化」へと学習を進めていきたい。

第2時では、第1時を承けて「士農工商の日本化」について学習する。まず、『春秋穀梁伝』『管子』『漢書』の「士農工商」の記事（資料⑤）を提示し、中国において「士農工商」がどのように解釈されてきたかを学習する。具体的には『春秋穀梁伝』の「古は四民、士民あり、商民あり、農民あり、工民あり」、『管子』の「士農工商の四民は石民なり」、『漢書』の「士農工商、四民に業あり、学んで以て位に居るを士という」を提示する。「四民」が指し示す内容は何か、「石民」とはどういう意味なのかを問いかけ、「士農工商」が職分を基準とした分類であるとともに、社会一般の人々を指し示す内容であったことを理解させたい。さらに、「士」が学問によって何かを成し遂げる人という意味があることを押さえておく。くわえて、「士」「農」「工」「商」を漢和辞典によって、詳しくその意味を捉えさせる。

続いて「士農工商」が日本にどのように受容されていったかを中世と近世の典型例を通して考えさせたい。史料としては、中世では北畠親房の『神皇正統記』と蓮如の『御文』「侍能工商之事」（資料⑥）、近世では石田梅岩の『斉家論』と林八右衛門『勧農教訓録』（資料⑦）を使用する。『神皇正統記』では「およそ男夫は稼穡をつとめてをのれも食し人にあたへてもうへざらしめ。女子は紡績をこととしてみづからも衣人をもあたゝかならしむ。賤に似たれども人倫の大本なり。天の時にしたがひ地の利によれり。此外商沽の利を通ずるもあり。工巧のわざをこのむもあり。仕官に心ざすもあり。是を四民と云。仕官するにとりて文武の二道あり。坐して以て道を論ずるは文士の道なり。此道に明らかならば相とするにたへたり。征て功を立るは武人のわざなり」との記事から、「四民」が、

「農」の意味を有する「稼穡」、「商」の意味を有する「商沽」、「工」の意味を有する「工巧」、「士」の意味する「仕官するにとりて文武の二道あり」にあることを捉えさせる。とくに、中国では「士」が文官を示すものであったが、日本では文武の両官を示すものに変化している点を理解させたい。「侍能工商之事」では、「一、奉公宮仕をし、弓箭を帯して、主命のために身命をもおします」の記事から、「士」が「侍」となり、主人のために命をかける武士の姿を捉えさせるようにする。近世の書『斉家論』においては「士農工商をのをの職分異なれども、一理を会得するゆへ、士の道をいへば農工商に通ひ、農工商の道をいへば士に通ふ。分て士は政のたすけをなし、農工商の頭なれば、清潔にして正直なるべし。もし私欲あらば、其所は常闇なり。又農工商も家の主は家内の頭なり。もし私欲あらば家内が常闇となる」から、「士農工商」が社会的分業としての同質論を唱えながらも、「士」の高さを認めた記述となっていることを理解させる。また、『勧農教訓録』においては「夫、人ハ則天カ下ノ霊也ト、天照皇太神モ宣ク。然レハ、上御一人ヨリ下萬人ニ至ルマデ、人ハ人ニシテ人ト云字ニ別ツハナ加ルヘシ。最トモ貴賤上下ノ差別有リトイヘトモ、是、政道ノ道具ニシテ、天下ヲ平ラカニ成サシメンカ為ナルヘシ。士農工商夫々ノ家業有レハ、其業ヲ大切ニ守ルヘシ」から、「士農工商」はそれぞれの家業の表現であり、社会的分業として個々が尊重される思想があったことも理解させたい。

このように、中世において「士農工商」が社会的分業を示す言葉となり、「士」が武士を表すようになったこと、近世においては「士」の高さを認めつつも、四つの身分が社会一般の人々を指す言葉として理解されるようになったことを捉えさせるようにする。

第3時においては、「士農工商」の「士」が下級武士を示す言葉として、江戸時代中期に定着していたことを理解させる学習を仕組む。

まず、西川祐信の『絵本士農工商』（資料⑧）をプロジェクターで提示する。「農之部」「工之部」「商之部」では、自由な発言を促しながら、江戸時代中期の農作業の様子や様々な職人や商人の仕事を紹介していく。そして、「士之部」においてはあえて教師の説明を行わず、様々な感想や意見を板書して、直感的な印象を大切にする。さらに、

『絵本士農工商』における「槍と木刀の試合」と同構図の西川祐信筆『絵本福禄寿』の「槍と木刀の試合」をグループで比較検討させる（資料⑨）。両者の構図はまったく同じであるが、周囲の人々の様相、試合をしている者の服装など、大きな違いがあることから、両史料の武士の階層の違いを明確化する。『絵本士農工商』における「士」の絵が下級武士を描いていることを捉えさせるようにする。

次に、西川如見の『町人嚢』（資料⑩）を提示し、江戸時代における「士農工商」観を整理する。『町人嚢』の記事「扨庶人に四つの品あり。是を四民と号せり。士農工商これなり。士は右にいへる諸国又内の諸侍なり。農は耕作人なり。今は是を百姓と号す。工は諸職人なり。商は商売人なり。上の五等と此四民は、天理自然の人倫にて、とりわき此四民なきときは、五等の人倫も立つことなし。此故に、世界万国ともに此四民あらずといふ所なし。此四民の外の人倫をば遊民といひて、国土のために用なき人間なりと知べし。（中略）かかる世に生れ、かかる品に生れ相ぬるは、まことに身の幸にあらずや。下に居て上をしのがず、他の威勢あるを羨まず、簡略・質素を守り、分際に安んじ、牛は牛づれを楽しみとせば、一生の楽み尽る事なかるべし」の解釈について話し合わせる。史料から、「天子」「諸侯」「卿大夫」「士」を、日本においては「禁中様」「諸大名衆」「籏本官位の諸物頭」「諸籏本無官の等」が相当し、天皇・大名・上位身分の旗本・一般の旗本と分類していることが分かる。さらに、「公方家の侍」「一国の家老たる人」は「士」の身分とし、それ以外の侍は「庶人」であるとする。そして、「庶人」には「四つの品」＝「四民」があるとして、これを「士農工商」としている。つまり、この史料検討では「士農工商」は社会一般の人々を指す言葉であり、「士」が下級武士を示す言葉であることを捉えさせるようにする。

そして、第二次「百姓と町人」では、二つのパートから学習を設定し、学習課題を「町（チョウ）や村（ムラ）では人々はどのように生活していたのだろう」とした。

第1時では、学習テーマを「町と町人」とし、校区ならびに近隣の歴史資料館などから城下町絵図を準備しておき、その絵図をみて話し合うことから学習をスタートさせる（資料⑪）。町人地と武家地の違いを補助発問などによって明らかにし、町人地では居住地と職業との間に密接な関係があることを捉えさせる。そして、町の支配の仕組みについて理解させる（資料⑫）。町役人が自治を行っていたこと、町政に参加できたのは地主や家持に限られており、借家人や奉公人は参加できなかったことを捉えさせ、町奉行が町の組織を利用して支配を行っていたことに気づかせたい。

さらに、近世初頭の京都における町式目の記事（資料⑬）をグループで検討させ、家屋敷の売買に関わって、町が職種によって制限を設けていたことに気づかせたい。たとえば、冷泉町の町式目「家うりかい定之事」の記事「一、家うりかい御奉公人みちの物ゑうり申候は、三十貫文過銭たるへき事た、すいけう人ゑ相かくるへき事」、下本能寺前町の町式目の記事「一、座頭舞々、あをや、さるかく、算置、石切、やくわんや、うとん、こひき、あふらや、此衆に家之売買仕ましき事」などを検討させることで、武士、芸能民などの被差別民、ならびに環境面に配慮が必要な職種を規制していた点を確認する。そして、授業のまとめでは町の自治的側面と支配的側面の双方から町人の生活についてまとめさせたい。

第2時では、学習テーマを「村と百姓」とし、第1時「町と町人」同様に、校区ならびに近隣の歴史資料館などから村絵図を準備しておき、その絵図をみて話し合うことから学習をスタートさせる（資料⑭）。村絵図から気づいたことを自由に発言させるなかで、池や草木地などの共有地の存在に気づかせ、村が共同の生産活動の場であったことを捉えさせる。また、郷蔵や高札場など、村の重要箇所の存在を説明していく。そして、村の支配の仕組みについて理解させる（資料⑮）。年貢の徴収、入会地の調整、用水の管理など村役人のもとで行われていたことに気づかせ、村人は年貢徴収や犯罪防止のため、五人組を組織させられていたこと、「百姓身持之覚書」（甲府藩〈資料⑯〉）から、百姓の生活を規制していた事実をも捉えさせたい。

さらに、地域の自治体史などに所収されている村掟の記事（資料⑰）を通して、村独自の約定を取り決め、自治を行っていた事実や「村八分」といわれる制裁についても理解させたい。そして、授業のまとめとして、町同様に、村の自治的側面と支配的側面の双方から百姓の生活についてまとめさせるようにする。

1. 対象教科と単元の位置づけ

中学校社会科（5単位時間）

中学校学習指導要領（平成二七年三月）（歴史的分野）内容(3)「近世の日本」ア(イ)

2. 単元の目標

○江戸時代には多様な人々が存在していることを知り、当時の人々の「士農工商」観を理解する。

○幕府は幕藩体制維持のため、町（チョウ）や村（ムラ）のしくみを利用して支配したことを理解する。

○百姓や町人の生活を絵図やグラフ、史料などを活用して調べ、集団によって居住地や職業などが決められていたことを理解する。

3. 授業計画

段階	生徒の活動・予想される反応	教授・学習活動	資料	指導上の留意点
身分　第1時	◎江戸時代の身分の実態について考えよう。	T. 段階Ⅰの学習課題の提示		○小学校で学習した「江戸時代の身分」について、理解を共有する。
	○「熙代勝覧」をみて、気づいたことを話し合う。 ・刀を持っている人がいる。武士がいる。 ・呉服屋、書店がある。 ・さまざまな職業がある。	T. 発問する P. 答える	①	○史料から読み取れることを自由に発言させ、江戸時代の人々の様子を想像させる。 ○江戸時代には武士のほか、さまざまな職分が存在したことに気づかせる。
	○「身分別の人口割合」を見て話し合う。 ・百姓が八割を占めている。 ・武士と町人が次に多い。	T. 発問する P. 答える	②	○武士と百姓、町人が主要身分であることを捉えさせる。 ○百姓身分が最も多い割合を占めていたことに気づかせる。
	・公家や神官、僧侶も。 ・えた・ひにんの身分とはどんな人たちだろう。		③	○「えた」「ひにん」身分については、別資料「差別された人々」を準備しておく。
	○『日葡辞書』の記事について話し合う。	T. 発問する	④	○『日葡辞書』の記事を提示し、「士農工商」

Ⅰ　さまざまな			
・「士農工商」の意味が分かる。 ・「サブライ」は武士のことだ。 ・「ダイク」は大工。 ・「アキビト」は商人のことだ。 ・「士農工商えたひにん」という身分があったと聞いたことがある。 ・「士農工商」以外の身分も「熈代勝覧」には存在する。	P．グループワーク後に発表する		「四民」の用語に着目させる。「士農工商」の意味についてグループで話し合う。 ○小学校での学習を想起して話し合いをしてもよいことを伝える。 ○「士農工商」を序列的に理解する発表も認める。
○江戸時代にはどのような人々が生活していたのか、ノートにまとめる。	T．指示する P．まとめる		○「士農工商」では該当しない職分があることに気づかせる。 ○次時では「『士農工商』の日本化」について学習することを伝える。

Ⅰ　さまざまな身分　第2時			
○中国の古い書物の記事を読んで話し合う。 ・「士農工商」は中国の古い言葉だ。 ・「四民に業」とはそれぞれが仕事をしていることだと思う。 ・「士」は何かを成し遂げるよく学ぶ人という意味だと思う。	T．発問する P．答える	⑤	○「士農工商」が中国の古い言葉であることに気づかせる。 ○「石民」とは「大切な人々」という意味で使用されていることを伝える。この言葉から、四民に序列がなかったことをおさえる。 ○「士農工商」が社会一般の人々を指す言葉であったことに気づかせる。 ○辞書などで、それぞれの意味について確認させる。
○日本中世における「士農工商」認識について話し合う。 ・日本では「士」は文武に二つの道があるとしている。 ・「士」が侍になり、「農」が能になっている。 ・農業も「工」「商」と同じく、技（わざ）だったんだ。 ・「士」が武士を指し示すことに変化してい	T．発問する P．個人で史料検討をした後に発表する	⑥	○「四民」が、「農」の意味を有する「稼穡」、「商」の意味を有する「商沽」、「工」の意味を有する「工巧」となっており、「士」は武士の意味に収斂していった点を確認する。 ○北畠親房や蓮如の目からみた中世社会の社会的分業とそのもとの四民が表現されていることをおさえる。

Ⅰ　さまざまな身分　第2時	分　第3時
る。 ○日本近世における「士農工商」認識について話し合う。 ・「農工商」の主人は「士」としている。 ・武士は一段上に置かれていると思う。 ・「士農工商」にはそれぞれの「家業」があるとしている。 ○「士農工商」が日本にどのように定着したのか、ノートにまとめる。	○西川祐信『絵本士農工商』を見て話し合う。 ・「士」はいろんな武芸の訓練をしている。 ・「農」では田植えや稲刈りなど、協力して作業している様子が分かる。 ・「工」では大工や左官、塗師や研師など多様な職人が描かれている。 ・「商」では魚屋・薬屋・呉服屋など多様な商人の姿が描かれている。
T．発問する P．グループで史料検討をした後に発表する T．指示する P．まとめる	T．発問する P．答える
⑦	⑧
○「農」が能になっていることから、農業も他の職業と同等に扱われていた点を補足説明する。 ○『斉家論』では、「士農工商」の同質・対等論を論じながらも、「士」の高さを認めている点を確認する。 ○『勧農教訓録』では、「士農工商」はそれぞれの家業の表現であるとするが、神の前では平等という、当時の平均論を述べていることを確認する。 ○「士農工商」という言葉は江戸時代後期には、職分を表す言葉として、「士」の高さを認めた一般民衆を表す言葉として定着していたことを説明する。 ○中世と近世にわけてノートを整理させる。	○祐信の生きた時代（一六七一～一七五〇）を解説し、祐信について説明する。 ○資料提示はパソコンを利用し、原本に忠実に上巻（「士之部」）・中巻（「農之部」）・下巻（「工之部」「商之部」）の3巻構成で提示していく。 ○「農之部」では、生徒の発言に対応させながら、当時のさまざまな農作業を解説する。 ○「工之部」「商之部」を一括して町人と括れることを示し、当時の職人や商人の様相を話し合わせる。

I さまざまな身			
○西川祐信『絵本士農工商』と『絵本福禄寿』を比べ、「士」の意味を考える。 ・『絵本士農工商』の武士は、普段着のようだ。 ・『絵本福禄寿』の武士は裃を着ていてえらい人みたい。 ・『絵本福禄寿』には太刀持ちがいるよ。	T．発問する P．グループで史料検討をした後に発表する	⑨	○「士之部」については生徒の意見を類別して板書しておき、次の学習活動に生かすようにする。 ○『絵本士農工商』（士之部）における描写と同一構成の『絵本福禄寿』の描写を比べて、その違いについて話し合わせる。 ○周囲の様相や武士の服装から、『絵本士農工商』の武士が下級武士を表現していることに気づかせる。 ○「士農工商」の「士」は下級武士を表現するものであることをおさえる。
○西川如見『町人嚢』を読んで話し合う。 ・人間には「天子」「諸侯」「卿大夫」「士」「庶人」の身分があるとしている。 ・「庶人」を「四民」「士農工商」としている。	T．発問する P．個人で史料検討をした後に発表する	⑩	○如見の生きた時代（一六四八〜一七二四）を解説し、如見の記述を注意深く読ませる。 ○如見は人間には「天子」「諸侯」「卿大夫」「士」「庶人」の身分があるとする。このうち、「庶人」を「士農工商」と規定していることに気づかせる。 ○「士農工商」が社会一般の人々を指す言葉であることをおさえ、「士」が下級武士を指すことを確認する。
○江戸時代を生きた人々の「士農工商」観をノートにまとめる。			○祐信と如見の認識から、江戸時代を生きた人々の「士農工商」観を整理させる。
◎町や村では人々はどのように生活していたのだろう。	T．段階Ⅱの学習課題の提示		○前段階の学習を想起させる。
○町（チョウ）の絵図をみて話し合う。 ・城を中心として、町ができている。 ・武士の住んでいるところと町人の住んでい	T．発問する P．答える	⑪	○町の絵図は、地域の歴史資料館や図書館などで、城下町絵図などを準備しておく。 ○町人地と武家地の違いについて捉えさせる

Ⅱ 百姓と町人　第1時			
るところがある。 ・職業名のある地名がある。			ように補助発問をする。 ○居住地と職業との間に密接な関係があることを捉えさせる。「単位社会集団」としてのまとまりを理解させるようにする。
○町の支配の仕組みについて知る。 ・町の自治に参加できたのは家持と地主だ。 ・町奉行は町役人を通して支配している。	T. 説明する P. 答える	⑫	○町役人（年寄・名主）が選ばれて自治を行っていたこと、町政に参加できたのは地主や家持に限られており、借家人や奉公人は参加できなかったことを理解させる。 ○町奉行は町の組織を利用して支配を行ったことを捉えさせる。
○町の自治について話し合う。 ・町の住人は町で決めているんだね。 ・武士や芸能民には家を売買していないことがわかる。 ○町人はどのようにつながって生活していたかノートにまとめる。	T. 発問する P. グループで史料検討をした後に発表する	⑬	○京都における家屋敷売買にかかわる町式目の記事を通して、町が職種によって制限を設けていたことに気づかせる。 ○武士や芸能民、町の環境面に配慮の必要な職種を規制していた点を確認する。 ○町の自治的側面と支配的側面の双方からまとめられているか評価する。
人　第2時			
○村（ムラ）の絵図をみて話し合う。 ・池や共有地、田畑がある。 ・お寺や神社、郷蔵や高札場がある。 ・隣村との境界が記されている。	T. 発問する P. 答える	⑭	○村の絵図は、地域の歴史資料館や図書館などで、準備しておく。 ○池や共有地である草木地などの存在に気づかせ、村は共同の生産活動の場であったことを捉えさせる。 ○郷蔵や高札場など、村としての重要箇所であることを説明する。
○村の支配の仕組みについて知る。 ・名主、組頭、百姓代を村役人として自治を行わせたんだ。	T. 説明する P. 答える	⑮	○年貢の徴収、入会地の調整、用水の管理など、「村請」という支配体制であった点を説明する。

Ⅱ 百姓と町			
・五人組によって連帯責任を負わせている。 ・甲府藩では百姓に対して生活の心得が課せられたんだ。これは厳しいな。	T. 発問する P. 答える	⑯	○村人は年貢徴収や犯罪防止のため、五人組を組織させられたことを捉えさせる。 ○「百姓身持之覚書」（甲府藩）を提示し、村の支配について話し合わせる。年貢を安定して確保するため、生活を規制した事実を捉えさせる。
○村の自治について話し合う。 ・村役人が中心となって村の祭りについて決めている。 ・掟を守らない者には「村八分」の制裁があったんだ。 ○村人はどのようにつながって生活していたかノートにまとめる。	T. 発問する P. グループで史料検討をした後に発表する	⑰	○各地域に残存している「村掟」の記事を通して、村の自治について考えさせる。 ○村には「結」「催合」などの相互扶助の慣行があり、掟を守らない者には「村八分」の制裁があったことを史料を通して理解させる。 ○村の自治的側面と支配的側面の双方からまとめられているか評価する。

（資料名）

①「熈代勝覧」（ベルリン国立アジア美術館所蔵）。資料は、小澤弘・小林忠『「熈代勝覧」の日本橋——活気にあふれた江戸の町』（小学館、二〇〇六年）より引用。
②関山直太郎『近世日本の人口構造』（吉川弘文館、一九五八年）。
③『社会科中学生の歴史　日本の歩みと世界の動き』上巻（帝国書院、二〇一六年）一一七頁。
④土井忠生・森田武・長南実編訳『邦訳日葡辞書』（岩波書店、一九八〇年）。
⑤朝尾直弘編『日本の近世』第七巻（中央公論社、一九九二年）。
⑥塙保己一編『群書類従』第三輯（平文社、一九三三年）、松尾一「蓮如教団における身分意識」（『久留米工業高等専門学校紀要』第一八巻第二号、久留米工業高等専門学校、二〇〇三年）。
⑦『斉家論』は中村幸彦編『日本の思想』第一八巻（筑摩書房、一九七一年）に拠った。『勧農教訓録』は、深谷克己「士農工商と近世身分制」（大橋幸泰・深谷克己編『〈江戸〉の人と身分6　身分論をひろげる』吉川弘文館、二〇一一年）から引用した。
⑧西川祐信『絵本士農工商』（東京国立博物館所蔵）。
⑨『西川祐信集』下巻（関西大学出版部、一九九八年）所収。
⑩飯島忠夫・西川忠幸校訂、西川如見『町人嚢・百姓嚢・長崎夜話草』（岩波文庫、一九四二年）。
⑪「城下町絵図」（各地域の歴史資料館にて入手する）。

⑫『新編新しい社会歴史』（東京書籍、二〇一六年）一一四頁の資料3を想定している。
⑬「冷泉町町式目」（京都大学所蔵）、「下本能寺前町町式目」（京都市歴史資料館所蔵）。
⑭「村絵図」（各地域の歴史資料館にて入手する）。
⑮『新編新しい社会歴史』（東京書籍、二〇一六年）一一四頁の資料3を想定している。
⑯「百姓身持之覚書」（甲府藩）。史料は、「百姓の生活の心得」（『新編新しい社会歴史』東京書籍、二〇一六年、一一五頁、資料4）から引用。
⑰「村掟」（各地域の歴史資料館にて入手する）。

（参考文献）
・朝尾直弘編『日本の近世』七（中央公論社、一九九二年）。
・塚田孝『近世身分社会の捉え方――山川出版社高校日本史教科書を通して』（部落問題研究所、二〇一〇年）。
・大橋幸泰・深谷克己編『身分論をひろげる　江戸の人と身分6』（吉川弘文館、二〇一一年）。
・『岩波講座日本歴史』第一〇巻（岩波書店、二〇一四年）。
・拙稿「『士農工商』的身分観の払拭をめざす社会科歴史授業開発」（姫路大学人文学・人権教育研究所編『翰苑』第六号、海風社、二〇一六年）。
・拙稿「江戸時代中期における『士農工商』観」（『人権教育研究』日本人権教育研究学会、二〇一七年）。

3　近世被差別民（「差別された人々」）を取り入れた授業構成

本章で提案した「さまざまな身分と生活」の単元構成は以下の通りである。

第一次「さまざまな身分」
第1時「江戸時代の身分の実態を考えよう」
第2時「士農工商の日本化」
第3時「『士農工商』の『士』とは」
第二次「百姓と町人」
第1時「町と町人」

第2時「村と百姓」

第一次においては、近世には多様な身分が存在していたことを感得させる活動を通して、当時の人々の「士農工商」観を理解させることをねらいとしている。第二次においては、被支配身分の大勢を占めていた町人身分と百姓身分に焦点化し、幕府は幕藩体制維持のため、町や村の自治を利用して支配したことを理解させることをねらいとしている。

以上が本単元の構成であるが、人権教育が全国で地域と子どもたちの実態を大切にしながら、各学校単位で多様な質の高い教育実践を生み出してきている現状を鑑みるならば、単元「さまざまな身分と生活」において、近世被差別民（「差別された人々」）を取り入れた授業構成も視野に入れる必要があるだろう。そこで本節では、第三次「差別された人々」（一時間）の授業計画を提起することとする。以下はその授業計画である。

段階	生徒の活動・予想される反応	教授・学習活動	資料	指導上の留意点
Ⅲ　差別された人々　第1時	◎差別された人々はどのように生活していたのだろう。	T．段階Ⅲの学習課題の提示	③	○第一次の学習を想起させる。 ○本授業で使用する歴史用語については、人権尊重の社会を実現するうえで、地域や家庭と充分に連携を取りながら、慎重に使用するべきものである。本授業で使用した歴史用語が差別の再生産に使用されることがあってはならない。その点を充分にふまえた上で授業設計を行う必要がある。
	○差別された人々は地域によって多様であったことを知る。 ・差別された人々は地域によって呼び名に違	T．説明する P．答える	⑱	○「えた」身分の人々は、関東では「長吏（ちょうり）」、西日本では「かわた」と称する場合が一般的だったことを説明する。

Ⅲ 差別された人々　第1時

	いがあった。 ・差別された人々は地域の必要な役割を担い、文化を支えているね。		○越後の「タイン」「わたり」、加賀の「藤内」、薩摩の「しく」「慶賀（けいが）」、東海地方の「ささら」、近畿地方の「夙（しゆく）」、中国地方の「茶筅（ちゃせん）」、山陰地方の「鉢屋（はちや）」などについて、その職分とともに説明する。
⑲	○検地帳の名前の肩書に「かわた」「さいく」記載があることの意味について考える。 ・名前の肩書に「かわた」「さいく」と書いている。 ・「さいく」「かわた」は中世において皮革業に従事していたと考えられるね。	T．発問する P．グループで話し合った後に発表する	○太閤検地帳の名請人肩書に「かわた」記載がある史料を提示し、中世に存在していた皮革業者と関係性があることを捉えさせる。以上から、近世の被差別民が中世の被差別民との関連があることをおさえておく。 ○皮革業は高度な知識と技術を要する職業であって、近世初頭になってまったく専門外の人々ができる仕事ではないことを助言する。
⑳	○「『かわた』は農業を認められなかった、皮作りを強制された」について、史料を通して話し合う。 ・皮作以外の者が商売をすることを禁じたと解釈できる。 ・皮を作る仕事以外の仕事を禁じたと解釈できる。	T．発問する P．答える	○天文一八年（一五四九）今川家朱印状「定置皮作商売事」を検討する。最初は自由に解釈をさせる。 ○現在、研究では㈠「皮作以外の商売を禁じた」、㈡「皮作以外の者が商売をすることを禁じる」の二つの解釈があることを知らせ、いずれかの立場で議論させる。
㉑	・「かわた」村が農業を営んでいるなら、「皮作り以外の仕事を禁じた」は間違いだと思う。 ・皮作りを強制したことはないと思う。		○補助史料として、近世の「かわた」村が農業に従事している史料を示し、㈠の解釈が成り立たず、現在㈡の解釈が妥当とされてきていることを助言する。 ○皮革業に関する職分が、社会に必要な役割や文化を担っていった点を実証的に理解させたい。

（資料名）

③「差別された人々」（『社会科中学生の歴史』帝国書院、二〇一六年）一一七頁の改変資料を想定している。

⑱源三郎絵・正宗敦夫編纂校訂『人倫訓蒙図彙』（現代思潮社、一九七八年）、中村惕斎編・下河辺拾水画・力丸光序文『訓蒙図彙大成』（大空社、一九九八年）、「今様職人尽百人一首」（中村幸彦・日野龍夫編『新編稀書複製会叢書』第一二巻、臨川書店、一九八九年）などにより、様々な仕事の様子を提示する。

⑲安達五男『部落史の研究と人権教育』（清水書院、一九九八年）一三二〜一四二頁などの史料を想定している。

⑳静岡県編『静岡県史料』第三輯（臨川書店、一九九四年）五五七頁。

㉑たとえば、「かわた」村の年貢関係史料などを想定している。

（参考文献）

・藤沢靖介『部落・差別の歴史――職能・分業、社会的位置、歴史的性格』（解放出版社、二〇一三年）。

・寺木伸明・黒川みどり『入門被差別部落の歴史』解放出版社、二〇一六年）。

本授業では学習テーマを「差別された人々はどのように生活していたのだろう」と設定する。これは、第二次の学習テーマ「町や村では人々はどのように生活していたのだろう」に対応するものである。近世において、諸身分の人々の生活状況を把握させることをねらいとしている。これは、それぞれの身分が集団として把握されていたという「単位社会集団」の理論に基づいている。教師は、朝尾直弘氏の「地縁的・職業的身分共同体」に関わる諸文献(1)を精読しておく必要がある。そして、地域や家庭との連携を充分に図りながら、本授業にのぞむべきであろう。本授業では「穢多」「かわた」「長吏」をはじめとする歴史用語が頻出する。これらの用語が差別の再生産に使用されることがあってはならない。その点を充分にふまえたうえで授業設計をしていく必要がある。

まず、第一次の授業を振り返り、資料「差別された人々」（資料③）を確認させる。資料は以下の帝国書院の人権コラム（一部加筆・改変）を想定している(2)。

近世の社会にも、中世と同じように、天変地異・死・犯罪など人間がはかりしれないことを「けがれ」としておそれる傾向があり、それにかかわった人々が差別されることがありました。もっとも、死にかかわっていても、医師・僧侶・処刑役に従事した武士などは差別されなかったので、差別は非合理的で、支配者につごうよく利用されたものであるといえます。

差別された人々は、地域によってさまざまな呼び名や役割で存在していました。えたとよばれた人々は、関東や信濃、肥前などでは長吏とする場合が多く、西日本では皮多（皮田・革多など）と称する場合が一般的でした。最近の研究によると、皮多や長吏は中世に存在していた「穢多」「河原者」「清目」「細工」（いずれも皮革関係の仕事に従事していたと考えられています）の系譜をひいているところが多いとされています。えたとよばれた人々は、農林漁業を営みながら、死牛馬からの皮革の製造、町や村の警備、草履や雪駄づくり、竹細工、医薬業、城や寺社の清掃のほか、犯罪者の捕縛や行刑役などに従事しました。ひにんとよばれた人々は、町や村の警備・芸能などに従事しました。これらの人々は社会的に必要とされる仕事や役割・文化を担っていったのです。

こうしたなかで、経済的に豊かになる人も現れましたが、江戸時代中期から幕府や藩が出す御触れなどによって、百姓や町人とは別の身分として位置づけられました。そのため、差別はさらに強化されました。

本時ではこの資料をさらに具体的に学んでいくことを伝え、本資料をクラス全体で丁寧に振り返りながら、差別された人々は全国で多様な形で存在し、多様な呼び名で呼ばれていたことを捉えさせたい。関東では「長吏」、西日本では「かわた」と称する場合が一般的であった点を押さえたうえで、越後の「タイシ」「わたり」、加賀の「藤内」、薩摩の「しく」「慶賀」、東海地方の「ささら」、近畿地方の「夙」など、『人倫訓蒙図彙』や『訓蒙図彙大成』、「今様職人尽百人一首」などの史料（資料⑱）を提示しながら、その職分とともに説明を加える。

次に、太閤検地帳の名請人肩書に「かわた」記載がある史料（資料⑲）を提示し、グループで肩書記載の意味を話し合わせる。中世から近世にかけて多様な身分の人々がいたことを捉えさせるとともに、中世に存在していた皮革関係の職分との関係性があることを理解させるようにする。ここでの史料検討のねらいは、近世の被差別民が中世の被差別民との関連があることを理解させることにある。

最後に、天文一八年（一五四九）の今川家朱印状「定置皮作商売事」の史料（資料⑳）を検討させる。史料は五カ条の皮革売買を規制する内容で、史料としてはたいへん分かりやすく中学生でも充分に検討できるものである。このうち、第二項の「皮作之外商売之儀停止之事」との記事を中心に検討させるものとする。本記事は、従来、「かわた」が皮革以外の商売に従事することを禁じたものと解釈されてきたが、(3) 峯岸賢太郎氏が指摘するように、(4) 本史料が天文一三年（一五四四）連雀商人の他国への燻皮・滑皮の販売を禁じ、皮革流通の領内封鎖を図った後の朱印状であることから、「皮作」以外の者が皮革商売に加わることを禁じたと理解すべき史料である。

そこで、本史料を(ア)「皮作以外の商売を禁じた」、(イ)「皮作以外の者が商売をすることを禁じる」のいずれかの立場で議論させたい。そして、充分に話し合わせたのちに、近世の「かわた」村が農業に従事していた史料（資料㉑）を提示し、(イ)の解釈の妥当性に気づかせるようにする。さらに、「かわた」村の職分が、皮革の製造、町や村の警備、草履や雪駄づくり、竹細工、医薬業、城や寺社の清掃のほか、犯罪者の捕縛や行刑役など、社会に必要な役割や文化を担っていたことを捉えさせるようにする。

本史料検討のねらいは、近世政治起源説による「近世の『かわた』村は農業を従事することを禁止された」、また過分な「人のいやがる仕事を強制された」とする一般化を払拭することにある。

以上、近世被差別民（「差別された人々」）を取り入れた授業構成を第三次として取り入れる場合について補足を行った。本章全体として提案した近世日本における開発単元「さまざまな身分と生活」は、第一次・第二次（および、第三次）を通して、(1)従来の近世政治起源説に起因する「士農工商」の序列的身分観の払拭、ならびに、近世人の「士農工商」観の理解、(2)「単位社会集団」としての「町と町人」・「村と百姓」を事例とした近世の身分のあり方の理解をねらいとした。そして、地域や学校の実態に合わせた(3)近世被差別民の多様性、文化の担い手としての近世被差別民の役割の理解をねらいとしている。しかし、ねらいに迫るための教材選択はまだまだ検討しなければならない。授業構成としてもはまだ素案の域を出ていない。今後は現場教員との連携を図りながら、近世身分を授業化するカリキュラム開発を行っていく所存である。

注

（1）朝尾直弘「近世の身分制と賤民」（『部落問題研究』六八、部落問題研究所、一九八一年）、のちに、朝尾直弘『朝尾直弘著作集』第七巻（岩波書店、二〇〇四年）所収。

（2）加筆・改変に際しては、寺木伸明・黒川みどり『入門被差別部落の歴史』（解放出版社、二〇一六年）から参照・引用した。

（3）部落問題研究所編『部落の歴史と解放運動』（部落問題研究所、一九六五年）七〇～七二頁。

（4）峯岸賢太郎『近世被差別民史の研究』（校倉書房、一九九六年）一六三～一六八頁。

第Ⅳ部　先行研究を生かした授業づくり

第九章　「中世の文化と差別された人々」の授業実践

――外川正明氏『部落史に学ぶ』（解放出版社）に学んで――

1　部落史研究の成果を生かした外川氏の実践研究

近年、中世都市研究など個別分野の中世史研究が進展し、荘園・公領や村落の研究はもとより、新しい中世の社会像が描かれるようになった。[1]網野善彦氏は、中世社会のキーワードとして、「職」という言葉を挙げており、「職」の出現とその特徴を分析している。そして、「職能民」の「職」の源流も、中世のキーワードである「職」にあるとされ、中世都市論における文化史、芸能史の重要性、特筆すべきは被差別民史の重要性を論じている。[2]

また部落史研究の側からも、中世史研究の進展とともに、「部落史の見直し」が進められ、多様な被差別民の存在や状況が明らかにされてきている。[3]このようななかで、小学校社会科における民衆に視点を置いた歴史学習も大きな変革期にきている。二〇〇〇年前後には、各地区で実践事例集やテキスト作成が意欲的に行われていることもその例証のひとつである。[4]このように考えるならば、中世史研究の成果や部落史研究の成果を、授業のなかにどのように具現化していくかが現在、問われてきていると言えよう。

注目されるのは、外川正明氏による著書『部落史に学ぶ』である。[5]本書は二部構成となっており、『部落史に学ぶ――新たな見方・考え方にたった学習の展開』（以下、「外川①前掲書」と表記）、『部落史に学ぶ2――歴史と出会い未来を語る多様な学習プラン』（以下、「外川②前掲書」と表記）からなっている。本書では、日本史研究における成果や部落史研究の成果によって、これまでの部落史学習を見直しているばかりでなく、社会科学習を核として、社会認識（「社会を見る力、社会をとらえる力」[6]）を育てることの重要性を提起している。そして、何より具体的な学習プログラムを提示し、授業実践レベルでまとめているところに特徴がある。

そこで本章では、まず、外川氏の学習プログラムの意義を検討する。次に、中世における単元展開を分析し、その有効性を検証する。そして、氏の学習プログラムに学び、導入部分に相当する中世職能民を事例とした教材を具体的に提示していくものとする。

2　外川氏の提案した学習プログラムの全体構成

本節では、外川氏の提案した学習プログラムの全体構成について検討したい。外川氏は、社会科学習のなかで、部落史学習を進めることの大切さを以下のように主張している[7]。

このプログラムでは、教科書の構成や記述に沿いながら、部落問題にかかわる単元の学習における「ねらい」や「視点」を明らかにし、その上で学習の「展開」や「資料」を検討していくという構成にしています。

つまり、外川氏が大切にしたことは、本学習プログラムが地域性や指導者の授業技術に左右されることなく、一定レベルの実践ができるように、ねらいや視点を明らかにしたうえで、資料などの活用についても丁寧に紹介がなされているという点である。

ここには、外川氏の明確な主張がある。それは、部落史学習が特設の時間に行われるのでなく、社会科授業のなかで取り組む必要があるという点である。この点は非常に重要な提起であると考える。これまで、部落史学習をはじめ、被差別民を取り上げた学習は特設の時間で行われてきた感は否めない。カリキュラムに位置づけられたとしても「総合的な学習の時間」での取り扱いであった。部落史をはじめとする民衆を視点とした学習は、社会認識を育てることがとりわけ重要である。学習指導要領では、小学校社会科の目標は「社会的な見方・考え方を働かせ、課題を追究したり解決したりする活動を通して、グローバル化する国際社会に主体的に生きる平和で民主的な国家及び社会の形成者に必要な公民としての資質・能力の基礎を次のとおり育成することを目指す」（平成二九年告示）と設定されている。とくに第6学年においては、「国家及び社会の発展に大きな働きをした先人の業績や優れた文化遺産、我が国と関係の深い国の生活やグローバル化する国際社会における我が国の役割について理解するとともに、地図帳や地球儀、統計や年表などの各種の基礎的資料を通して、情報を適切に調べまとめる技能を身に付けるようにする」・「多角的な思考や理解を通して、我が国の歴史や伝統を大切にして国を愛する心情、我が国の将来を担う国民としての自覚や平和を願う日本人として世界の国々の人々と共に生きることの大切さについての自覚を養う」（「第6学年の目標」抜粋）とある。つまり、部落史学習をはじめ、被差別民を取り上げた学習を通して、その人々の業績や生み出した優れた文化を学ぶことは、社会科教育でこそ、その価値を有するのであり、社会的な見方・考え方を育てることになると考えられよう。これらの学習は、自分自身が差別に対して、どのように生きていくかを学び取っていくことを可能にすると考えられるのである。このように、社会科教育のなかに学習プログラムを位置づけたということは、部落史や被差別民衆を視点においた学習が日本史全体のなかに位置づけられていることを示すものである。

では、表9-1に外川氏が示した学習プログラムの構成を引用してみよう(8)。

表9-1　学習プログラムの構成

	単元名	テーマ	ねらい	視点
中世	今に生きる室町の文化	中世の文化と差別された人々	中世の頃、差別されていた人々が民衆文化を支えていたことに気づく。	（差別の社会的成立）中世における差別は政治的また制度的に固定されたものではなかったが、人々の「ケガレ」意識にもとづく賤視観はこの

	近世Ⅰ	近世Ⅱ	近世Ⅲ	近世Ⅳ	近代Ⅰ
	それぞれの身分とくらし	農民たちの抵抗	新しい学問のえいきょう	長かった武士の世の中が終わる	新政府の改革と四民平等
	近世の社会と差別された人々	差別の強化と人々のくらし	江戸時代の文化と差別された人々	差別への抵抗と闘い	明治維新と差別された人々
	幕藩体制のもと身分制度がしだいに確立されていった中で、差別されていた人々は厳しい差別の中をたくましく生きていたことに気づく。	幕藩体制がゆらぎはじめると身分制がより強化されたこと、それに対して差別されていた人々は様々に抵抗したことに気づく。	差別されていた人々は、厳しい差別の中でも社会や文化を支えてたくましく生きてきたことに気づく。	差別の強化に対して差別されていた人々は、力を合わせて立ち上がり、差別的政策を撤回させたことに気づく。	解放令によって制度はなくなったが、差別は残り強められたこと、差別された人々は、生活を高め差別をなくそうと努力したことに気づく。
ころに成立した。	（差別の政治的制度的成立）近世の幕藩体制は、前期から中期にかけて人々の中にあった賤視観を基盤に、身分制度を政治的制度的に確立し固定化した。	（差別の政治的制度的成立）身分制の動揺は商品経済の発展による町人の勢力の増大がその主な要因ではあるが、被差別民の生活の向上や身分制への抵抗があったこともその大きな要因であった。	（差別の政治的制度的成立）江戸中期に花開いた町人の文化を民衆レベルで支えたのは中世からの文化を継承発展させてきた被差別民であり、また、近代医学の契機となった人体解剖も労働を通して技術と知識を培ってきた被差別民であった。	（差別の政治的制度的成立）江戸後期の差別法令に対して、岡山では被差別民が団結して一揆を起こし撤回を勝ち取ったが、その闘いは近代につながる差別の撤廃を求めた自己主張の闘いであった。	（社会問題としての部落差別の成立）「解放令」によって政治的制度的な身分制度は崩壊したものの、明治政府の諸政策が部落の困窮化や生活の低実態を招き、貧困・不衛生などに対する「優生思想」が新たな偏見として生み出される。

近代Ⅱ	立ち上がる人々	水平社の創立と立ち上がった人々	差別されていた人々は、厳しい差別に負けず、自らの力で差別をなくそうと水平社を結成したことに気づく。	（社会問題としての部落差別の成立）米騒動を契機とした大正デモクラシーの動きの中、差別された人々は、多くの悩みや苦しみをくぐり抜けて、団結し自らの力で解放を求めて立ち上がった。
近代Ⅲ	人間として生きる―基本的人権―	差別のない社会をめざして	今日もなお部落差別が存在していること、その解決は国の責務であるとともに、すべての人々の課題でもあることを考える。	（社会問題としての部落差別の成立）被差別部落の生活実態や厳しい差別を解決していくために、国のとるべき姿勢や施策について考えさせるとともに、ひとりひとりが差別を許さない生き方を貫くことが求められている。

この表からも分かるように、これまでよく取り組まれてきた近世からの部落史学習を、中世からスタートしている。そして学習の視点として、中世において「差別の社会的成立」を、近世において「差別の政治的制度的成立」を、近代において「社会問題としての部落差別の成立」を教授することを明確にしている。また、それぞれの学習のキーワードとして、中世における「ケガレと排除」をはじめ、近世における「身分の固定化」「差別の強化」、近代における「制度的差別の撤廃」「部落差別」といった視点からの学習を明らかにしている。これらの点は、部落史研究の成果が生かされている点である。そして学習展開では、差別のなかを生きた人々との出会いから、探求・見つめなおし・振り返りといった学習過程を通して、「生き方に学ぶ」という点を大切にしている。これまでの部落史学習が培ってきた点を重要視しているのである。

3　中世における単元展開例の分析

本節では、外川氏が提案した中世における単元展開例を分析したい。外川氏は、中世に関わる単元展開例として、「中世の文化と差別された人々1－銀閣寺又四郎－」（「外川①前掲書」）、「中世の被差別民と芸能」（「外川②前掲書」）、

表9-2　「中世の文化と差別された人々１」単元展開(9)

学習展開	予想される児童の反応
1．室町時代の文化について調べたことを発表する。	○祭り，盆踊り，生け花，茶の湯，書院作り，庭園，水墨画，能など，今の時代にも残っている文化だ。 ○武士だけでなく，民衆の文化だ。
2．銀閣寺の庭を造った又四郎の言葉と出会う。	（資料：銀閣寺の写真） ○心の落ち着く，素晴らしい庭だ。なぜ，差別されるのだろう。
3．差別されていた人々の生活を探る。	（資料：差別された人々のはたした役割） ○人々の生活に必要なものを作ってきた。 ○不思議な力を持った人たちとして，差別された。 ○自分たちとは違う人たちとして差別された。
4．又四郎の言葉の意味を見つめなおす。	（資料：又四郎のつぶやき） ○差別されることがくやしい。 ○自分はまっすぐに生きている。 ○差別する人が間違っている。
5．室町時代の文化と又四郎の言葉から学んだことを振り返る。	

表9-3　「中世の被差別民と芸能」単元展開(10)

学習展開	予想される児童の反応
1．室町時代の文化について調べたことを発表する。	○祭り，盆踊り，生け花，茶の湯，書院作り，庭園，水墨画，能など，今の時代にも残っている文化だ。 ○武士だけでなく，民衆の文化だ。
2．世阿弥や中世の頃に芸能を担った人々に出会う。	（資料：中世の芸能，世阿弥） ○世阿弥は人々から差別されてきたのはなぜだろう。 ○芸能の始まりは人々の生活を「キヨメ」る役割を果たしていた。 ○なぜ，「キヨメ」を必要としていたのだろう。
3．芸能を担った人々を差別してきたわけを探る。	（資料：「春日権現験記絵」，「餓鬼草紙」） ○人々は死など理解できないことを必要以上に恐れた。 ○社会を安定させるために，そうしたことが利用された。 ○「キヨメ」にかかわる人たちを自分たちと違うとして差別した。
4．世阿弥の残した「真の花」という言葉を見つめなおす。	（資料：「風姿花伝」） ○世阿弥はどんな思いで能を演じていたのだろう。 ○「真の花」を育てるために，「時分の花」を大事にしないと…。
5．室町時代の文化と世阿弥の生き方から学んだことを振り返る。	

表 9-4 「中世の文化と差別された人々２」単元展開[11]

学習展開	予想される児童の反応
1．室町時代の文化について調べたことを発表する。	○祭り，盆踊り，生け花，茶の湯，書院作り，庭園，水墨画，能など，今の時代にも残っている文化だ。 ○武士だけでなく，民衆の文化だ。
2．竜安寺の石庭の謎に出会う。	(資料：竜安寺石庭の写真) ○心の落ち着くすばらしい庭だけれど，謎だらけだ。 ○人にいろいろなことを考えさせる庭だ。 ○どのようにしてこの庭を造ったのだろう。
3．作庭に関わった人たちを人々が差別したわけを探る。	(資料：「春日権現験記絵」，「餓鬼草紙」) ○人々は死など理解できないことを必要以上に恐れた。 ○社会を安定させるために，そうしたことが利用された。 ○自然に手を加える人たちを自分たちと違うとして差別した。
4．石庭の石に彫りこまれた二人の名前について見つめなおす。	(資料：「小太良・清二良の彫込」) ○石庭を造った人が伝えたかったことは…。 ○自分たちがここにいるということを伝えたくて…。 ○自分たちが正しいという思いが差別を生み出すのでは…。
5．室町時代の文化と竜安寺の石庭から学んだことを振り返る。	

「中世の文化と差別された人々２－竜安寺の石庭－」（「外川②前掲書」）の三つの学習展開を例示している。そして、それぞれの実践例には、単元展開の視点と豊富な資料が追加されており、授業実践化を容易にしている。表９－２から表９－４は、そこで示された単元展開例を示したものである。

このように、中世における社会認識を培う場合にも、三つの単元展開が例示されており、授業者の関心や児童の実態に応じた活用ができるように配慮している。それぞれの活動や内容は異なるが、そのねらいは同じである。外川氏がこの学習で意図したねらいは、「特定の価値観しか認めない社会は異質なものを排除し、差別を生み出す」という社会的な思考判断力である。このように、明確なねらいを有している学習プログラムは、良質な授業を作ることができ、児童の実態に合わせた活用を行う際にも、授業設計が行いやすいものとなるだろう。

４　「中世の文化と差別された人々（導入）」の教材提示

本節では、氏の提示した３つの単元展開例の導入となるプレゼンテーションソフトを活用した教材を提示したい。本教材は外川氏の実践をより生かすためのデジタル教材である。氏が提示した「ケガレ」観念に関わる菅原道真関係の「春日権現験記絵」「餓鬼草紙」の資料を引用・加工・編集、ならびに加筆したものである。[12]予定授業時間数は二時間である。

前半部分には、菅原道真をめぐる当時の社会の動きを事例とした「タタリ」の問題を扱い、後半部分では当時の社会で恐れられていた「ケガレ」の問題を扱った。そして、その「ケガレ」を「キヨメ」る人々として、河原者を提示している。中世において恐れられていた「タタリ・ケガレ」を実際の史料から現実のものとして感じ取らせたうえで、その「キヨメ」る役割をする人々がいたことに気づかせるように配慮している。表９－５に、そのスライドを提示する。

⑴～⑸までを第１時、⑹～⑿までを第２時として設定した。どの時間にも実際の資料を提示し、中世の社会にお

表 9－5 「中世の文化と差別された人々（導入：第1時前半）」の提示スライド

主な教師の働きかけ	提示スライド
(1) 「中世の文化と差別された人々（導入）」という勉強をしましょう。	**中世の文化と差別された人々**
(2) この絵の中に菅原道真がいます。どこにいるでしょうか。 （資料：「北野天神縁起」）	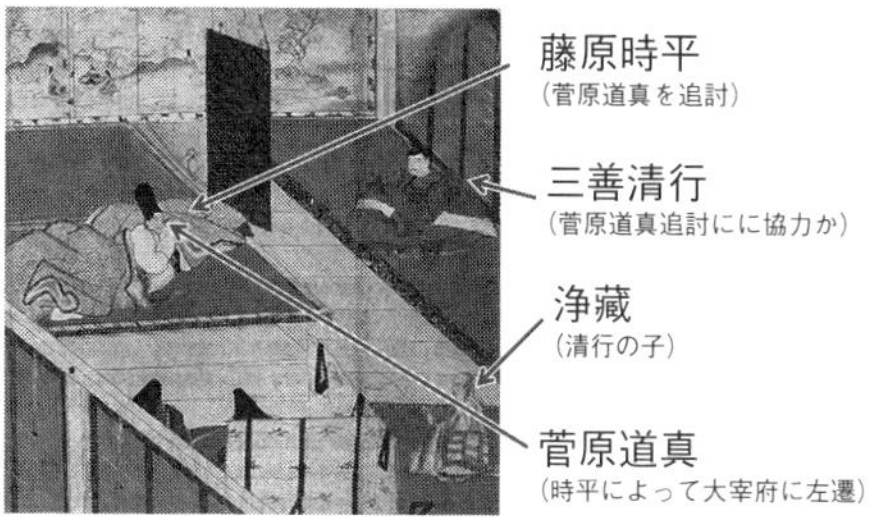 出典：「北野天神縁起」
(3) 菅原道真が北野天満宮にまつられるまでの経緯を説明します。	菅原道真のタタリをめぐって • 901年　道真、大宰府に左遷される • 903年　道真、大宰府で死去する • 908年　道真左遷に関わったとされる藤原菅根が雷で死去する • 909年　時平が病死する • 923年　醍醐天皇は道真左遷の詔を覆し、贈位を行い慰霊をする • 947年　道真、北野天満宮にまつられる
(4) 三善清行の子の道賢上人は次のような言葉を残しています。 （資料：「道賢上人冥土記」）	「道賢上人冥土記」（清行の子：日藏） • 天上界の道真 「自分には16万８千の家来がおり、数々のたたりは彼らの仕業である」 • 地獄の醍醐帝 「自分は無実の道真を左遷し、死に追いやり地獄に落ちた」 出典：『扶桑略記』天慶４年（941）３月条

主な教師の働きかけ	提示スライド
(5) 貴族から一般民衆まで広く恐れられていたことは何でしょうか。 それは「タタリ」ということです。	 出典：「北野天神縁起」 貴族から一般民衆まで広く恐れられていたことがあった 「タタリ」
(6) この絵から分かったこと，不思議に思ったことを言いましょう。 (資料：「春日権現験記絵」)	 出典：「春日権現験記絵」
(7) この絵から分かったこと，不思議に思ったことを言いましょう。 (資料：「餓鬼草紙」)	 出典：東京国立博物館所蔵「餓鬼草紙」
(8) 風葬という言葉を知っていますか（空也上人の言葉の説明)。(資料：化野念仏寺) 貴族から一般民衆まで広く恐れられていたことは何でしょうか。それは「ケガレ」ということです。	 出典：「春日権現験記絵」 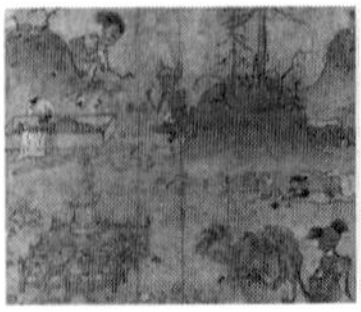 出典：「餓鬼草紙」 貴族から一般民衆まで広く恐れられていたことがあった 「ケガレ」

主な教師の働きかけ	提示スライド
⑼ ケガレには大きく３種類のケガレがあったと言われています（「死穢・血穢・産穢」の説明）。 ケガレの伝染について，当時は延喜式という法で定めていたのです（説明）。	ケガレについて定めた延喜式 • 人が死んだ場合は30日間家から出てはならない。 • 子どもを産んだときは、７日間は家から出てはならない。 • 飼っている牛や馬が死んだら、５日間は家を出てはならない。 • ケガレは３回うつる。
⑽ そのケガレを「キヨメ」る人たちがいました（職能民の説明）。	ケガレをキヨメる人々 •「河原者」 •「聖（ひじり）」 •「鉢叩（はちたたき）」 •「宿（しゅく）」 •「坂の者」 •「犬神人（いぬじにん）」 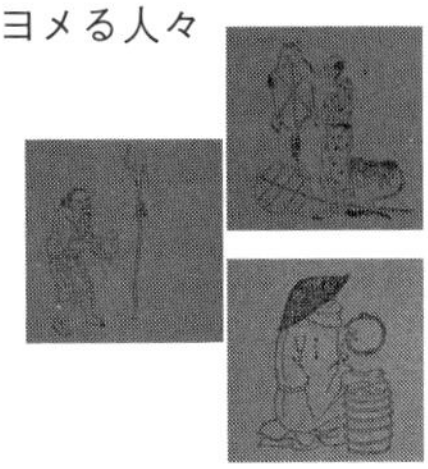 ケガレを清める特別な力をもった人たちであると畏（おそ）れられていた
⑾ 銀閣寺の美しい庭園も河原者が造ったと言われています。	銀閣寺の美しい庭園  • 河原者親子三代「善阿弥」「小四郎」「又四郎」によって作成された。

主な教師の働きかけ	提示スライド
⑿ 竜安寺の石庭も河原者によって作成されたと言われています。 河原者の果たした役割について，これから学習を深めていきましょう。	竜安寺の石庭  ・白い砂にしかれた15の石。どこから見ても14個の石しか見えない。 ・石のひとつに刻まれた「小太良」「清二良」の河原者の名前。 

（参考文献）
・外川正明『部落史に学ぶ――新たな見方・考え方にたった学習の展開』（解放出版社，2001年）。
・外川正明『部落史に学ぶ２――歴史と出会い未来を語る多様な学習プラン』（解放出版社，2006年）。
・眞壁俊信・日本古典籍註釈研究会編集『天神縁起の基礎的研究』（続群書類従完成会，1998年）。
・坂本賞三『日本王朝国家体制論』（東京大学出版会，1991年）。
・義江彰夫「史料―日本的反逆と正当化の論理」（小林康夫・船曳建夫編『知の技法』東京大学出版会，1994年）。

いて大きな影響力のあった「タタリ・ケガレ」といった観念を具体的に捉えさせるよう配慮した。

第1時では，「北野天神縁起」より，菅原道真を探させる活動を導入とした。この絵に表されているのは，菅原道真を追討した藤原時平，追討に協力した三善清行，清行の子であり，後に出家した清藏である。児童は，もちろん，この三人のいずれかが菅原道真であると予想するだろう。しかし，道真は人間としてこの絵に表されているのではなく，時平の耳から出ている呪いを持った蛇として描かれている。この絵から，当時の社会や人々が「タタリ」に対する恐怖感を有していたことを，児童が関心をもって捉えることができると考える。そして，「道賢上人冥土記」の資料も重ねながら，当時の社会が恐れていた「タタリ」について認識を深めるよう留意した。

第2時では，外川氏が教材として提示した「春日権現験記絵」や「餓鬼草紙」から，家の外に寝かされている病人，火をたいておまじないをする人々，別の器を使わされている様子を捉えさせ，現在とは異なる死という「ケガレ」への恐怖を考えさせるように授業設計を行った。そして，「風葬」と空也上人の言葉を紹介し，当時の社会や人々が恐れていた「ケガレ」に対する恐怖感を、児童が関心をもって捉えることができるように留意した。さらに、延喜式によって「死穢・血穢・産穢」の三穢が定められたことを説明し、忌の日数や伝染についても定められたことを示した。そして、そのケガレを「キヨメ」る人々がおり、その人々が畏敬の念をもって見られていたことを説明した。最後には、今後の学習へのつながりを大切にして、河原者が造ったとされる銀閣寺の庭園、竜安寺の石庭を提示して、関心が高まるように留意している。

5　外川氏の学習プログラムの意義

本章では、外川正明氏の学習プログラムの意義を検討した。第2節で述べたように、氏の学習プログラムは、中世史研究や部落史研究の研究成果を生かしながら、社会科の教科のカリキュラムに位置づけられている。社会科が社会認識を育てる教科であることをふまえ、学習プログラムが明確な意図のもとに作成されていることが分かる。また、外川氏も示しているところだが（「外川①前掲書」三三一頁）、中野陸夫氏は部落史学習・人権学習への提言として六つの提言を行っている。そのなかで「教材は今日の部落史研究の成果を、正しく反映したものであること」、「それを特別史として切り離してしまうことなく日本全史のなかに正しく位置づけ作成・使用すること」という指摘をしているが[13]、外川氏の学習プログラムはこの二点を充分に包含しているものといえよう。

次に、外川氏の中世における単元展開を分析し、その有効性を検証した。第3・4節にて述べてきたように、氏の学習プログラムには、単元展開の視点とともに豊富な資料が用意されており、授業実践化を容易にしている。また、明確なねらいのもとに、学習展開案が複数配列されていることも、授業者にとっては授業設計を組みやすくなっていると考えられる。

最後に、外川氏の学習プログラムの導入部分に相当する中世職能民を事例とした教材を具体的に提示した。児童が興味関心を持って学習を進行できるように、プレゼンテーションソフトを使用し、資料を画像で示しながら導入ができるように留意した。児童に、中世における社会や人々の考え、被差別民衆の姿を生き生きと捉えさせるために有効であると考えられる。今後は、外川氏の学習プログラムを身分制研究の視点から見直しながら、各地域の実態に応じた授業開発を行うことが重要であろう。

注

（1）仁木宏『都市－前近代都市論の射程』（青木書店、二〇〇二年）、網野善彦・横井清『都市と職能民の活動』（中央公論新社、二〇〇三年）などがある。中世都市研究会は一九九三年より毎年研究大会を開催している。
（2）網野・横井前掲書、三四～六一頁。
（3）沖浦和光『「部落史」論争を読み解く――戦後思想の流れの中で』（解放出版社、二〇〇〇年）、畑中敏之『「部落史」の終わり』（かもがわ出版、一九九五年）、寺木伸明『部落史の見方考え方』（解放出版社、一九八九年）など、様々な論考や書籍がある。
（4）鈴鹿市部落史作成委員会『部落史学習への誘い』（鈴鹿市教育委員会、二〇〇一年）、人権教育指導者用手引き編集委員会『気づく・学ぶ・広げる人権学習――人権教育指導者用手引き』（和歌山県教育委員会、二〇〇四年）、鳥取県教育委員会人権同和教育課『学習者の視点から学びを創る』（鳥取県教育委員会、二〇〇三年）、大阪府教育委員会事務局教育振興室地域教育振興課『人権に関する学習プログラムとその展開　2』（大阪府教育委員会、二〇〇二年）などがある。
（5）外川正明①『部落史に学ぶ――新たな見方・考え方にたった学習の展開』（解放出版社、二〇〇一年）、同②『部落史に学ぶ2――歴史と出会い未来を語る多様な学習プラン』（解放出版社、二〇〇六年）がある。
（6）外川氏は、全国同和教育研究協議会の歴史や中野陸夫氏の言葉にふれながら、社会認識（「社会を見る力、社会をとらえる力」）の重要性を言及している。外川②前掲書、二四～三八頁。
（7）外川①前掲書、三二頁。
（8）同右、三四～三五頁。
（9）同右、四二頁を参照されたい。
（10）外川②前掲書、五〇頁を参照されたい。

(11) 同右、五三頁を参照されたい。
(12) 外川②前掲書、四四〜四六頁。
(13) 中野陸夫『人権・部落問題学習への提言』(明治図書、一九九一年)九八頁。

第十章　市民的資質を高める総合学習の授業実践

――開発教育協議会編『難民』（古今書院）に学んで――

1　市民的資質育成の領域

価値の多様化された現代社会において、私たちは一人の地球市民としての立場から責任ある役割を選択し、判断・実行していく資質能力が求められている。このような市民的資質育成において、教育課程上、大きな役割を担ってきたのは社会科教育である。一般的に社会科教育の目標は、「社会認識の形成を通して市民的資質を育成する」といわれる。「社会認識の形成」と「市民的資質の育成」という大きな二つの目標があるわけだが、地球市民としての資質の育成は、むろん、後者の「市民的資質の育成」に包含される。「市民的資質の育成」については、すでに多くの研究蓄積がなされており、論議も盛んに行われているところである(1)。

しかしながら、社会科において地球的な課題を取り上げ、地球市民としての資質の育成をねらいとする内容はカリキュラム上、最高学年六年生の最終単元にまわされる場合が多い。実質的には、充分な時間と労力をもって学習が組織されているとは言いがたい(2)。また、森分孝治氏が指摘しているように(3)、市民的資質の育成に関わっているのは何も社会科だけではない。学級会や代表委員会活動、学校行事などの特別活動は社会の一員としての資質の育成に大きく関わっているし、「総合的な学習の時間」も内容によっては市民的資質の育成の大きな意味をもつ。

このような状況のなかで、本章では、開発教育協議会編『難民』（古今書院、二〇〇〇年）を手がかりにして、「総合的な学習の時間」と「道徳科」を関連させた総合学習を提案する。一人の地球市民としての立場から責任ある役割を選択し、判断・実行していく人間形成のために、地球的視野から様々な問題を考える学習機会を用意することは意義あることと考える。なお、本文献の検討にあたっては、藤原孝章氏がルター（J. Ritter）『難民（小学校版）』を事例として検討している方法論を参考とする。(4)

2　地球規模の問題を「総合的な学習の時間」と『道徳科』で扱う意義

Citizenship Education Policy Study（CEPS）プロジェクトとは、一九九三〜九七年の間にミネソタ大学のジョン・コーガン氏を代表にアメリカ、カナダ、イギリス、オランダ、ドイツ、ハンガリー、ギリシャ、タイ、日本から研究者が参加し、九カ国・一八二名の有識者の合意形成を基に地球社会の一員としてどのような市民的資質が求められるかを問うた国際共同研究である。一九九七年に、Multidimensicnal Citizenship（以下『報告』と表記する）を作成・公表している。(5) 本プロジェクトに参加した魚住忠久氏は、『報告』の内容について具体的に考察している。そして、今後二五年間のなかで以下の「市民的特性」が必要であるとの合意がなされた点を紹介している。(6)

①地球社会の一員として問題を認識し、取り組む能力。
②他者と協力的方法で仕事をしたり、社会における自己の役割や義務に対して責任を果たすことのできる能力。
③批判的、体系的方法で考える能力。
④非暴力的態度で紛争を解決する意欲。
⑤環境を守るために自らの生活スタイルや消費習慣を変えようとする意欲。
⑥女性や少数民族の権利をふくむ人権への鋭い感受性と擁護のための能力。
⑦ローカル・ナショナル・インターナショナルの各レベルで政治に参加する意欲と能力。

この『報告』の「市民的特性」は、必ずしも体系化されたものとは言えないが、大変、興味深い示唆を私たちに与えてくれる。魚住氏はこれらの資質の共通性として「参加能力」を挙げ、「批判的で体系的な思考をし、文化的差異を理解し、地域社会のメンバーとして問題に取り組み、かつ挑戦できる能力と意欲」(7)を重要視している。つまり、地球社会のメンバーとして問題に取り組んでいく能力と意欲である。これらは「総合的な学習の時間」で育成が期待される方向的な目標である。

さらに、筆者は『報告』が、内容面での提示というよりも、どちらかというと意欲といった道徳的な徳目（②・④・⑤・⑥）を重要視していることに注目したい。このような指摘から考えると、地球市民としての資質の育成のためには、「総合的な学習の時間」と「道徳科」を相互にタイアップさせていくことが重要であることが理解できるだろう。

しかしながら、これまでに「総合的な学習の時間」と他教科や「道徳科」などの連携については、充分な成果が上げられているとは言いがたい。二〇〇六年度の中央教育審議会初等中等教育分科会のうち、第四回教育課程部会（生活・総合的な学習の時間専門部会）では、総合と教科等との関連づけが不十分、単なる体験に終わっているなど、その趣旨の達成が十分でないとの課題が指摘され、「総合的な学習の時間」の見直しの論点ともなっている。また、第八回教育課程部会（生活・総合的な学習の時間専門部会）では、これらを受け、改善の方向性として、教科（社会科等）、特別活動、選択教科など各教科等との関係の整理が言及されている。(8)

こうしたなかで、岩田一彦氏は、社会科教育の立場から、「総合的な学習の時間」との関係を明確にする視点として、社会科固有の授業理論として三〇の提言を行っていることは注目されよう。(9) その提言では、目標・基本構造・授業のレベル・評価という柱のもとに理論を整理し、目標においては、「社会認識」と「市民的資質」の両面の育成（前者を八割・後者を二割が氏の基本的立場）を重視している。基本構造の構成については、社会認識の形成に関して構造的知識と探求の構造を、市民的資質に関して構造的知識を生かした「合理的意志決定」による価値判断ができることであるとしている。このように、氏は社会科授業理論を具体化するなかで、「総合的な学習の時間」

表10－1　社会科と総合的学習の違い

	社会科	総合的な学習の時間
教育内容	・内容知８割　・方法知２割	・主が方法知　・副が内容知
学習過程	・知識習得に必要な問題→仮説→検証→新しい問い	・子どもの興味関心による問題設定→仮説→検証→新しい問い
知識形成	・構造的知識の学習	・暗黙知，教養の学習
問題設定	・構造性と系統性が存在	・学校オリジナルな展開
科学論理	・社会諸科学の論理	・科学一般の論理
人物追究	・社会的論争問題 ・人物が価値選択をした判断根拠の吟味	・子どもが関心を向ける論争問題 ・人物の生き様への共感的追究
評価	・到達目標に対しての達成度による評価	・方向目標に対する一人ひとりの進展度の評価

（出典）　小原友行「岩田一彦著『社会科固有の授業理論・30の提言――総合的な学習との関係を明確にする視点』」（『社会科研究』第57号，全国社会科教育学会，2002年）。

との関係を明確にしている。表10－1はその関係を整理したものである。

注目されるのは、「総合的な学習の時間」にも科学の論理が存在するという点、「総合的な学習の時間」の知識形成は暗黙知、教養の学習という点である。岩田氏は、社会の変化に主体的に対応できる資質や能力を育成する「総合的な学習の時間」の趣旨が貫徹されるため、「何れかの科学の成果に依拠して教科内容を構成しないと常識的な内容を越えることができなくなる(10)」と警鐘を鳴らしている。つまり、「総合的な学習の時間」において、科学知と子どもが持っている体験知の往復運動が重要となってくる。では、「総合的な学習の時間」における意思決定能力の育成は、社会科とどのように関連するのだろうか。岩田氏は次のように述べている(11)。

現代の子どもたちが、大人の常識からは想像もできない行動をとるのは、社会に共通に存在している暗黙知・教養、共有パラダイムの形成に失敗してきたからであろう。暗黙知・教養がアイデンティティー形成の基盤となっている。豊かな暗黙知と教養のもとでアイデンティティー形成がなされたならば、意志決定の幅が広がり、生きる力の形成にもつながっていく。

つまり、共通の文化常識が崩れていることが大問題なのであり、「総合的な学習の時間」において育成した暗黙知と教養がアイデンティティー形成に働けば、社会科における意思決定の幅を広げるということである。意思決定の幅が広がれば、「地球市民としての資質」育成にも有効に働くことになるだろう。

このように、「総合的な学習の時間」と他教科や「道徳科」などの連携を考えた場合、それぞれの教科や「道徳科」や「総合的な学習の時間」の特質がお互いに関連しあいながら、相互の目標を高めあっていくような授業構成が重要であることが分かる。本章では、このような視点から、開発教育協議会編『難民』を検討し、具体的な授業構成を提案していく。

3　開発教育協議会編『難民』(小学生以上対象)の検討

開発教育協議会編『難民』のねらい

開発教育協議会編『難民』は、開発教育を推進してきた現場の教員たちが実践してきた内容をまとめたものである。「難民」を切り口にして、人権・平和・開発・共生・参加・未来などについて、気づき・共感する態度を形成し、自ら行動を起こすことを目指している。(12) 本書は、対象年齢によって章立てがされており、「小学生以上対象」と「中学生・高校生以上対象」と「社会教育・中学生以上対象」の三つに大きく分けられている。

本章で対象とするものは、このうち「小学生以上対象」とする第二章であるが、対象年齢を問わず、通底している部分がある。それは、難民についての学習を通して、獲得が期待される「基本概念(知識)」「態度化のための視点(価値)」「技能」の内容である。これらは、巻末にて藤原孝章氏が詳細に述べているが、開発教育の基本概念や目標とも重なりがあり、相互に関連している。(13) 氏は、三つの内容を一覧表化しているので、表10-2から表10-4として引用しておこう。三つの表から、開発教育協議会編『難民』には、学習目標として、知識・態度・技能の三領域からの明確なねらいがあることが明らかとなった。

表10－2　難民学習のねらい（基本概念〈知識〉）

基本概念	内　容
グローカルなつながりと関係性	・難民の発生は地球規模の人口移動を伴い，多文化共生の課題を提供している。 ・難民問題は世界のある地域の出来事が情報通信の発達によって人類共通の関心事となっている。
「構造」が背景にあること	・難民発生の原因には，政治的・軍事的な対立抗争がある。 ・難民発生の背後には，南北格差を拡大していく世界システム，貧富の差が存在する国内の社会構造がある。
地球社会の中の国家	・難民問題は，国民統合や政府のあり方を考え，国を超えた解決の仕方を探るなど，地球社会の課題として捉える必要がある。
多様な行為者の役割	・難民問題は当該国のほかに国連や大国と呼ばれる国々など多様な行為者が関与する代表的事例である。 ・ボランティアやNGOなどの組織は，難民問題の解決に大きな役割を果たすようになっている。
難民となった人々の心理	・難民となった人々は，自国での迫害，国外のキャンプ生活での定住など大きな疎外感を持っている。 ・難民の子どもたちは，家族を失ったり，別れたりした悲しい体験を有している。

表10－3　難民学習のねらい（態度化のための視点〈価値〉）

態度化のための視点	内　容
人　権	・世界人権宣言，難民条約，子どもの権利条約など国連で採択された人権諸規約は，自由や平等の権利の普遍的な到達点を示す。難民問題を人権の普遍性の視点から捉えることが重要。
支援と中立	・難民問題の発生とその解決には，多くの行為者が関与し，複雑な国際政治が展開されるが，紛争に中立であるUNHCRの視点から問題を捉えることが重要。
平和と不戦	・紛争や戦争への関与でなく，平和や付箋の名の下での支援や協力という視点から問題を捉えることが重要。
共生と参加	・難民が受け入れ国において，安心して定住できるように，彼らを支援する地域社会の人々の働きかけや市民活動が不可欠である。難民を受け入れ，共生できる社会を作り上げていこうとする行為から問題を捉えることが重要。
未　来	・難民問題を取り上げることによって，同じ時代と未来を共有していることの意味について考えることが重要。

表10－4　難民学習のねらい（技能）

技能	内　容
調査・情報活用	・課題意識をもって調べたり，情報を集めて活用したりすることができる。
コミュニケーション	・聴く，話す，伝える，表現するなどの活動を通して，多様な人々と交わることができる。
批判的思考	・問題を発見し，吟味し，根拠に基づいた考え方をすることができる。
民主的な意思決定	・様々な方法について検討し，よりよい選択をすることができる。

開発教育協議会編『難民』（小学生以上対象）の内容構成

開発教育協議会編『難民』（小学生以上対象）は、単元テーマを「同じ時代を生きる子どもたち」とし、A「難民の発生」、B「逃げる」、C「難民キャンプ」、D「受け入れ・定住」、E「難民支援の体験」の五つの学習場面で構成されている。各学習場面を概観すると、A「難民の発生」では、難民の定義について理解させ、世界地図にて難民発生の地域やその人数を確認させる学習を行っている。B「逃げる」では、難民の生活の疑似体験や難民の子どもたちの実際の話を資料として学習を進める。C「難民キャンプ」では、難民キャンプでの生活を視聴覚教材を使用して、理解を深めさせている。D「受け入れ・定住」では、日本で生活している難民について学習し、身近な問題として考えさせている。E「難民支援の体験」では、自分たちにできることを考え、発信し、行動を起こす活動が中心となっている。このように、開発教育協議会編『難民』（小学生以上対象）では、難民の存在に出会い、共感し、問題の背後にある紛争の解決や支援のあり方を考えるという全体構成を持っている。

では、具体的に各学習場面の活動展開を分析し、開発教育協議会編『難民』（小学生以上対象）の学習構造を明らかにしてみたい。資料1から資料5に、学習場面ごとに活動展開をまとめてみた。

資料1の学習場面では、フォトランゲージによって導入を図り、難民が「強いられた移動」という特別な形での人口移動の定義が子どもたちに与えられる。また、それが世界のどの地域で起こっているのかを白地図にマーキングしていく作業を通して難民発生の地域を学ばせている。このように、参加型の手法を用いながら、表

資料1　A「難民の発生」（2時間）

【小テーマ】難民とは（1時間）	
資料	難民の写真，ビデオ「難民もみんなも同じ地球人」（UNHCR）
展開	①4～5人のグループを作り，進行係・記録係・発表係を決める。 ②写真と記録用紙を配布し，何をしているところか気づいたことを話し合う。 ③グループごとに気づいたことを発表する。 ④写真についての話をして，ビデオ「難民もみんなも同じ地球人」から「難民とはどんな人たち」を視聴する。

【小テーマ】難民の数や地域（1時間）	
資料	白地図，円形シール，世界地図，UNHCR ポスター
展開	①難民の数についてのクイズをする。 ②難民の地域と数について予想する。グループに白地図と円形シールを配布し，難民の地域と数を予想しながら貼っていく。 ③「UNHCR が援助している世界の難民・避難民人口」のポスターを見て，世界の様子を知る。

10－2にある難民学習の基本的概念である「グローカルなつながりと関係性」、「『構造』が背景にあること」を対象としていることが分かる。

資料2の学習場面は、難民となって逃げる場面を疑似体験させることによって、どんなことを感じたり、考えたりしたかを話し合わせている。また、実際の難民となった子どもたちの談話を聞かせることによって、共感的理解が図られるような学習構造をとっている。表10－2にある難民学習の基本的概念「難民となった人々の心理」を対象とし、しかもこの共感的理解は表10－3にある態度化のためには重要なステップとなっている。

資料3の学習場面では、難民キャンプでの様子の写真を利用したフォトランゲージから、今までにどんな経験をしてきたのか、どんな願いを持っているのかを話し合わせている。また、難民キャンプのなかで描いた絵が多くの人たちの希望になったビデオを視聴することで、人が生きることに欠かせない希望やエンパワメントについて考えさせている。表10－2にある難民学習の基本的概念「難民となった人々の心理」を対象とするばかりでなく、表10－3にある態度化のための視点の「未来」にも対応していることが理解できる。

資料2　B「逃げる」（2時間）

【小テーマ】難民の生活の体験（1時間）	
資料	持ち出し荷物カード，持ち出し用カバン2つ，入団審査表
展開	①4～5人のグループを作る。 ②持ち出し荷物カードとかばん2つを配り，入るだけの荷物を配る。 ③港で船に乗るために，グループで話し合って荷物を半分に減らす。 ④ある国についてパスポートの確認をされる。パスポートがない場合はグループで相談する。 ⑤逃げる途中で，家族の一人が病気になり，食料品や医薬品が減る。 ⑥難民キャンプに到着し，食料や毛布が配給される。 ⑦学習（シュミレーション）を振り返る。
【小テーマ】難民の子どもたちの体験（1時間）	
資料	「難民の子どもたち」(UNHCR) 「ほんのちょっと変えてみよう」(UNHCR) 振り返りシート
展開	①難民の子どもたちの話を聞く。 ②「ほんのちょっと変えてみよう」(UNHCR）の体験談を視聴する。 ③振り返りシートで学習を振り返る。

資料4の学習場面は、インドシナ難民について学び、日本での受け入れや定住に関わっての苦労や難民の人たちの思いに共感する学習である。「我が国におけるインドシナ難民の定住実態調査報告」から、日本の生活で困っていること、不安に思っていることを話し合い、態度化のための意欲を培おうとしている。表10-3の難民学習の態度化のための視点「共生と参加」を対象としている。

資料5の学習場面は、本単元計画のなかで最も時間数をかけており、六時間扱いとなっている。これまでの学習を振り返りながら、自分たちにできることを考え、行動を起こそうとするものである。まさに、地球市民として資質育成に直接的に関わる内容である。本書は、「行動を起こす」ということと結び付けて構成されているところに特徴があるが、自分たちでできることを考えて発信していくという態度化が、ここでも具体的にプログラム化されている。

このように、開発教育協議会編『難民』（小学校以上対象）では、難民問題を通して、難民の定

資料3　C「難民キャンプ」（2時間）

【小テーマ】難民キャンプのいろいろなくらし（1時間）	
資料	持ち出し荷物カード，持ち出し用カバン2つ，入団審査表
展開	①4～5人のグループを作り，記録係・発表係を決めておく。 ②難民キャンプの生活の一場面を切り取った写真を各グループに配布し，話し合う。 ③グループごとに気づいたことを発表する。 ④教師の説明を聞き，意見を交流する。
【小テーマ】生きる希望－エルメスのスカーフ－（1時間）	
資料	「難民が描いたエルメスのスカーフ」（テレビ朝日ニュースステーション），振り返りシート
展開	①難民キャンプでどんなことをしたいかをカードに書く。 ②黒板でカードを整理し，まとめる。 ③ビデオを見て，難民の希望や支援についてまとめる。 ④振り返りシートを使って，振り返りをする。

資料4　D「受け入れ・定住」（2時間）

【小テーマ】インドシナ難民とは（1時間）	
資料	ボートピープルの写真
展開	①写真を見て，思いついたことを発表する。 ②インドシナ難民の説明を聞き，地図で確かめる。 ③難民の受け入れ方について，グループで話し合う。 ④意見を発表し，交流する。
【小テーマ】日本で生活している難民（1時間）	
資料	「我が国におけるインドシナ難民の定住実態調査報告」（日本国際事業団），振り返りシート
展開	①日本で生活している難民の数のクイズをする。 ②自分がもし難民になったらどんなことに困るかを考えさせて，グループで話し合う。 ③「我が国におけるインドシナ難民の定住実態調査報告」と比べ，意見交流をする。 ④ベトナム難民のトゥアンさんの話を聞く。 ⑤振り返りシートによって，学習を振り返る。

資料5　E「難民支援の体験」（6時間）

【小テーマ】私たちにできること（6時間）	
活動例	①パネル展　文化祭や学園祭などで展示物を用意し，世界の難民問題を理解できるようにする。 ②募金活動　学級や学校単位で募金活動をする。写真展の利用など工夫をする。 ③ NGO の話を聞く。　ボランティア団体と連絡をとり，援助の方法について話を聞く。 ④難民の人たちの話を聞く会を開く。学校や地域の集まりに招き，彼らの経験を分かち合う。どのようにして私たちの社会の一員になったかを知る。

義やその特別な体験について理解を深め、難民の生活や避難の様子をシミュレーションや聞き取り学習、様々な参加型学習の手法を用いながら、共感的に理解させている。単なる知識的な理解に留まることなく、分析や説明が可能となる心情的な理解を促している点が特徴である。また最終場面では、実際に行動を起こす実践化のプログラムを準備している点も大きな特徴といえるであろう。

開発教育協議会編『難民』（小学生以上対象）の評価

本項では、前項までに検討してきたねらいや内容構成から、授業化のための有効な点と課題を整理しておきたい。

本書の「まえがき」「第一章」を精読すると、「理解」「共感」「行動（スキル）」という三つの視点から授業構成がなされていると考えられる。これらは、これまでの心情的な側面に終始していた平和学習とは大きく異なるものであると評価できる。本書第一章でも指摘しているように、従来の平和学習は、たとえば修学旅行にて長崎や広島にてフィールドワークを行い、体験的に学ぶ場を設けてきた。しかし、開発教育協議会編『難民』では、様々な対立を解決できない現代を読み解くキーワードとして、難民学習を組織化している。対立という地球規模の問題を、「理解」側面から扱っている意義は非常に大きい。

次に、「共感」について考えてみるならば、本書で紹介しているプログラムは、シミュレーションをはじめ、多くのアクティビティーが収録されている。本書でも指摘しているところだが、たとえば、逃げる場面で何を持ち出すのかを考えるとき、たくさんのものに囲まれている子どもたちにとって、何が大切なのか、必要なものは何なのかを考えることになる。さらに、フォトランゲージやビデオ、聞き取り調査を通して、難民の生活体験にふれることも可能になる。このように、参加型の手法を通して、自分を相対化し、難民の子どもたちに自分を映し出し、共感的に理解させる学習方法が有効に使用されているといえるだろう。

「行動（スキル）」という点では、本書は戦争と平和の学習を単なる知識に留めることなく、我々がどのように向き合っていけばよいのかを考えさせ、実行させている。子どもたちに、難民そのものの問題を解決させることは難しいが、難民への援助を自分たちで考え、実際に行動を起こすことで、解決の可能性や自分たちも行動に参加することができたという達成感を持つことを可能にしている。以上、開発教育協議会編『難民』が地球市民としての資質育成のために、「暗黙知＝人類益」の視点で価値判断を行うことができる学習過程であり、意思決定の幅を間違いなく広げるものであることを明示した。

課題としては以下の二点が考えられよう。第2節にて示したように、「総合的な学習の時間」といえども、科学の成果に依拠し教科内容を構成する必要がある。しかしながら、開発教育協議会編『難民』では、学習過程では参加型学習のアクティビティーが多く、表10－4の難民学習のねらいの技能の「調査・情報活用」が非常に少ない。「総合的な学習の時間」といえども、教科の学習技能が生かされる必要があるだろう。(14)

次に、「道徳科」と「総合的な学習の時間」の峻別の必要性である。「総合的な学習の時間」が地球市民の資質育成に関わって重要な役割を担うことは間違いない。合わせて、市民的資質育成のために、意思決定が重要であることはこれまでに述べてきた通りである。さらに、CEPSプロジェクトの『報告』にもあるように、道徳的な項目を学ぶ時間も重要である。つまり、「総合的な学習の時間」と役割を異にする「道徳科」をどのように位置づけるかということになろう。本章で検討してきた開発教育協議会編『難民』は、地球市民としての資質育成のために、多くの道徳的な価値判断を迫る学習展開となっている。とくに、「共感」を意図した学習場面では「道徳科」として、目標設定をした方がよいものもあるように見受けられる。そこで、開発教育協議会編『難民』を手がかりにして、「道徳科」とのバランス良い連携を図りながら、地球市民の資質育成の授業設計を仕組んでいく必要があるだろう。

4　総合単元「難民－みんな同じ地球人－」（兵庫県版）の授業構成

一九七九年一二月、兵庫県姫路市に「姫路定住センター」が開所した。一九九五年に閉所するまで二六四〇人が退所し、姫路市を中心として定住している。[15] しかしながら、姫路工業大学（現・兵庫県立大学）環境人間学部国際理解推進班の調査[16]によると、定住促進センターが姫路に開設されたことを知っているのは回答者数の二〇％弱であり、しかも所在地の正しい知識は一四％にすぎない。また、どのような経緯で姫路市に生活するようになったのかの問いには、一三三八名中一二七名の九・五％のみが正解（政治的意見の相違）で、誤答の多くは外国人労働者とみなす回答である。このような状況から、在日外国人への偏見やステレオタイプが形成される可能性が非常に高い。ステレオタイプが育つ小学校段階から、兵庫県においてはとくに難民について学ぶことは意義あることだと考える。[17]

1．単元の目標

○難民とは、危険や恐怖のため自分の国をはなれなければならない人々であることを知り、日本における定住促進センターが姫路市にあったことから、多くの難民が姫路市を中心に定住するようになったことを理解する。
○難民キャンプでの生活を知り、難民は移動を「強いられた」存在ではあるが、問題解決のために主体的に行動していることを理解する。
○一枚の写真や表から問いを発見し、協力してKJ法などで整理できる。また、インターネットの検索方法を知り、HPから情報を収集する能力を身につける。
○どうしたら難民を支援できるかを考え、探究してきたことを家族や地域の方に提案する意欲をもつ。

2．単元活動計画（全15時間）

○第一次（問題を見つける段階、解決するための方法を考える段階）

〔学習のめあて〕　難民について調べたいことを考えよう

①　総合「フォトランゲージ」（1時間）
　出典『神戸新聞』二〇〇一年八月一三日

・すごいピッチャーだな。
・どうしてベトナムから日本に来たのかな？

←

②　総合「UNHCRから、みんなへのメッセージ」（1時間）（ホームページ閲覧）

・UNHCRって何だ？（HP閲覧）
・難民って何だろう？

←

③　道徳「父の思いをもって」（1時間）
　資料名「日本に来て」（出典『届け、私の思い』関西在日外国人ネットワーク、二〇〇一年）

・お父さんの気持ちをもって強く生きている。

←

④　総合「調べたいこと・調べ方を考えよう」（1時間）（話し合い・KJ法）

・みんなで不思議に思ったことを出し合おう。

○第二次（問題を解決する段階）

〔学習のめあて〕　調べたいテーマで難民について追究しよう

①　総合「グループごとにテーマにそった調べ学習」（3時間）

・世界の難民について　・日本の難民について
・ボートピープルについて　・難民の子どもたちについて　・定住センターについて

② 総合「難民の生活の模擬体験：強いられた移動」（1時間）
・逃げることはすごく不安だ。
・いつになったら国に帰れるのだろう。
↓
③ 道徳「生きる希望」（1時間）
資料名「エルメスのスカーフ」（出典『難民が描いたエルメスのスカーフ』テレビ朝日作成）
・難民の人たちは、私たちと同じように希望をもって生きているのだ。
↓
④ 総合「難民の人の話を聞く：日本での生活」（1時間）
・苦労して日本に来たのだな。
・今度、お話を聞きに行こう。
↓

○第三次（表現・伝達の段階、生活化・発展の段階）

〔学習のめあて〕　分かったことを学習発表会で表現しよう

① 総合「ぼくたちにできることを考えよう」（1時間）
・難民を助ける活動をしている人の話を聞こう。
・UNHCRのHPで調べてみよう。
↓
② 総合「学習発表会で地域の方に伝える工夫をしよう」（3時間）
・パネル展を開こう。劇にしよう。
・プレゼンテーションをしてはどうだろう。
↓

③　道徳「届け、私の思い」（1時間）
資料名「私のおかあさん」（出典『届け、私の思い』関西在日外国人ネットワーク、二〇〇一年）
・家族みんなで助け合って生きているんだ。
・私たちにもできることがきっとある。

第一次では甲子園に出場した投手の新聞記事（フォトランゲージ）から学習をスタートする。ここでは、子どもたちの意識と学習内容が相互に深まっていくように、科学知と体験知の往復運動を意図した。第二次では、グループごとの調べ学習が主となる。第一次で考えた子どもたちの関心をもとに、主体的に調べさせていく。前述したように、開発教育協議会編『難民』では、表10-4のねらいの技能「調査・情報活用」へのアプローチが弱い。本授業構想では、この点を補っている。また、開発教育協議会編『難民』の参加型学習の効果を存分に生かせるよう配慮した授業構想にした。第三次では、開発教育協議会編『難民』同様に、これまでの学習を振り返り、自分たちで調べた内容の発信、行動を起こすということを中心に据えている。市民的資質の育成のためには、実際に自分たちで思考し、行動することが重要であると考える。「道徳科」との関連からは、単元活動計画の第一次、第二次、第三次ごとに、一時間ずつを設定した。開発教育協議会編『難民』で授業構想がなされていた「エルメスのスカーフ」も「道徳科」として扱うように設定した。

本章では、開発教育協議会編『難民』を手がかりにして、市民的資質を高める総合学習と道徳の単元構成を明らかにした。このように「総合的な学習の時間」と「道徳科」を連携させれば、難民問題について問題解決的な総合単元を創造することが可能になる。そうすることによって、小学校社会科において、これまで断片的で周辺的な内容であった地球的課題の学習を組織的に取り上げることができ、市民的資質をより高めることができるのではないかと考える。

注

（1）多くの研究蓄積があるが、近年の研究動向に共通しているのは「意思決定」を原理としているところである。代表的論考に、小原友行「社会科における意思決定」（社会認識教育学会編『社会科教育学ハンドブック』明治図書、一九九四年）一六七～一七六頁がある。社会系教科教育学会第一二回研究大会では、「社会科授業論のニューウェーブ」として、シンポジウムが行われた（『社会系教科教育学研究』第一三号、二〇〇一年に詳しい）。また、片上宗二氏が意思決定学習の革新として、「調停」という概念を提起している（片上宗二「調停としての社会科授業構成の理論と方法」〈『社会科研究』第六五号、全国社会科教育学会、二〇〇六年〉）。

（2）この点については、「周辺化」「分断化」との指摘がある。藤原孝章「地球的課題を学習する小学校社会科の授業構成――J. Rutter の『難民（小学校版）』を事例として」（『社会科研究』第五三号、全国社会科教育学会、二〇〇〇年）。

（3）森分孝治「市民的資質育成における社会科教育――合理的意思決定」（『社会系教科教育学研究』第一三号、社会系教科教育学会、二〇〇一年）四七～四八頁。

（4）前掲藤原論文。

（5）本報告については魚住忠久・深草正博『21世紀地球市民の育成』（黎明書房、二〇〇一年）一六～二〇頁が詳しい。本章は本書から多くの示唆を頂戴している。

（6）魚住・深草前掲書、一九頁。

（7）同右。

（8）これらの教育課程部会の指摘は二〇〇六年度段階のものであることに留意していただきたい。

（9）岩田一彦『社会科固有の授業理論・三〇の提言――総合的な学習との関係を明確にする視点』（明治図書、二〇〇一年）。

（10）岩田一彦「ここが心配〝総合的な学習の学力〟」（『総合的な学習を創る』一一二、明治図書、二〇〇〇年）四三～四五頁。

（11）岩田前掲書、六九～七八頁。なお、岩田氏は意図的に「意思決定」ではなく、「意志決定」という言葉を使っている。

（12）開発教育協議会編『難民』（古今書院、二〇〇〇年）一頁。

（13）同右、一〇七～一〇九頁に詳しく記されている。

（14）たとえば、谷和樹氏は社会科を中心とした学び方の学年別系統化細案を示している（谷和樹「『学び方』技能の教え方」

〈『社会科教育』四九二、明治図書、二〇〇〇年〉一二～一七頁）。
（15）『難民事業本部案内』（アジア福祉教育財団、二〇〇一年）に詳しい。
（16）宮本節子・阿久澤麻理子・林千恵子「姫路市民の『国際化』に対する意識と外国人受け入れの現状――ベトナム人定住者支援活動を中心に」（姫路工業大学環境人間学部国際理解推進研究班、二〇〇〇年）。
（17）本節で考察する授業構成は二〇〇一年段階の実践であり、今日的状況から鑑みて、さらに単元構想を詳細に検討していく必要がある。

第十一章 「合意形成」の視点を取り入れた人権学習の授業構成

——現場の実践研究に学んで——

1 「合意形成」の視点導入の意義

笹川孝一氏は、日本人権教育研究学会第二回研究大会において、「『個人の時代』の人権教育の基本的性格について」と題し研究発表を行った[1]。笹川氏は、「人権教育」における「人権」「教育」の定義が曖昧な現状を分析し、学習者を受身にしている問題点を指摘した。また、「個人の時代」という現代にあって、「個人の時代の人権教育」が必要であることを五つの条件のもとに説明した。これらは、人権教育を実践していくにあたっての理論的支柱として、賛否を含めた認識を示すことが我々に求められている。

笹川氏の五つの条件をここであえて挙げることはしないが、第二点目の「『カタログ』化＝human rights は、『神』『天』＝宇宙に対する契約履行義務や自己実現をも意識した、『人権』の三つの構成要素（＝〈人間の尊厳の相互尊重〉〈実定法上の規定と裁判で請求できる具体的事項〉〈実定法に支えられて人間の尊厳を実現する個人の自己実現とその相互サポート〉）の全体の中での不可欠な一構成部分であり、それは、『法』の根拠、主体、目的をふくむ法全般についての教育、民主主義社会の創造的建設へとつながる教育と、理解されるべきである[2]」とする指摘は傾聴に値する。それは、笹川氏が指摘するように、具体的な人権実現の中核は、必用な当事者間の交渉および裁判などによる実定法やその改編、解釈に基づく行為によるものだからである。つまり、これらの行為は合意形成過程であるとも言い換えられよう。合意によって形成されてきた具体的事実が実定法になった（カタログ化された）と言えるのである。

では、学校教育のなかで、合意形成を目指す授業はどの教科・領域で行われてきたのだろうか。実のところ、合意形成能力の育成は、学校教育において計画的に組織されてきたとは言いがたい。しかしながら、人権教育においては、「人権教育のための国連一〇年」とともに、参加型学習が導入され、協力的な人間関係をつくり、異なる立場・意見を有する人々と合意を形成する学習プロセスを重要視してきた実践蓄積がある。また社会科においては、合意の基盤となる公共的価値観形成が提起されてきている[3]。このような状況のなかで、本章では、兵庫県上郡町立上郡小学校の実践に学びながら、参加型学習の方法論を生かした特別活動、および社会科における合意形成能力育成の授業構成とその実践を提案したい[4]。

2　合意形成のスキル

水山光春氏は、合意を分析する視点として、社会哲学者の平石隆敏氏の論[5]を援用し、次の四点を指摘している[6]。「重なり合う合意」「合意の『深さ』と『浅さ』」「プロセスとしての合意と結果としての合意」「合意のコストと合意への信頼」である。これらの視点の導入は、意見が完全に一致している合意から、〝あなたの意見の〇〇は分かるが、〇〇は合意できない〟といったリーズナブルな合意、合意できないことへの合意など、合意形成には幅が存在することを指摘している。すなわち、何に合意ができて、何に合意ができないのかを明らかにしていく作業が市民的資質の育成に貢献するということである。

このような「何に合意ができて、何に合意ができないのか」を明らかにするためには、合意形成のスキルを身につける必要がある。それは、話し合いが受身的に終わるのではなく、学習者自身が自立し、積極的に話し合いに参加していくことである。それらのスキル指導は指導者が意図的に設定していく場合が多いが、話し合いに参加する学習者自身が話し合いの方法を自らが選択していくことも重要である。

合意形成のためのスキルを学習者が身につけ、地域社会に生かすことができるためにも、小学校段階からのスキ

表11-1　小学校における合意形成スキル育成の試案

	低学年	中学年	高学年
目標	○積極的に聴くことができる。 ○自分の思いを述べることができる。	○自分の意見をもち，表現できる。 ○合意のためのスキルを使うことができる。	○体験を通して，友達との意見交流を行い，深い話し合いができる。
内容	○意見を言っている人のほうを向いて聴くことができる。 ○意見を言っている人の話をさえぎらないで聴くことができる。 ○相手が話しやすいように聴くことができる。 ○友だちの意見を頷きながら聴くことができる。	○ホワイトボードや模造紙を利用し，個人の意見を全体の意見として広めることができる。 ○付箋を利用し，自分たちでKJ法を行うことができる。 ○意見をキーワードとして整理し，カードにまとめることができる。 ○カードや付箋を利用し，ランキングを行い，譲歩やコンセンサスの大切さを学ぶ。	○シミュレーションや疑似体験を手がかりに，意見交換を行うことができる。 ○体験を手がかりにブレーンストーミングを行い意見交換できる。 ○フィールドワークや調査により資料収集し，それに基づき意見交換ができる。 ○調査資料を基にマッピングやタイムラインを利用し，合意への討議を行える。

ルを培う学習が組織されることが望まれる。表11-1は、上郡小学校において提案された学年別の合意形成のためのスキルである[7]。

低学年にて「聴く」ということを中心として学び、中学年にてカードや模造紙を利用し、合意のための材料を調えることを学んでいる。そして、高学年では体験や調査をもとにして、合意への討議を行うことができることをねらいとしていることが理解できる。この三段階のスキル育成の段階は、体系的に合意形成スキルを網羅したものとは言えないものの、これらの年齢による段階別のカリキュラムは今後の合意形成スキルの育成のための指標となることだろう。

ここで、中学年以上では明確なスキルが示されているのに、低学年段階では「聴く」ということが大事にされている重要性について述べてみたい。参加型学習には「傾聴」という共感的にきくトレーニングがある。これはコミュニケーションの活性化のために「考える」「話す」「聞く」という能力を高めるトレーニングのことである。「能動的な聞き方」（Active Listening）ともいわれ、人の話を〈きく〉にあたって、話し手が思っていることを話しやすいように〈きく〉、言葉にしきれなかった相手の思いを引き出せるように〈きく〉、相手が自分自身をより豊かに振り返れるように〈きく〉、お互いの関係を深められるように〈きく〉ことがトレーニングに集約されているという。[8]この「傾聴」という方法でコミュニケーションがとれるようになると、「聞く姿勢が話す姿勢を育てる」「聞いてくれると思うと一生懸命に話そうと思う」「共感して聞いてもらえ、否定されないので、安心して自分の思いを語れる」といった効果を生むことが期待されている。[9]合意形成では、相手を理解し、自分との違いを尊重し、何が共通基盤であり、共通の目的のためにできることは何かを考えることが重要である。このような「傾聴」という「能動的な聞き方」を身につけることは、合意を形成していくうえで、基本的でかつ、必要なスキルであると言えるだろう。

さて、表11-1で示したスキルを身につけると、話し合いは次のような特徴を有することになろう。第一に、お互いが尊重し合う関係のなかで双方向のコミュニケーションが可能になることである。学習者どうしの関係が対等で相互信頼と尊重に基づいたものになり、合意形成が容易になってくる。第二に、これらのスキルは参加体験することを重視するので、合意形成のプロセスを重視することになる。よって、お互いの意見が異なることを前提とした学習が繰り返され、違いを認め合った学びの場へと発展していくことになるであろう。

3　スキル育成のための授業構想

1．単元名　学級活動「輪になって」（低学年）[10]

2．目　標

○友だちの話を真剣に聴く。

○児童が教室で起こったことを聞き合うことにより、喜びや悲しみ、称賛や楽しみをみんなで分かち合う。

○「楽しかったこと」や「嫌だったこと」からひとつを取り上げ、喜びある教室にするためのアイデアを出し合う。

3．展開

学習活動	教師の支援（○）と評価（◎）
1．今週の出来事について話す。	○全員が丸く円のように座り、今週の出来事を思い起こさせる。友だちの話を心から聴くことができるように留意する。 ○「魔法のマイク」の3つの約束を確認する。
	自分や友だちに喜びや悲しみをもたらした出来事について考えよう
2．今週、自分や友だちに起こった出来事について、自己内対話をする。	○「私が今週楽しんだことは…」「…した時、私は嫌でした」といった2種類の話し方を提示する。 ○一人ずつ順番に話させる。パスは自由。この段階で話し合いやコメントはしない。 ◎友だちの話を心寄り添って聴くことができたか。 ○心静かに自分や友だちに喜びや悲しみをもたらした出来事について、振り返りをさせる。 ○「楽しかったこと」、「嫌だったこと」を書き留めてポスターにする。
3．喜びある教室にするためのブレーンストーミングをする。	○自由にマジックで書いてよいことを知らせる。 ○「楽しかったこと」からひとつを選び、それをより楽しくするためのアイデアを出す。次に、「嫌だったこと」からひとつを選び、それを減らし最小限度にするアイデアを出し合う。 ○お互いに考えを出し合い、多くのアイデアを集める。友だちの考えに批判的にならないように留意する。 ◎喜びある教室にするためのアイデアを出すことができたか、あるいは、友だちの考えを能動的な態度で聴くことができたか。

4．教師の働きかけとその意義

本時の学習活動では、丸く円形に座り「魔法のマイク」(11)というアクティビティーを利用して、本時のねらいにせまるように場の設定をしている。「魔法のマイク」では、①マイクを持っている人しかしゃべれない。②話し終えるとマイクを円の中心に戻す。③パスをしてもよい。という約束を確認することで、「聴く」ということの大切さを子どもたちに感じ取らせるよう教師が配慮している。このようなアクティビティーを継続的に取り組んでいくことによって、「友だちが自分の思いを真剣に聞い

表11－2 小学校社会科における合意形成到達目標の試案

	5 年	6 年
目 標	価値判断の一致する社会的事象で合意を行うことができる。	価値判断の違う社会的論争問題で合意を行うことができる。
内 容	○収集した情報の因果関係を読み，分析できる。 ○各種資料を総合的に分析し，合理的な自己の意見をもつことができる。	○何に合意ができ，何に合意ができないのか明らかにできる。 ○対立する両者の価値判断をより高次な価値へと高めることができる。
単元例	○「私たちのくらしを支える食料生産」（量か質か） ○「国土の環境を守る」（開発か保全か）	○「世界の人々とわたしたち」（戦争か対話か）（自衛隊の是非）

てくれる」「自分の思いを自信をもって言える」という感覚を共有することができ、「能動的な聞き方」を自然と身につけることができるものと考える。

4 社会科における合意形成能力の育成

市民的資質とは、民主主義社会を担う主権者たる資質とも言い換えられる。それは、NPO活動に代表される市民活動の担い手となる場合もあるだろうし、公共サービスの一受益者である場合もあるだろう。しかしながら、突き詰めて考えるならば、学校教育において重要であるのは、民主主義社会の主権者たる資質の基盤となる価値観の形成ではないだろうか。

本節で提案したいのは、この価値観形成のための合意形成能力である。具体的には、社会的論争問題に関する議論を通じて、合意をつくることである。価値観の異なる相手の立場を認めたうえで、調整を行い、新たな価値観を合意形成する作業は、社会科において「シチズンシップエデュケーション[12]」が注目されている現在においても、民主主義社会の主権者の資質育成の中核であると考える。

では、どのような目標や内容があるのかを示したい。表11－2は、前述した上郡小学校の社会科における高学年合意形成の到達目標である[13]。

本試案からも理解できるように、小学校社会科における合意形成能力の育成を目指す授業は高学年段階で指導している。これは発達段階を考慮しているのはもちろんであるが、低学年からの合意形成のスキルを身につけたうえで、意思決定をすることが望ましいからであろう。内容面では合意のための資料収集を行い、その分析をすることから取り組みを進め、対立する両者の価値判断をより高次な価値へと高める内容へと移行している。合意形成のためには、各種資料から自分の意見を持つことが重要である。教室には合意形成のための多くの内部情報が蓄積されるであろう。これらは社会認識のためにも有用であることは言うまでもない。次節では、これらの到達目標を加味して、小学校高学年における授業構想を提案していく。

5　合意形成能力育成のための授業構想

1．単元名　社会科「提言！わたしたちの町づくり」（高学年[14]）

2．目　標

○自分たちが住む町の政治の現状や課題について、意欲的に調べたり考えたりできる。
○政治が住民の願いをもとに、生活の安定と向上をめざして行われていることを理解することができる。
○市町村の合併によりできた旧庁舎の利活用の話し合いを通して、これからのよりよい政治の姿を考えることができる。

3．単元の設定理由

本単元は、「政治が住民の生活を安定・向上させるために機能している」ことを学習内容とする。身近な町の行政の働きを知り、住民の願いに即した「町づくり」を考えあうことを通して、合意形成能力の育成をねらう。前述した政治の機能を考えさせるために、「住民の願いをもとにしたよりよい政治のあり方を考えよう」と学習テーマを設定し、市町村合併による旧庁舎の利活用に焦点化する。旧庁舎の利活用は行政ニーズの多様化と行政サービスの配分性などを考え、価値判断がなされるべき問題である。そのために、第一次では、児童の既知の事実や興味から出発し、私たちの生活と政治との接点である税金を取り上げる。税収は欠かせないものであることや行政の基本理念を確認する。第二、三次では、住んでいる町の政治課題、予算の使途、周辺施設との関係、住民の要望などを調べることにより、価値判断を行うための社会認識内容を育成する。そして、第四次にて、その社会認識をもとに旧庁舎の利活用について、合意形成を行いたい。

4．学習計画

学習課題	学習活動（時数）	教師の支援（○）
【第一次】政治と税金の関係をみてみよう。（4時間）	私たちのくらしと政治のつながりをさがす（1）	○身の回りの施設や設備が政治の働きによりできたことに気づかせる。
	税金について調べる（1）	○税金の種類や働きについて身近な例をもとに話し合う。
	町予算の使途について調べる（1）	○「議会だより」から、予算がどのように執行されているかを調べる。
	町の政治について基本理念を確認する（1）	○町の政治の重点や課題を調べる。
【第二次】旧庁舎跡地利活用にかかわる政治の取り組みを調べよう。（4時間）	議会の動きについて調べる（1）	○「議会だより」から関連部分を抽出させ、議会議事録で確認させる。
	町の公共施設について調べる（2）	○公共施設を観点別に整理させ、他市町と比較検討させる。
	政治の課題について考える（1）	○前時までの学習を振り返り、課題から跡地利用に適した計画を考えさせる。
【第三次】旧庁舎跡地利活用について、住民の要望を調べよう。（3時間）	旧庁舎跡地利活用の質問紙を作成する（1）	○客観的な質問紙を作成させる。
	質問紙の配布と回収を行う（課外）	○効果的な配布方法と回収方法を考えさせる。
	質問紙の集約と考察を行う（2）	○パソコンを利用し集約を行い、その結果をもとに、住民の意向を知る。
【第四次】住民の願いをもとにしたよりよい政治を考えよう。（3時間）	旧庁舎跡地利活用について話し合う（2）	○旧庁舎跡地利活用について、町の政治の重点や課題、住民の意向から総合的に価値判断を行う。
	自分なりの提言としてまとめる（1）	○前時において合意形成できた結論を自分なりの論致でまとめる。

5．合意形成場面の授業計画

○目　標（第四次　第3時）友だちとの意見交流を通してよりよい庁舎跡地利活用について考え合う。

○展　開

学習活動	教師の支援（○）・評価（◎）
1　本時の課題を確認する。 2　庁舎跡地利用計画について話し合う。 (1)グループごとに発表する。 ・病院グループ ・図書館グループ ・ショッピングセンターグループ ・コミュニティーセンターグループ (2)意見調整を行い、合意を作る。 3　振り返りを行う。 4　次時の課題を確認する。	○住民の願いについて再度確認しながら本時の課題に取り組むよう促す。 ○一グループ6～8人程度で、全員が発表できるように役割分担させる。 ○友だちの発表を自分の考えたことと関連させたり比較させたりして聞くように助言する。 ○発表を聞きながら疑問に思ったこと、質問したいことなどをノートにメモさせる。 ○発表終了後、児童全員に発表意見が浸透するように、教師が補足説明したり解説したりして理解を促す。 ◎意見の根拠を示しながら、聞く人に分かりやすく述べることができたか。 ◎自分の考えと比較しながら聞くことができたか。 ○討議に関しては、ルールを守り、資料や情報をもとにした話し合いとなるよう留意する。 ○積極的に発言するように、メモした内容を確認させるなどの助言をする。 ○それぞれの立場に立って意見交流するなかで、児童が互いに跡地利用に対する考えを調整できるようにする。 ◎意見交流したことで自分の考えを深めることができたか。 ○本時の発表内容、方法等、前時までの振り返りカードをもとに考えに変化がなかったかを自己評価させる。次時への改善点を書かせ、さらによい計画になるようにさせる。 ○次時は本時の意見交流をふまえ、さらにグループごとに計画を練ることを知らせる。

以上のような展開における意見調整を通して、病院グループ・図書館グループ・ショッピングセンターグルー

プ・コミュニティーセンターグループの合意形成を行っていく。そのなかでは、すべてひとつの意見に調整していくだけでなく、お互いの意見の違いを認識したり、合意できない点を明らかにしていくことを重視し、次時での提言に生かしていく学習としたい。

以上、本章では笹川孝一氏の提言を受けて、上郡小学校の実践に学びながら、参加型学習の方法論を生かした特別活動、社会科における合意形成能力育成の授業構成を提案した。小学校段階から、合意形成スキルの育成が民主主義社会を担う主権者としての価値観を育成するために必要なスキルであることを明示した。また、小学校段階において、そのスキルを生かして社会的論争問題の合意を作る学習が市民的資質の育成に重要であることを述べた。

最後に、今後の展望を述べたい。本章で提案したような社会的論争問題における合意を「教室内に持ち込んで子どもに同様の活動を求めるべきでない」「教室内の合意形成は市民活動から遊離している」など、社会科教育の側から批判がある。(15) この点については、社会的になされる価値判断の構造の解明と合意形成の基礎となる社会認識の育成過程の探究が必要である。この点は今後の課題としたい。

注

(1) 笹川氏の発表の内容は、笹川孝一「『個人の時代』の人権教育の基本的性格について」(『人権教育研究』第四巻、日本人権教育研究学会、二〇〇四年)三三~五二頁に集録されている。

(2) 前掲笹川論文、五一頁。

(3) 主な論考として、吉村功太郎「社会的合意形成をめざす社会科授業」(『社会系教科教育学研究』第一三号、社会系教科教育学会、二〇〇一年)一一~一八頁、水山光春「『合意形成』の視点を取り入れた社会科意思決定学習」(『社会科研究』第五八号、全国社会科教育学会、二〇〇三年)一一~二〇頁などがある。

(4) 兵庫県上郡町立上郡小学校はかつて筆者が勤務した小学校である。

(5) 平石隆敏「社会的合意の形成はいかにあるべきか」(『生命倫理問題に対する社会的合意の手法のあり方に関する調査』三井情報開発株式会社総合研究所、二〇〇〇年)一七四~一八二頁。

（6）前掲水山論文、一二～一三頁。
（7）『人権教育実践発表会研究紀要・学習指導案集』（上郡町立上郡小学校、二〇〇三年）三一頁。
（8）ウィリアム・クライドラー著、国際理解教育センター編訳『対立から学ぼう』（国際理解教育センター、一九九七年）、大阪府同和教育研究協議会編『わたし出会い発見 Part 2』（大阪府同和教育研究協議会、一九九八年）に詳しい。
（9）角田尚子・ＥＲＩＣ国際理解教育センター著『人権教育ファシリテーター・ハンドブック基本編』（国際理解教育センター、二〇〇〇年）一七頁。
（10）二〇〇三年七月一一日に上郡小学校にて筆者が行った実践である。『人権教育実践発表会研究紀要・学習指導案集』（上郡町立上郡小学校、二〇〇三年）三二頁に実践の詳細が記されている。
（11）スーザン・ファウンテン著、国際理解教育・資料情報センター訳『いっしょに学ぼう』（国際理解教育・資料情報センター、一九九四年）五二頁。
（12）イギリスの二〇〇〇年版のナショナルカリキュラムに「シチズンシップエデュケーション」という新教科が誕生したことをきっかけとして、我が国においても社会科教育論の「市民的資質」と類似する、あるいは同等とする概念「シチズンシップ」をめぐって多様な教育論が主張されるようになってきた。全国社会科教育学会第五四回研究大会シンポジウムでは「シチズンシップエデュケーションは新しい社会科の核となりうるか」をテーマに開催され、全国社会科教育学会編『社会科研究』第六四号にそのシンポジウムの内容が収録されている。
（13）註（7）に同じ。
（14）二〇〇二年一一月に行った上郡小学校「総合的な学習の時間」での授業実践を社会科単元として加筆修正した。
（15）前掲水山論文に詳しい。

第Ⅴ部　教師の力量形成を目指して

第十二章　アクティブ・ラーニングによる教員研修プログラムの開発

――近世身分学習の授業改善をねらいとして――

1　教職大学院ストレート院生のアンケートから

本章は、「近世政治起源説」に基づく近世身分学習の授業改善を図るためのアクティブ・ラーニングを活用した教員研修プログラムを明らかにする。次のアンケート調査は、二〇一六年に教職大学院ストレート院生（三六名）に対して行った調査項目とその結果である。(1)

問一　小中学校の社会科にて、江戸幕府身分制について、どのように学習してきましたか。（複数回答可）

(1)　農民や町人からも差別された人々もいました。農業や皮革業などを営んで年貢を納め、すぐれた生活用具をつくったり、役人のもとで治安を守る役を果たしたり、芸能を伝えたりして、当時の社会や文化をささえました。【5名】

(2)　幕府は、農・工・商の下に、さらに低い身分をおきました。この低い身分におかれた人々は、河原など悪い条件の土地に住まわせられました。山野や用水の利用もほとんどゆるされず、職業や服そうも制限されて、苦しいくらしをしいられました。【25名】

(3)　農・工・商の下にさらに低い身分をつくったのは、農・工・商の人々に、もっと低い身分があると思わせ、武士への不満をそらそうとしたためだと考えられます。【15名】

(4) 身分制は、親から子へと代々受けつぐものとされ、武士が人々を支配するのに都合のよいものでした。【18名】

問二　高等学校の地歴科にて、江戸幕府身分制について、どのように学習してきましたか。（複数回答可）

(1) 士農工商という身分の別をたてた制度を定め、さらにこれら四民の下に「えた」「ひにん」などとよばれる賤民身分をおいた。【19名】

(2) 下位の身分とされたのは、かわた（長吏）や非人などである。かわたは城下町のすぐ近くに集められ、百姓とは別の村や集落をつくり、農業や、皮革の製造・わら細工などの手工業に従事した。【6名】

(3) 幕府や藩が、彼ら（「えた」「ひにん」）に制約を加えたのは、農民や町人の武士に対する不満をそらすためであったと考えられている。【5名】

(4) 諸身分は、武士の家、百姓の村、町人の町、職人の仲間など、団体や集団ごとに組織された。そして一人ひとりの個人は家に所属し、家や家が所属する集団を通じて、それぞれの身分に位置づけられた。【2名】

問一の(2)(3)は一九八九年度版小学校社会科教科書（大阪書籍〈日本文教出版〉）からの抜粋であり、(1)(4)は二〇一五年度版小学校社会科教科書（日本文教出版）からの抜粋である。問二では(1)(3)が高校日本史教科書『新詳説日本史』（山川出版社）一九九四年度版、(2)(4)が高校日本史教科書『詳説日本史B』（山川出版社）二〇一六年度版からの抜粋である。以上から、「近世政治起源説」に基づく「三位一体」的理解・「分裂支配」的理解の傾向がみられること、「士農工商」的身分観による学習が根強く残っていることが指摘できるであろう。このような回答傾向は本年のみの傾向ではなく、過去数年間に及んで同一の傾向がみられる。

こうした「近世政治起源説」ならびに「士農工商」的身分観の影響は、初等・中等教育現場の歴史教育において課題のひとつとなっている。しかしながら、このような課題に対して正面から分析した論考や実践記録はほとんど見当たらない。唯一、塚田孝氏は高校日本史教科書（山川出版社）の検討を通して、近世身分社会の捉え方を社会に提起しており、[2] 筆者は小学校・中学校の社会科教科書の分析を通して、「士農工商」的身分観払拭の授業を提起している。[3] 塚田氏は理論的部分を、拙稿では実践的部分を扱っているが、「理論と実践の融合」が図られてこそ、授業者の教材研究を取り結ぶ視点が明確になっていく。

そこで筆者は、前述した教職大学院の授業で近世身分学習における状況分析を行い、教材解釈としての近世身分制研究への理解を促す授業設計に取り組んできた。また現職教員を対象とした姫路大学人文学・人権教育研究所学術講座では、「学ぶ・創る『人権教育』」と題して、人権教育、とくに部落問題に焦点化し、歴史学研究と現場教育の課題を往還させる学修に取り組んでいる。しかしながら、限られた研修時間において、近世身分制研究の成果を理解することはたいへん困難である。ここには、日常的にふれることのない歴史学研究の難解さも存在するが、受講者の能動的な学修が保障されていないことが大きな要因であるように思われる。

以上の問題関心によって、前述した実績を省察し、本章では「近世政治起源説」に基づく近世身分学習の授業改善を図る能動的な研修方法を明らかにしていきたい。

2　研修プログラムの概要

本節ではアクティブ・ラーニングを活用した教員研修プログラムの全体像を明らかにする。研修プログラム（90分×5コマ）の内容は以下の通りである。

第1時　人権教育の課題を明らかにする。

○現任校の人権教育の課題をディスカッションする。

第2時　「士農工商」はホントなの？

○新旧中学校社会科教科書における近世身分の内容を検討する。

○「士農工商」の日本化について学ぶ。

第3時　社会科教科書を比べて分かること

○現在の中学校社会科教科書（八社）を検討する。

第4時　身分を規定する要因〈社会〉

○職分・共同体による社会的身分編成について学ぶ。

第5時　身分を規定する要因〈政治〉

○職分・役負担による政治的身分編成について学ぶ。

第1～3時を演習的な内容（ワークショップ）とし、後半の第4・5時を講義的な内容としている。近世身分学習の授業改善のためには、当然、近世身分への理解が前提となる。近世身分への理解は歴史学研究の成果に基づいたものになるべきであり、受講者が歴史学研究に接する機会をつくることが重要となる。しかしながら、前述したように、限られた研修時間のなかで、近世身分制研究の豊かな研究成果を受講生が理解することは容易ではない。

そこで、第1・2時では、受講者の教育現場での課題意識から学修をスタートし、主体的に近世身分への理解が進むように、中学校社会科教科書（歴史的分野）の内容分析から進めていくよう設定する。とくに、第2時の「新旧中学校社会科教科書における近世身分の内容を検討する」においては、一九九〇年度版の社会科教科書と二〇一六年度版の社会科教科書記述を比較することを通して、「士農工商」的身分観がどのように変遷しているのかに焦点化し検討していく。こうした作業によって、現在の教科書記述では、序列的な「士農工商」的身分が記されていないことを把握させ、「士農工商」の日本化の過程と近世の人々がどのように「士農工商」を意識していたのかという観点から解説を加えていきたい。

次に、第3時においては、現在の中学校社会科歴史的分野の各発行者の教科書を検討する。各発行者の近世賤民身分に関わる教科書記述を抽出し、共通する点と異なる点をワークショップ的に明らかにしていく学修を行う。そうすることで、近世身分編成の要因が教科書発行者によって、政治的な編成と社会的な編成の両極において、温度差があることを捉えさせる。最後に、第1～3時の学修の成果を前提として、身分を規定する要因が、高木昭作氏による「役負担」論に代表される政治的な身分編成、朝尾直弘氏による「地縁的・職業的身分共同体」論に代表される社会的な身分編成の相互関係・双務的関係上に存在したことを第4・5時にて解説していくものとする。以上によって、現職教員である受講生が主体的に近世身分について学ぶ研修を行うものである。

3　アクティブ・ラーニングによる研修内容とその方法

本節では、本研修がどのようにアクティブ・ラーニングを取り入れるかを明らかにし、その効果を検証する。本研修プログラムのアクティブ・ラーニングの主たる導入部分は第1～3時である。表12－1はその展開案である。

表12－1　本プログラム前半の研修案

時	学修活動・予想される反応	資料	学修上の留意点
課題を明らかにする　第1時	○現任校の人権教育の課題をワークシートに記入する。 ○ワークシートをもとに、グループで話し合う。 ・人権教育が教育課程に具体的に位置づいていない。 ・学校間格差がある。 ・充分な職員研修がとれない。 ・同和教育と人権教育はどう違うのだろう。 ○各グループの発表を行い、共通点を抽出する。 ・地域間格差がある。 ・当事者意識を育てることができていない。 ・共感主義的な人権教育になっている。		○本研修をワークショップ的に行うことを伝える。 ○当該校における人権教育の課題を共有し、共通点を抽出する。 ○年齢・現任校の地域など、さまざまな要素を鑑みて、グループ分けを行う。 ○小さな課題点についても、よく吟味するように助言する。 ○事前に板書しておき、全体での議論が調査しやすいようにしておく。 ○発表後に、共通点をキーワード化する。 ○課題を整理する際に、近世身分学習にかかわる内容へと

人権教育の	士農工商はホントなの？　第2時		第3時
・知識的側面からのアプローチが弱い。 ○院生（ストレートマスター）へのアンケート結果から、近世身分学習の課題を考える。 ・古い教科書の認識がかなり高い。 ・新しい研究成果が生かされた学習がなされていない。	○中学校社会科歴史教科書（日本文教出版）の一九九〇年度版と二〇一六年度版を比較・検討する。 ・一九九〇年度版では「士農工商」が序列的に記述されている。 ・一九九〇年度版では「自分よりまだ下の者がいると思わせて、その不満をそらす役割をはたした」とあるけど、二〇一六年度版ではそうした記述はない。 ○各グループで話し合った内容を発表する。 ・一九九〇年度版では「士農工商」的序列記事と「分裂支配」的記事がある。 ・二〇一六年度版には、文化や社会を支えたとする記述がある。	○「士農工商」の日本化について学ぶ。 ・もともと「士農工商」はすべての人々という意味だったんだね。 ・「士」は徐々に下級武士を指し示す言葉として認識されるようになったんですね。	○カードを2枚選択し、共通点と相違点をノートに整理する（4人一組のグループを作る。各グループに八枚のカードを配布）。 ○各教科書発行者の共通点・相違点についてグループで
①	②	③	④
焦点化する。 ○資料から、院生の近世身分の認識が古い教科書記述に基づいた内容が多いことを捉えさせる。 ○なぜ、教科書記述が変遷しているにもかかわらず、古い教科書記述に基づいた認識が強いのかを考えさせる。	○まずは個人で検討する時間を確保する。その後にグループワークを行う。グループワークでは、多様な意見交換を行い、論点を整理する。 ○個人→グループ→全体で検討し、相違点を中心に話し合う。 ○一九九〇年度版では「士農工商」的序列記事、「分裂支配」的記事、「三位一体」的記事があることに気づかせる。 ○二〇一六年度版では、「文化・社会を支える」記事、「社会外」的被差別民記事があることに気づかせる。	○『春秋穀梁伝』『管子』といった中国の古い書物を紹介し、古代中国の言葉が日本化したことを紹介する。『神皇正統記』『日葡辞書』から、「士」が武士を指し示すようになった点をおさえる。 ○江戸期には「士農工商」という身分実態はないが、近世人が「士農工商」を意識していた事実もおさえる。	○二〇一六年度版中学校社会科歴史教科書の近世被差別身分を抜粋したカードを準備する。 ○「えた」身分・「ひにん」身分の教科書記述は多様である

社会科教科書を比べて分かること

話し合う。
・「えた」「ひにん」についての記述が共通している。
・「えた」身分は農業をしていたというところが共通している。
・このカードは「えた」身分と「ひにん」身分の仕事の記述に分類している。
・「えた」「ひにん」と呼ばれる身分は社会や文化を支えたとの記述が共通している。
○「えた」「ひにん」の人々への差別の主体について考える。
・百姓や町人だと思う。武士だと思う。
・Cのカードの「差別政策」、Dのカードの「定められる」という言葉がある。
・Fのカードでは「他の身分の人々から厳しく差別された」とある。

ことを捉えさせるとともに、その仕事（生業）についての記述が共通していることに気づかせる。
○各地域における「えた」「ひにん」身分の職分は多様であったが、一定の共通性として、農業・斃牛馬処理・行刑役があったことを確認する。
○被差別民への「差別」が社会的にも政治的にも捉えることができることに気づき、各発行者によって、その記述には軽重があることに気づかせる。
○現在の歴史学研究では、身分は社会と政治の双務的な関係のなかで編成されたと考えられる点を助言する。

（資料名）
①「近世身分学習のアンケートおよび結果」（二〇一六年一〇月三〇日）。
②「中学社会（歴史的分野）」（大阪書籍、一九九〇年）、「中学社会（歴史的分野）」（日本文教出版、二〇一六年）。
③「士農工商の日本化」（自作資料）。参照：朝尾直弘編『日本の近世』七（中央公論社、一九九二年）、堀新「『士農工商』と近世の頂点部分――『士』を中心に」（大橋幸泰・深谷克己編『〈江戸〉の人と身分6　身分論をひろげる』吉川弘文館、二〇一一年）。
④作成したカード（二〇一六年度版中学校社会科歴史教科書）は、育鵬社・教育出版・清水書院・自由社・帝国書院・東京書籍・日本文教出版・学び舎の八社から引用した。

（参考文献）
・朝尾直弘編『日本の近世』七（中央公論社、一九九二年）。
・大橋幸泰・深谷克己編『身分論をひろげる　江戸の人と身分6』（吉川弘文館、二〇一一年）。
・和田幸司「中学校社会科『近世身分』学習の改善の視点――日本文教出版（歴史的分野）の分析を中心として」姫路大学人文学・人権教育研究所編『翰苑』第五号、海風社、二〇一六年）。

人権教育の課題を明らかにする（第1時）

第1時においては、各学校の人権教育の課題を共有し、全体で整理する作業を行っている。研修冒頭で、こうしたワークショップ的作業を行う点については、参加者が能動的に本研修を受講するうえで大きな意義がある。研修会場をスクール形式ではなく、「ロ」の字型として、受講者が発言する機会を確保する。こうした参加者全員によって研修を進行していく手法は、人権が合意形成を重要な方法論としていることを伝えることで、参加者のより主体的な参加が可能となるだろう。

さて、筆者が実践してきた本研修プログラムにおいて、第1時では以下のような課題が提示されてきた。

第一に地域差の課題である。同和教育に牽引されてきた日本の人権教育は西日本と東日本ではその実践に一定の差異が存在してきた。また、同地域の隣接する学校においても、人権教育の取り組み方に差異があることも課題のひとつとして取り上げられている。

第二に、世代間格差の課題である。同和教育に熱心に取り組んだ年代の教師とそれ以降の年代の教師が同じ職場で勤務している。同和教育で培われた教育実践をどのように若い世代の教師に引き継いでいくかが現場教師の実感する課題として挙げられた。

第三に、人権研修の課題である。道徳の教科化に伴い、道徳教育の研修の機会は多くなっているが、人権研修の機会は減ってきている。第二の課題とも関連して、定期的な研修の機会の確保が喫緊の課題として挙げられた。

第四に、「理論と実践の融合」の課題である。近世史研究の進展によって、「士農工商」的身分観は否定されているにもかかわらず、教育・啓発の場での浸透はいまだ課題があるとの意見が述べられた。これは何も社会科歴史教育だけの課題ではないだろう。様々な人権課題に対して、「理論と実践の融合」が課題となっている。

以上の課題をふまえ、本時では「理論と実践の融合」に焦点化すべく本章冒頭で示した教職大学院生へのアンケート結果から近世身分学習の課題を話し合う活動を行った。そして、なぜ教科書記述が変遷しているにもかかわらず、古い教科書に基づいた認識が多いのかについて話し合いを行った。この話し合いによって、近世身分学習の授業改善への意識を高めることができたと考えられる。

士農工商はホントなの？（第2時）

第2時においては、第1時での学修を基盤とし、中学校社会科歴史教科書の一九九〇年度版と二〇一六年度版の比較・検討を行った。まず、個人で検討する時間を確保し、その後にグループワークを行っている。そして、グループワークにて共有できた点を全体で話し合う活動を行っている。ここでは、「士農工商」的序列記事、「分裂支配」的記事、「三位一体」的記事が一九九〇年度版に記されており、「文化・社会を支える」記事、「社会外」的被差別民記事が二〇一六年度版に記されていることが共有できる。表12－2に、使用した一九九〇年度版中学校社会科歴史教科書（日本文教出版）と二〇一六年度版中学校社会科歴史教科書（日本文教出版）を示す。

表12－2　一九九〇・二〇一六年度版中学校社会科歴史教科書（日本文教出版）

一九九〇年度版中学校社会科歴史教科書	二〇一六年度版中学校社会科歴史教科書
身分制の社会 幕府は、武士の支配をいつまでも続けるため、秀吉が出した身分令をいっそうおしすすめ、①士と農工商という身分制を全国にゆきわたらせました。これによって武士は、農工商よりもきわだって高い身分とされました。農工商のなかでは、年貢を負担する農民を基本にし、職人・商人（町人）と区別しました。さらに、②農工商の下に「えた」「ひにん」などの身分が固定され、この人々は都市・村のはずれや荒れ地など、生活条件の悪いところに住まわせられるようになりました。「えた」身分の人々の多くは、わずかの田畑で農業に従事しましたが、死んだ牛馬の処理や皮革業、細工業・雑業などの仕事を行いました。③このような身分制は、原則として親	**江戸時代の身分制** 幕府は、武士と、百姓・町人という身分制を全国にゆきわたらせました。治安維持や行政・裁判を担う武士をきわだって高い身分とし、町人よりも、年貢を負担する百姓を重くみました。さらに百姓・町人のほかに、「えた」や「ひにん」などとよばれる身分がありました。④「えた」身分の人々の多くは、農業を営んで年貢を納めたり、死んだ牛馬の処理を担い、皮革業、細工物などの仕事に従事したりしました。また、「えた」や「ひにん」身分の人々のなかには、役人のもとで、犯罪人の逮捕や処刑などの役を果たす人、芸能に従事して活躍する人もいました。このように社会や文化を支えながらも、⑤これらの人々は百姓・町人からも疎外され、住む場所や、服装・交際な

子代々うけつがされ、農民や町人が、力をあわせて武士のきびしい支配に反抗しないようにするとともに、自分よりまだ下の者がいると思わせて、その不満をそらす役割をはたしたと考えられます。

どできびしい制限を受けました。こうした身分制は、武士の支配に都合よく利用され、その身分は親子代々受け継ぐものとされました。また、しだいに「家」が重んじられるようになりました。女性の地位は低くおさえられるようになり、特に武家では、子どもを産んで「家」をたやさないことが女性の役目とされました。

表12－2の傍線①が「士農工商」的序列記事、傍線②が「三位一体」的記事、傍線③が「分裂支配」的記事である。そして、傍線④には「文化・社会を支える」記事、傍線⑤には「社会外」的被差別民記事が見られる。こうした記述を受講者自らが発見し、討議していくことを通して、近世身分制研究の成果が教科書記述の変遷へと繋がっている点を捉えさせる。そして、とくに「士農工商」的序列記事に焦点化し、「士農工商」が日本社会において、どのような意味を有していたのかを時代を追いながら解説する。解説では、「士農工商」日本化の過程をプロジェクターや補助史料を活用し、「古代中国における認識」「中世日本における認識」「近世前期日本における認識」「近世後期日本における認識」の四段階から提示している。提示内容を表12－3に整理した。

表12－3　「士農工商」の日本化の過程

段階	史料名と記事	留意点
古代中国における認識	『春秋穀梁伝』 古は四民。士民あり、商民あり、農民あり、工民あり。 『管子』 士農工商の四民は石民なり。 『漢書』 士農工商、四民に業あり。学んで以て位に居るを士と	○社会を構成する人々を指すことをおさえる。 ○「石民」とは国を支える人々という意味で使用している。 ○士は何事かを成し遂げる人という意味で使用している。 ○古代中国において、「士農工商」は分業、あるいは、職能を基準として社会を構成する人々を示した。

	中世日本における認識	における認識
いう。	『神皇正統記』（北畠親房） およそ男夫は稼穡をつとめてをのれも食し人にあたへてもうへざらしめ。女子は紡績をこととしてみづからも衣人をもあたゝかならしむ。賤に似たれども人倫の大本なり。天の時にしたがひ地の利によれり。此外商沽の利を通ずるもあり。工巧のわざをこのむもあり。仕官に心ざすもあり。是を四民と云。仕官するにとりて文武の二道あり。坐して以て道を論ずるは文士の道なり。此道に明らかならば相とするにたへたり。征て功を立るは武人のわざなり。此わざに誉れあらば将とするにたれり。されば文武の二はしばらくも捨給ふべからず。 「侍能工商之事」（蓮如） 一、奉公・宮仕ヲシ、弓箭ヲ帯シテ主命ノタメニ身命ヲモオシマズ。 一、又耕作ニ身ヲマカセ、スキクワヲヒサゲテ、大地ヲホリウゴカシテ、身ニチカラヲイレテホリ、ツクリヲ本トシテ身命ヲツグ。 一、或ハ芸能ヲタシナミテ人ヲタラシ、狂言綺語ヲ本トシテ浮世ヲワタルタグヒノミナリ。 一、朝夕ハ商ニ心ヲカケ、或ハ難海ノ波ノ上ニウカビ、オソロシキ難破ニアヘル事ヲカヘリミズ。	『日葡辞書』 「士農工商」：サブライ・ノウニン・ダイク・アキビト 「四民」：四ツノ民。即ち士農工商。即ちサブライ・ノウニン・タクミ・アキウド 『翁問答』（中江藤樹）
	○「四民」が、「農」の意味を有する「稼穡」、「商」の意味を有する「商沽」、「工」の意味を有する「工巧」、「士」の意味する「仕官するにとりて文武の二道あり」にあることを捉えさせる。 ○「士」が侍となって、より下級の武士を包括した内容になっていることをおさえる。中世において、「士」は次第に武士の意味に収斂していった点を確認する。 ○蓮如の目からみた中世社会の社会的分業とそのもとの四民が表現されている。	○「士」が侍＝下級武士を表す語として定着したことを確認する。 ○「ダイク」「タクミ」が職人を代表する言葉として定着していることをおさえる。 ○「農工商」は庶人の位として、「農工商」の間には序列はなか

近世前期日本	近世後期日本における認識
士は卿大夫につきそいて政の諸役をつとむる、さぶらひのくらゐ也。物作を農といひ、しよくにんを工と云、あき人を商と云。この農工商の三はおしなべて庶人のくらゐなり	『斉家論』（石田梅岩） 士農工商をのをの職分異なれども、一理を会得するゆへ、士の道をいへば農工商に通ひ、農工商の道をいへば士に通ふ。分て士は政のたすけをなし、農工商の頭なれば、清潔にして正直なるべし。もし私欲あらば、其所は常闇なり。又農工商も家の主は家内の頭なり。もし私欲あらば家内が常闇となる。 『勧農教訓録』（林八右衛門） 夫、人ハ則天カ下ノ霊也ト、天照皇太神モ宣ク。然レハ、上御一人ヨリ下萬人ニ至ルマデ、人ハ人ニシテ人ト云字ニ別ツハナ加ルヘシ。最トモ貴賤上下ノ差別有リトイヘトモ、是、政道ノ道具ニシテ、天下ヲ平ラカニ成サシメンカ為ナルヘシ。士農工商夫々ノ家業有レハ、其業ヲ大切ニ守ルヘシ。
った点を確認する。「士」の高さを認めていることをおさえる。	○士農工商の同質・対等論を論じている。農工商の家の主である「士」の高さを強調している。士の高さを認めている。 ○身分は政道の道具であって、「人」に区別はない。「士農工商」はそれぞれの家業の表現であるとする。神の前では平等という、当時の平均論を述べている。

（引用・参考文献）

・朝尾直弘編『日本の近世』第七巻（中央公論社、一九九二年）。
・塙保己一編『群書類従』第三輯（平文社、一九三三年）、松尾一「蓮如教団における身分意識」（『久留米工業高等専門学校紀要』第一八巻第二号、久留米工業高等専門学校、二〇〇三年）。
・「斉家論」は中村幸彦編『日本の思想』第一八巻（筑摩書房、一九七一年）に拠った。「勧農教訓録」は、深谷克己「士農工商と近世身分制」（大橋幸泰・深谷克己編『〈江戸〉の人と身分6　身分論をひろげる』（吉川弘文館、二〇一一年）から引用した。

このように、本時では教科書記述の変遷を通して、「士農工商」の概念がどのように日本に定着したのかを明らかにした。

社会科教科書を比べて分かること（第3時）

本時のプログラムについては、すでに別稿にてその展開例や資料を示しているが(4)、さらに、目標などを明確にして述べていく。本時のねらいは「近世被差別民への差別について各教科書を比較し、差別が社会的にも政治的にも捉えられることを理解できる」「現在の歴史学研究では差別だけでなく身分も、社会と政治に双務的関係のなかで捉えられることを理解できる」としている。

まず、四人一組のグループを作成し、各グループに八枚のカードを配布する。このカードには各発行者の項目名を表面に、その被差別身分に関わる記述を裏面に記してある。このカードの共通点や相違点を話し合い、「えた」身分・「ひにん」身分の教科書記述は多様であることを捉えさせるとともに、その仕事（生業）についての記述が共通していることに気づかせる。そして、各地域における「えた」「ひにん」身分の職分は多様であったが、一定の共通性として、農業・斃牛馬処理・行刑役があったことをワークショップを通して確認していく。

次に、グループで八枚すべてのカードを使用して、「差別」に関する記述を抽出し、「えた」「ひにん」の人々への差別の主体について考える活動を行う。ここでは、各発行者の「差別」の記述を自由に議論させ、政治的要因を重要視している記述、社会的要因をふまえ政治的に利用されたとする記述の存在に気づかせる。また、どちらとも特定できない記述もあることを確認させる。そして、現在の歴史学研究では差別だけでなく身分においても、社会と政治の相互規定的関係のなかで捉えられることを示す。これは第4・5時へと繋がるものである。図12－1に、八枚のカードを一覧にする。

図12-1　学習カードの記述

（表　面）

百姓の暮らす村

差別された人々

（裏　面）

百姓・町人とは別に、えた・ひにんとよばれる身分もありました。これらの人々は農業のほかに、死んだ牛馬の処理や、皮革製品をつくったり、役目として罪人の世話などを担当し、社会を支えました。一方で、住む場所や服装を制限されるなど、さまざまな面できびしい差別を受けました。

近世の社会にも、中世と同じように、天変地異・死・犯罪など人間がはかりしれないことを「けがれ」としておそれる傾向があり、それにかかわった人々が差別されることがありました。もっとも、死にかかわっていても、医師・僧侶・処刑役に従事した武士などは差別されなかったので、差別は非合理的で、支配者につごうよく利用されたものであるといえます。差別された人々は、地域によってさまざまな呼び名や役割で存在していました。えたとよばれた人々は、農林漁業を営みながら、死牛馬からの皮革の製造、町や村の警備、草履や雪駄づくり、竹細工、医薬業、城や寺社の清掃のほか、犯罪者の捕縛や行刑役などに従事しました。ひにんとよばれた人々は、町や村の警備・芸能などに従事しました。これらの人々は、社会的に必要とされる仕事や役割・文化を担っていったのです。こうしたなかで、経済的に豊かになる人も現れましたが、江戸時代中期から幕府や藩が出す御触れなどによって、百姓や町人とは別の身分として位置づけられました。そのため、差別はさらに強化されました。

身分による差別

民衆のなかには、百姓・町人とは別に、えた・ひにんなどの身分とされた人々がいました。これらの人々は、幕府や藩の役人のもとで、犯罪者の取りしまりや処刑などの役目を担ったり、芸能にたずさわったりしました。えたの身分のなかには、農業を営んで年貢を納める者も多く、死んだ牛馬を処理する権利をもち、その皮革を加工する仕事や、履物づくりなどの仕事に従事する者もいました。

これらの人々は、社会や文化を支える役割を果たしていましたが、暮らしのうえではさまざまな差別を受けました。住む場所や服装、ほかの身分の人々との交際などを制限され、こうした差別は、幕府や藩の支配に都合よく利用されました。

厳しい身分による差別

百姓・町人とは別に、えた身分、ひにん身分などの人々がいました。えた身分は、農業を行って年貢を納めたほか、死んだ牛馬の解体や皮革業、雪駄作り、雑業などをして生活しました。また、犯罪者をとらえることや牢番などの役人の下働きも、役目として務めました。ひにん身分も、役人の下働きや芸能、雑業などで生活しました。

これらの身分の人々は、他の身分の人々から厳しく差別され、村の運営や祭りにも参加できませんでした。幕府や藩は、住む場所や職業を制限し、服装などの規制を行いました。これによって、これらの身分の人々に対する差別意識が強まりました。

身分による制限

江戸時代の身分制

「えた」「ひにん」とされた人びとは、農業を営んで年貢を納めたり、死んだ牛馬の処理・皮革業・草履づくり・竹細工・腑分け（解剖）などの仕事に従事したりした。また、これらの身分のなかには、役人のもとで、犯罪人の逮捕や処刑などの役を果たす者、芸能に従事する者がいた。これらの人びとは、社会に必要な仕事や文化をにないながらも、百姓・町人から差別され、住む場所や服装・交際などできびしい制限を受けた。このような差別政策は、「えた」「ひにん」とされた人びとへの差別意識を強めていった。

さらに百姓・町人のほかに、「えた」や「ひにん」などとよばれる身分がありました。「えた」身分の人々の多くは、農業を営んで年貢を納めたり、死んだ牛馬の処理を担い、皮革業、細工物などの仕事に従事したりしました。また、「えた」や「ひにん」身分の人々のなかには、役人のもとで、犯罪人の逮捕や処刑などの役を果たす人、芸能に従事して活躍する人もいました。このように社会や文化を支えながらも、これらの人々は百姓・町人からも疎外され、住む場所や、服装・交際などできびしい制限を受けました。
こうした身分制は、武士の支配に都合よく利用され、その身分は親子代々受け継ぐものとされました。

身分制度

身分による社会

これとは別に、えた・ひにんとよばれる身分が置かれた。これらの身分の人々は、農業のほかに、牛馬の死体処理、武具の皮革製品などの特殊な工芸に従事し、特定の地域に住むことが定められるなどきびしい差別を受けた。

「かわた（長吏）」「えた」とよばれた人びとは、農業や皮の加工などに従事し、死んだ牛馬の処理を役としました。「ひにん」は、村や町の番人・清掃などで他の身分と区別され、一段低く見られていました。

4　近世身分規定要因の研修内容とその方法

本節では、前節にて示したアクティブ・ラーニングによる研修をさらに深化させるため、本研修プログラムの後半内容を明らかにする。表12－4はその展開案である。

表12－4　本プログラム後半の研修案

時	学修活動・予想される反応	資料	学修上の留意点
規定する要因（社会）第4時	○村絵図を見て話し合う。 ・東側に田畑がたくさんある。 ・田畑には耕作者名がある。 ・村の中央に池がある。 ・家や道が記されている。 ・ひとつの共同体をなしている。 ○城下町絵図を見て話し合う。 ・お城の周囲には武家屋敷がある。 ・名前のある屋敷地と名前のない屋敷地がある。 ・魚屋町、呉服町などの町人たちが住んでいたと思われる地名がある。 ・町（チョウ）と呼ばれる団体に属して生活していたんだ。 ・武士も百姓や町人と同様に、いずれかの集団に属していなければいけなかったんだ。 ・これが「地縁的・職業的身分共同体」という意味なんだ。	① ②	○家族規模の集約的農業を営んでいることを理解させる。 ○用水は村の管理下にあり、肥料となる草木地も共有地であったことを説明する。 ○百姓は村を離れて一人では生活できない状況を理解させる。 ○町人は町（ちょう）と呼ばれる所に住んでおり、百姓に比べて自立性は高かった点をおさえる。 ○資本や信用は住んでいた町に依存しており、破産した際も町が責任を負っていた事実を説明する。 ○人別帳も町で作成されており、町人も百姓同様に町を離れて暮らすことができなかったことを理解させる。 ○支配階級の武士も百姓・町人同様に、政治行政や軍事の役務を行い、将軍家や大名家の家中に属さなければならなかった状況を説明し、家中・村中・町中の言葉の意味を伝える。

身分を	③	○町式目を読んで話し合う。 ・さまざまな職種が規制の対象になっている。 ・規制の職種に共通点はあるのだろうか。 ・武士が規制されているのはなぜだろう。 ・町の同意が必要だったんだ。 ・共同体の権力は大きいなあ。	○仕官の武士である武家奉公人や芸能関係者が町に入ってくることを禁止していることに気づかせる。 ○町の住人には職掌規制があり、騒音を発生するなど町の環境面に影響する職種、差別の対象とされた職種が規制されていたことを説明する。 ○朝尾直弘氏の「地縁的・職業的身分共同体」論について説明する。
身分を規定する要因（政治）第５時	④	○一九九〇年代の高校日本史教科書における「身分統制令」の記述を読んで話し合う。	○記述内容から、「身分統制令」が「士農工商」の身分制度の基礎を固めたとする理解がなされていたことを捉えさせる。
	⑤	○所謂「身分統制令」の史料を読んで話し合う。 ・第一条は武士が町人や百姓になることの禁止と読める。 ・第二条は百姓が町人になることの禁止と読める。 ・「奉公も仕らず、田畑も作らざる者」を否定したんだ。	○「奉公人、侍・中間・小者・あらしこ」の意味するところについて考えさせ、これらすべてが武家奉公人を示すことを説明する。 ○この法令が戦時法令であり、戦闘員と兵糧米作成者の確保を意図した法令であることを解説する。 ○牢人を否定する意図を解説する。
	⑥	○「人掃令」の史料を読んで話し合う。 ・村単位で帳簿を作成していたんだ。 ・名前のある者と名前のない者が記されている。何の意味があるのだろう。 ・夫役対象者である成人男子に関心があったんだ。それで名前が記されていたんだね。 ○近世身分を政治的・社会的側面から理解する。	○村単位で職能別に帳簿が作成されていた事実に気づかせる。 ○名前の有無から、夫役対象者である成人男子を職能別に把握することが主眼であった点を捉えさせる。 ○「人掃令」によって、役動員体制が構築された点をおさえる。 ○近世身分が「国役」によって編成された側面があることを捉えさせる。 ○現在、近世身分制研究において、近世身分が支配権力と社会動向の双務的・相互規定的として把握され得ることを解説する。

（資料名）
①「村絵図」（各地域に残存している絵図を使用することが望ましい）
②「城下町絵図」（各地域に残存している絵図を使用することが望ましい）
③「冷泉町町式目」「下本能寺前町町式目」（京都市歴史資料館所蔵）
④「新詳説日本史」（山川出版社、一九九四年）
⑤所謂「身分統制令」（浅野家文書『大日本古文書』）
⑥「人掃令」（吉川家文書『大日本古文書』）

（参考文献）
・朝尾直弘編『日本の近世』七（中央公論社、一九九二年）。
・朝尾直弘『朝尾直弘著作集』第七巻（岩波書店、二〇〇四年）。
・高木昭作『日本近世国家史の研究』（岩波書店、一九九〇年）。

身分を規定する要因〈社会〉（第4時）

本時のねらいはは朝尾直弘氏の「地縁的・職業的身分共同体」の概念を学修することにある。学修に際しては、近世の主要身分であった武士・百姓・町人を取り上げて、実態としての身分が家中・村中・町中と呼ばれた集団に属することを理解させる活動を行う。そして、京都の町式目を事例として、町人身分は第一義的に町中が決定した点を捉えさせたい。

それぞれの身分が集団や団体を通じて把握され得ることを理解するために、百姓の「村《ムラ》」と町人の「町《チョウ》」を具体的に理解させることが重要である。そこで、村絵図や城下町絵図を通して、百姓も町人も、「村」や「町」という「地縁的・職業的身分共同体」に規制されている状況を感得させていく。村絵図や城下町絵図は当該地域に残存している史料を使用するのがよりよいと思われる。具体例として、図12‐2と図12‐3を挙げておこう。

このような絵図を示すことで百姓と町人の生活空間を具体・実証化させていく。たとえば村絵図からは、田畑の水の確保が村の共同の池からひいてくることや、肥料となる草木が村の共有地であることが理解できる。百姓は家族規模の集約的農業を営んでいたことを捉えさせ、共同体で協力し生活を営んでいた点を理解させるようにする。

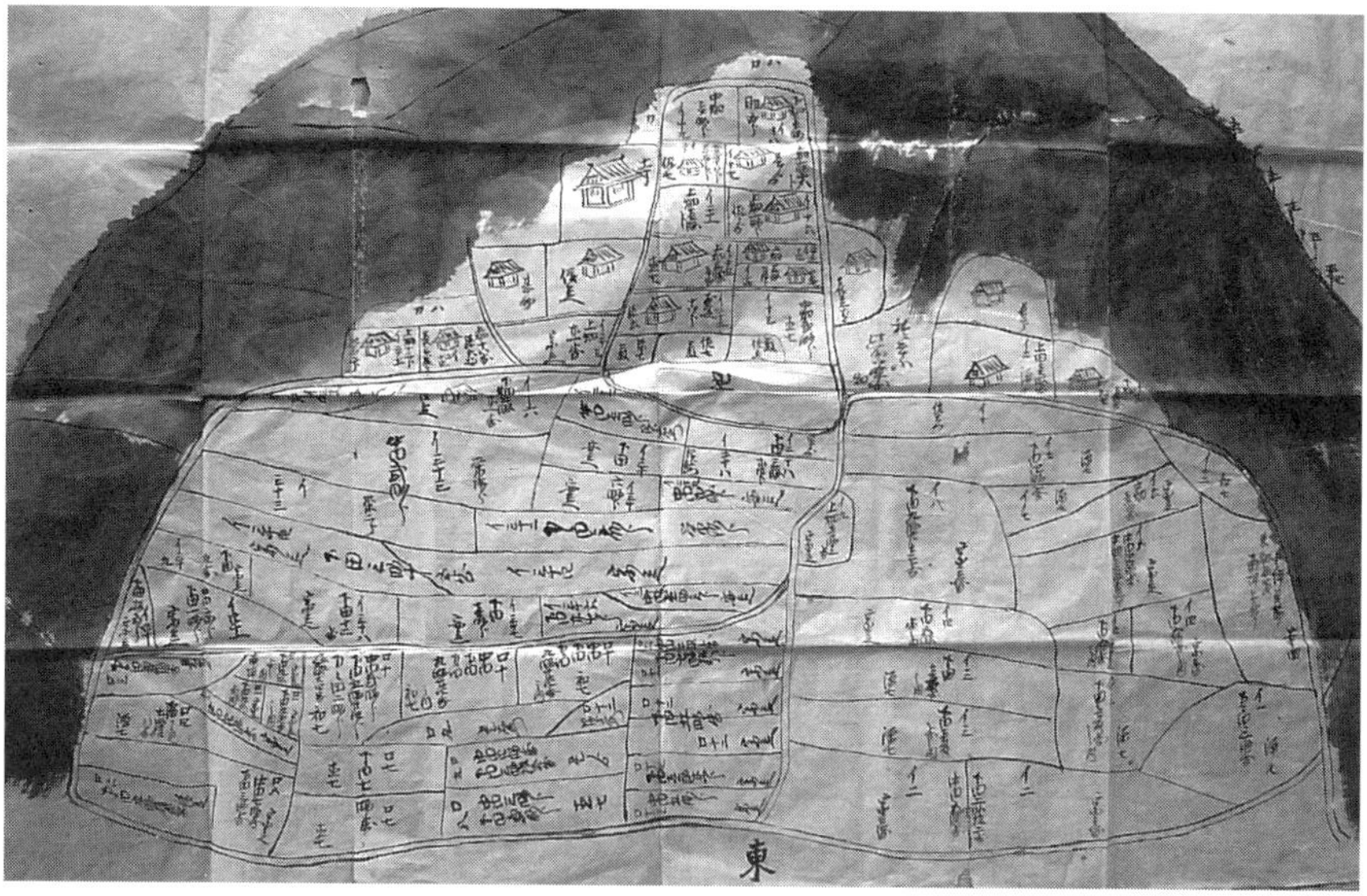

図12－2　村絵図（西誓寺所蔵文書）

城下町絵図からは、魚屋町や呉服町など、職分との関係深い地名に気づかせ、同じ通りの両側の地域が一つの「町」を形成するようになる両側町を事例として、人別帳が「町」で作成されていたことや資本や信用など「町」に依存していた事実を捉えさせるようにする。

そして、江戸時代初期の京都の町式目を史料として、家屋敷の売買貸借条項を抽出し、個人間の行為を「町」で制限している事実を捉えさせる。職種によって制限を設けている条項から、町人身分は第一義的に町中が決定した事例があることを把握させるようにする。本時では以下の冷泉町と下本能寺前町の町式目（抜粋）を取り上げている(5)。

ア　「冷泉町町式目」（抜粋）

家うりかい定之事

一、家うりかい御奉公人みちの物ゑうり申候は丶、三十貫文過銭たるへき事た丶すいけう人ゑ相かくるへき事

一、町人家うり申候は丶町衆として同心の上は家うりぬしより壱貫文出申へき事

イ　「下本能寺前町町式目」（抜粋）

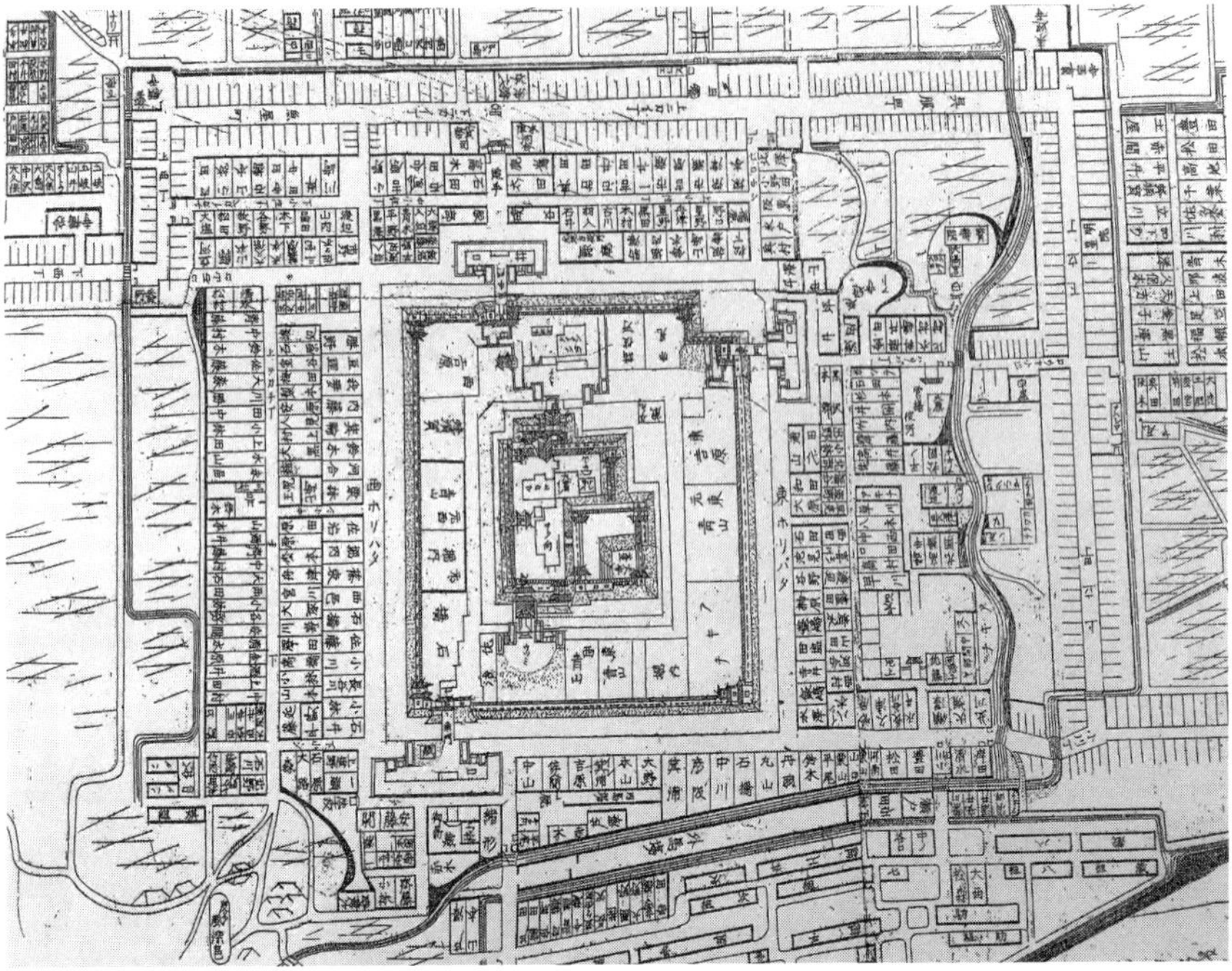

図12－3　城下町絵図（篠山市図書館所蔵文書）

一、座頭舞々、あをや、さるかく、算置、石切、やくわんや、うとん、こひき、あふらや、此衆に家之売買仕ましき事

こうした事実は家屋敷の売買が単なる個人間の取引ではなく、町内での権利義務に関わる内容であり、当時の政権が集団を支配の対象としたことにもよると考えられよう。以上によって、朝尾直弘氏の「地縁的・職業的身分共同体」の根幹部分の理解を促したい。

身分を規定する要因〈政治〉（第5時）

本時は高木昭作氏の「国役」論の概念を学修することにある。学修に際しては、まず一九九四年度版の高等学校日本史教科書の記述を導入とする。以下の記事である。(6)

一五九一（天正一九）年に身分統制令をだして農民が商人になることや、武士が町人・農民になることを禁止した。こうして江戸時代の士農工商の身分制度の基礎がかためられた。

従来この法令（天正一九年〈一五九一〉八月二一日付の秀吉朱印状）は、武士が百姓・町人に、百姓が町人になることを禁止したという意味で、武士・百姓・町人の身分の固定を意図したものと評価されてきた。しかしながら、高木昭作氏は法令中の「侍」という言葉が若党を指していることを示し、朝鮮侵攻期に、武士が奉公人を確保することを可能にするために出された時限立法であることを論証した。こうした研究背景を鑑み、いわゆる「身分統制令」の史料の第一条と第二条を実際に検討させる。以下に記す(7)。

一、奉公人、侍・中間・小者・あらしこに至るまて、去七月奥州へ御出勢より以後、新儀に町人・百姓に成候者於有之ハ、其町中・地下人として相改、一切をくへからす。若かくし置に付てハ、其一町・一在所可被加御成敗事

一、在々百姓等、田畠を打捨、或あきなひ或賃仕事に罷出輩有之者、其もの、事は不及中、地下中可為御成敗、幷奉公をも不仕、田畠もつくらさるもの、代官・給人としてかたく相改、をくへからず、若於無其沙汰者、給人過怠にハ其在所めしあけらるへし、為町人・百姓於隠置者、其一郷・同一町可為曲言事

まず、本史料の読解によって、第一条は武士が町人・百姓になることの禁止、第二条は百姓が町人になることの禁止と解釈できる点を共通認識する。次に、「奉公人、侍・中間・小者・あらしこ」の文言に注目させ、「侍」が武家奉公人であることを解説する。そして、一般的認識としての第一条と第二条の理解との矛盾点を捉えさせる。こうした理解を通して、朝鮮出兵を控えて、武家奉公人と兵糧米の確保を目的とした法令であることを理解させていく。さらに、「人掃令」の史料を通して、夫役対象者を職能別に掌握し、「国役」動員体制が構築された点を学修させていく。史料としては、以下の史料を想定している。

ウ　「人掃令[8]」

一、当関白様より、六十六国へ人掃の儀、仰せ出され候の事

一、家数、人数、男女、老若共ニ、一村切ニ書付けらるべき事

付、奉公人は奉公人、町人は町人、百姓は百姓、一所に書き出だすべき事

エ　「熊野村厳島社家内侍領人掃之事[9]」（抜粋）

家一軒　又衛門　並ニ女房、下女、男子、助次郎　合五人

オ　「厳島領家数人数付立之事[10]」（抜粋）

一、家数千間内　寺百ケ所・社家百ケ所

一、出家百人

一、社家百人

一、奉公人廿人内　五人唐渡・十五人留守居

一、職人廿人

一、町人千人

一、女何人

（後略）

史料ウ「人掃令」からは、一村ごとに家数・人数・男女・老若を区別し、帳簿作成が行われていることが分かる。奉公人・町人・百姓・職人・僧侶・神官などの身分にも注意が払われており、職分に応じた調査が行われていることが理解できる。また、史料エでは受講者に史料初読後の印象を述べてもらい、史料中の人物名の有無に気づかせる。そして、その理由について考えさせ、「人掃令」が夫役対象者を特定するねらいがあったことを捉えさせたい。史料オからは、実際に夫役徴発に耐えうる人数を明らかにしており、武家奉公人、職人、町人をはじめ、すでに夫

役として徴発され朝鮮に渡ることになっている者を記すなど、かなり実態に即した調査であったことをうかがわせる。こうした点を補足説明し、封建的な主従関係による支配原理とは異なる、国家による支配体系である「国役」が強力に編成された点を捉えさせていきたい。以上によって、政治的な身分編成が行われた点を認識させていく。

5　近世身分学習授業改善の課題

本章では、近世身分学習の授業改善を意図し、アクティブ・ラーニングによる教員研修プログラムを明らかにした。本章の内容を要約し、課題を述べたい。

本研修プログラムのアクティブ・ラーニングの主たる導入部分は第1～3時である。第1時では受講者の各学校における人権教育の課題を共有し、現在の学校教育における人権教育の課題を通して一般化していく作業を行う。ここでは受講者の主体的な研修プログラムへの参加を意図している。さらに、個々の課題を大切に扱いながら、近世史研究の進展による「士農工商」的身分観の変遷を取り上げていく。第2時においては、中学校社会科歴史教科書を取り上げて検討を行う。一九九〇年度版と二〇一六年度版の近世身分に関する記事を抽出し、両者の特徴を話し合う。一九九〇年度版では「士農工商」的序列記事、「分裂支配」的記事、「三位一体」的記事に特徴があり、二〇一六年度版では「文化・社会を支える」記事、「社会外」的被差別民記事にその特徴があることを捉えていく。そして、「士農工商」が日本社会において、どのような意味を有していたかを時代を追いながら学修していく。第3時では、グループディスカッションを中心として、現在、使用されている中学校社会科歴史教科書の比較検討を行う。とくに、「差別」に関する記事を抽出し、差別の政治的要因と社会的要因について検討する活動を行っている。

そして、第4・5時においては、アクティブ・ラーニングによる研修をさらに深化させるため、近世身分の規定要因を理解する学修を行う。身分規定要因を高木昭作氏の「国役」論による政治的要因と、朝尾直弘氏の「地縁的・職業的身分共同体」論による社会的要因から，史料を例示しながら解説していく。

以上，近世身分学習の授業改善を図るためのアクティブ・ラーニングによる教員研修プログラムの概要を述べてきた。受講者からは教育行政の研修にはない内容を評価する声が上がっているが[11]，実践化に結び付く子どもたちへの教材開発という視点から鑑みるならば，未だ不充分である。今後は，小学校段階ならびに中学校段階での近世身分を教授する学習プログラムの開発を教員研修のなかで共同開発を行っていきたい。そのためには次のような視点が必要であることを提起し，本章のまとめとしたい。

第一に，実態としての身分ではない近世人が意識した「士農工商」論を教材化することである。すでに「士農工商」論については，第Ⅱ部・第Ⅲ部において若干の考察を行ってきたが，堀新氏は一般社会を構成する人々である「士農工商」，その上に「琴棊書画を嗜む身」，下には殺生に携わって賤視される人々が位置づいていたとする[12]。同様に，大橋幸泰も「士農工商を間にはさんで頂点部分の対極が賤民であるから，近世日本の身分はおおまかに，頂点部分・士農工商（ただし実態ではない）・賤民，の三区分に理解できる[13]」と述べている。このように，「士農工商」は下級武士を含む，職能を中心概念として社会一般を表す言葉であった。こうした「士農工商」論を教材化することによって，「士農工商」のパラダイム転換を図ることである。

第二に，中世から近代への歴史的流れのなかで近世を捉える学習プログラムの視点を明確にすることである。藤沢靖介氏は，「従来は差別を身分制で説明するのが主流だったが，身分政策や身分ヒエラルキーで説明できるのだろうか。疑問です[14]」と述べており，のびしょうじ氏は「身分と（被差別民への）差別とは関連はあるが，淵源的にも現象としても別なものであることが漠然とであれ意識されてきたからである[15]」と述べている。こうした論調の背景には，各藩による「穢多」身分への統制や差別的規制が一七世紀後半以降であることから，部落差別の起源をこの時期に求めた，かつての研究への批判が存在していた。それはすでに中世から存在していた河原者・長吏・かわた・穢多などの被差別民への習俗的差別の問題が捨象されてしまうことへの批判でもあった。また，筆者は公儀からの扱いが百姓身分でありながらも，周辺地域から「穢多」身分として認識されている事例を検討し，近世身分が種姓的特質を有していることを明らかにした(16)。以上のような近世身分の研究状況をふまえると、身分と差別を切り離したうえで、中世から近代への間にある近世の差別を社会構造から捉える学習プログラムが必要であろう。

注

（1）「近世身分学習のアンケートおよび結果」（二〇一六年一〇月三〇日）。

（2）塚田孝『近世身分社会の捉え方——山川出版社高校日本史教科書を通して』（部落問題研究所、二〇一〇年）。

（3）拙稿「小学校社会科における近世身分制学習の課題——日本文教出版（六年上）の分析を中心として」（近大姫路大学人文学・人権教育研究所編『翰苑』第四号、海風社、二〇一五年）、同「小学校歴史学習『近世身分』の授業改善——『単位社会集団』を中心概念として」（『近大姫路大学教育学部紀要』第八号、近大姫路大学教育学部、二〇一五年）、同「中学校社会科「近世身分」学習改善の視点——日本文教出版（歴史的分野）の分析を中心として」（近大姫路大学人文学・人権教育研究所編『翰苑』第五号、海風社、二〇一六年）、同「『士農工商』的身分観の払拭をめざす社会科歴史授業開発——小単元『江戸時代の身分』を中心として」（姫路大学人文学・人権教育研究所編『翰苑』第六号、海風社、二〇一六年）。

（4）拙稿「二〇一六年度版中学校社会科教科書の比較と検討」（兵庫県人権教育研究協議会編『人権＊ファイル』兵庫県人権教育研究協議会、二〇一六年）。

（5）「冷泉町町式目」（京都市歴史資料館）、「下本能寺前町町式目」（京都市歴史資料館）。

（6）『新詳説日本史』（山川出版社、一九九四年）一五九頁。

（7）「浅野家文書」（東京大學史料編纂所編纂『大日本古文書』東京大学出版会、一九六八年）。

（8）「吉川家文書」（東京大學史料編纂所編纂『大日本古文書』東京大学出版会、一九七〇年）。

（9）『広島県史』古代中世資料編Ⅱ（広島県、一九七六年）一一六九頁。

（10）『広島県史』古代中世資料編Ⅲ（広島県、一九七八年）五九二～五九三頁。

（11）平成二八年度姫路大学人文学・人権教育研究所学術講座「学び・創る『人権教育』」において、「今回のように、最新の情報を得たり、科学的根拠に基づいた理論を勉強できる機会は少ないので、貴重な経験でした。」「「正しい知識」というものがどれだけ大事なことなのか、昔の自分の固定観念を子どもたちに押し付けていたのかが分かりました。」などのアンケート結果があった。

（12）堀新「『士農工商』と近世の頂点部分——『士』を中心に」（大橋幸泰・深谷克己編『〈江戸〉の人と身分6　身分論をひろげる』吉川弘文館、二〇一一年）一九六頁。

（13）大橋幸泰「シンポジウム『身分論をひろげる』の記録」（大橋幸泰・深谷克己編『〈江戸〉の人と身分6　身分論をひろげる』吉川弘文館、二〇一一年）二二三頁。

（14）斎藤洋一・大熊哲雄・藤沢靖介・門馬幸夫・石田貞・佐藤泰治・松浦利貞「地域史をふまえた全体像の形成を——部落史研究の現在」（『明日を拓く』一七・一八、東日本部落解放研究所、一九九七年）八六頁。

（15）のびしょうじ「地域被差別民史の研究構想——近年の部落史研究の動向と課題」（『部落解放研究』一一七号、部落解放・人権研究所、一九九七年）二七頁。

（16）拙稿「近世身分の種姓的特質——『火打村一件』を中心として」（『政治経済史学』五八九号、政治経済史学会、二〇一六年）一～三〇頁。

第十三章　教員の資質向上と研修
——校内研修「単元授業研究」を中心として——

1　校内研修の意義

変化の激しい社会に生きる子どもたちを、心豊かに育てることのできる優れた資質能力と実践的力量を有する教員が、今日、強く求められている。平成九年（一九九七）には、教育職員養成審議会第一次答申「新たな時代に向けた教員養成の改善方策について」が提出され、教員に求められる三つの資質能力が示された。(1) 平成一七年（二〇〇五）には、中央教育審議会より「新しい時代の義務教育を創造する」（答申）が提言され、優れた教員の条件として「教職に対する強い情熱」「教育の専門家としての確かな力量」「総合的な人間力」の要素が重要であるとされた。また、平成一八年（二〇〇六）に、同審議会より「今後の教員養成・免許制度の在り方について」（答申）が示され、「教職は、日々変化する子どもの教育に携わり、子どもの可能性を開く創造的な職業であり、このため、教員には、常に研究と修養に努め、専門性の向上を図ることが求められている。（中略）教員には、不断に最新の専門的知識や指導技術等を身に付けていくことが重要となっており、『学びの精神』がこれまで以上に強く求められている」ことが明示されている。

以上から鑑みて、教員に「研究と修養」、つまり「研修」の必然性を、法的根拠のみならず、(2) 教職の特質に基づいた社会からの要請によるものと認識する必要があるだろう。こうした状況のなか、近年、教員養成大学・大学教育学部を中心として様々なシンポジウムや質の高い研究討議が繰り返されてきている。それらは単に授業力を身につけるといった視角に収まることなく、学級経営をはじめとする全人格的な教師像、ひいては、教員の資質能力をその形成過程から検討したもの、国際的な展望から教師教育改革を提言したものもある(3)。

しかしながら、学校現場の側からの提言は、その多くが教科教育学内での検討に留まっており、教員の資質能力が人間的成長過程と教科教育をはじめとする専門的知識・指導技術の習得過程と幾重にも交差していくなかで、段階的・螺旋的に形成されていっていることを学校現場が周知のものとして理解しているにもかかわらず、その事実に着目した実証的な研究報告は少ない。

注目されるのは、教員の資質能力の向上を校内研修の充実という立場からアプローチした『中等教育資料』八五二の特集「教員の資質能力の向上－校内研修の充実－」である。本特集において、尾木和英氏はこれからの学校運営がこれまで経験しなかった事態に直面することを予測し、学校全体が学習する組織になることを提言した。そして、「すべての教職員が研修を通して、これまでの指導・対応に対して問いを発することができるようになる必要がある」と述べている(4)。つまり、教員は個人としての最新の専門的知識や指導技術を身につけるとともに、校内での教員間の学び合いや支え合いといった、協働する力を高めていくことが重要であり、校内研修はその重要な機会と捉えることができるのである。

そこで本章では、教員の資質能力の形成過程のなかで、最も大きな役割をもつと予想される校内研修を中心に、教員の人間的成長と教科教育研究が相互に連動していく単元授業研究の方法と成果、および課題について、兵庫県上郡町立山野里小学校の事例をもとに考察していきたい(5)。

2　単元授業研究の方法

単元授業研究とは、単元の学習計画を全授業にわたって公開授業とし、単元を通して一人の講師を招聘する授業研究をいう(6)。こうした単元すべてにわたる公開授業研究は、特定の教科教育の授業研究や民間教育団体の授業研究で行われてきた。そのほとんどは、授業名人と呼ばれる実践家の指導技術を一般化するためであったり、教科教育のある理論を広く伝えるためであったりしてきた[7]。つまり、模範授業としての研究である。しかし、ここで述べる単元授業研究とは、自己の授業を同じ職場の教職員に広く公開し、教科教育の指導力はもちろん、コミュニケーション能力等の人格的資質、教職員全体と同僚と協力していく対人関係能力といった総合的な人間力の育成を目指すものである。たとえば、『平成二〇年度（二〇〇八年度）山野里小学校研究紀要』（以下、『紀要』と表記）には次のように述べられている[8]。

「一単元研究で鍛える」

（前略）

一単元研究は、まず、指導者の素材研究から始まる。目の前の作品を一読者としてどう読むのか、素材としっかり向き合うことが必要である。次に、この素材に教材としての息を吹き込むのである。単元を通してどのような力をつけるのか、その力は次のどの単元につながり、一年間でどんな力に育てるのかを持つということ。その流れの中での本時であるということである。学級の子どもたちの実態をしっかり把握し、この教材でどのような力をつけていくのかを明らかにして教材研究の中に組み込んでいく。めざす姿と今ある子どもの姿とをしっかりとつかみ、新たにつけたい力・育てる学力をふまえた上で指導目標を立てる。そして最後は、授業展開の構想である。子どもたちを、いかに、意欲的に、わかるように、教え、味わわせ、鍛え、力を伸ばしていくかを自分の教室を想定しながら策を練る。学習課題・指導の流れ・発問計画・板書計画・評価の観点などから授業を構造化していくのである。この一連の研究を一単元を通して全時間公開し、互いに意見を交流しあうことによって、授業者としての子どもを見る確かな目と、授業に磨きをかける場を設定する。

本校では単元授業研究を「一単元研究」という言葉で置き換え、国語科を中心とした授業研究に取り組んでいる。

本校の単元授業研究の過程が「素材研究→単元作り→児童の実態把握→指導目標設定→授業展開構想」という流れのなかで、系統的に行われていることが理解できよう。この一連の研究を全授業時間公開とし、研修を進めていこうというのである。

以上からも、単元授業研究が単なる指導技術や授業力を視点とした授業研究でないことが明らかであるが、さらに本校では、国語科で、子どもたちに獲得させたいことばの力の明確化を図り、学年間の系統性を見通した単元研究を行っていることを示したい。本校では「子どもたちに獲得させたい『ことばの力』系統表」（以下、「系統表」と表記）を作成し、今、取り組んでいる授業が学校全体の目指す児童像のどの箇所にアプローチしているのかを教員自身が意識して授業ができるようにしている。

さらに、「書く」「読む」「話す・聞く」の各領域からの系統表を作成し、学年ごとの系統性に留意している。『紀要』では、次のように述べられている。(9)

指導者一人一人が学年の年間を見通す視野と観点を明確にもって授業するためには、各観点・各教科・各学年など、広い視野と多岐にわたる視点を持った上での綿密な計画と共通理解が必要になる。また、誰がどの学年を授業しても、基本を貫いている共通した指導の目を明確に持っているということが、日々育っていく子どもたちと向き合っていく私たちにとって必要なことである。

以上から、単元授業研究が指導技術・授業力の研究、および、学年単位の授業研究に終始するのでなく、学校全体のカリキュラムのなかに位置づいた体系的な授業研究であり、教員協働の校内研修の方法であることが理解できるだろう。

次に、具体的にどのように授業研究が進んでいくのかを明示したい。前述したように、単元授業研究の最大の特徴は全授業公開が原則で、全授業に講師を招聘することにある。たとえば、『紀要』に掲載されている単元授業研

表13－1　単元授業研究の状況

教員（経験年数）	担当学年	単元（指導時間）	校内授業公開	講師招聘授業研究	講　師
A教諭（1年）	2年	スイミー（全9時間）	9時間	9時間	退職校長
B教諭（3年）	5年	千年の釘にいどむ（全11時間）	11時間	11時間	指導主事
C教諭（9年）	6年	生き物はつながりの中に（全10時間）	10時間	3時間	退職校長
D教諭（12年）	3年	ありの行列（全10時間）	10時間	3時間	現職教員

（出典）『紀要』（上郡町立山野里小学校，2008年）。

究について、その状況を一覧表にしてみよう（表13－1）。

表から、全授業時間が公開授業とされ、管理職・同僚による授業研究、および、講師による授業研究がなされていることが分かるだろう(10)。さらに、本格的に単元授業研究が始まった二〇〇七年度から二〇〇八年度前半について調べてみると、単元授業研究は一一回開催されており、一年半の期間に非常に密度の濃い授業研究が日常的に行われていることが理解できる。講師については、教育委員会指導主事二名、退職校長八名、現職教員一名の講師を招聘している。全授業公開の原則で、そのすべてに講師招聘を行うため、指導主事、研究者、および、現職教員よりも、退職校長に頼らざるを得ない状況であると言えよう。講師は教員の経験年数に相関関係は見られないが、教育委員会指導主事が講師として招聘された授業研究の授業者はいずれも教職経験年数が三年未満の教員である。つまり、教員としての基礎作りの時期を地域の教育委員会による指導を得ようとしていると理解できるであろう。しかしながら、本校研修担当によると「講師については授業者の意向を大切にしながら講師を選定している」と述べており(11)、授業者、研修担当および管理職の協議のもとで講師が決定していると考えることができる。

さらに、単元授業研究の特徴は、毎時間、講師による指導助言が得られることはもちろんであるが、全教員参加の授業研究日を設けることで意見交換を行い、子どもたちの成長、および教員の成長を確認できることにある。そうすることで、日常の授業研究の総括的な討議ができることはもちろん、開放的で協働的な学校運営が期待できるのである。以上が、単元授業研究の方法の概略である。

3　単元授業研究の実際

本節では単元授業研究の実際について具体的に述べていきたい。単元授業研究の過程は、前述したように「素材研究→単元作り→児童の実態把握→指導目標設定→授業展開構想」といった流れによる。もちろん、これらは授業者が進めていくわけであるが、授業者の考えが初めて明らかにされるのは「授業展開構想」の段階である。これは、毎時間の授業構想を授業案といった形で明らかにされる。

授業案は、一般的に指導略案と呼ばれるもので、一般的な学習指導案の単元設定理由および学習計画が除かれたものである。山野里小学校ではこの授業案は授業者に任せられており、「①本時の目標、②期待するまとめと考え、③主な発問指示、④板書計画」、「①本時の目標、②展開、③主な発問、④板書」などの項目設定がなされている。共通するのは、「本時の目標」「発問」「板書」といった内容である。大きな特徴は、「板書」が授業案に記されていることである。これは、国語科授業研究において板書の役割が大きいことにより、重要視したためであると考えられる。また、これらの授業案に独自に解説を加筆している場合もあり、基本的な点以外は授業者の自主性に任せられていると言えよう。

次に、こうした授業公開によって、教科教育研究と教員の人間的成長がどのように連動していったのかを具体的に検討していきたい。授業公開後には意見交換や研修会がなされるのが一般的である。基本的には、授業の空き時間や放課後を活用して、講師からの助言や同僚からの意見交換を行う。そうした助言や意見交換によって得られた成果や課題を次の授業に生かしていくのである。授業者によっては、文章化することで、学びを振り返られる形に残していこうとする場合もある。(12)こうした継続的な学びの積み重ねによって、教科教育研究はもちろん、教員の人間的な成長がみられていくのである。

では、こうした教員の資質能力がどのように向上していったのかを、E教諭（教職経験三年）が平成一九年一一月八〜三〇日にかけて行った国語科授業「わらぐつの中の神様」をもとに検討してみたい。E教諭の学習計画は以下の通りである。

資料1「わらぐつの中の神様」学習計画

第一次　全文を読み、初発の感想をもとに課題作りをする。（4時間）
第1時　全文を読み通して、難語句を確認し、場面ごとの内容を整理する。
第2時　人物の考え方や生き方について初発の感想を書く。
第3・4時　感想を読み合い、課題を作りながら学習の見通しを持つ。
第二次　場面ごとに登場人物の考え方や生き方を考える。（6時間）
第1時　おばあちゃんとマサエのわらぐつに対する見方の違いを考える。
第2時　おみつさんにとって雪下駄はどんな存在だったのかを考える。
第3時　おみつさんの作ったわらぐつから、おみつさんの人柄を考える。
第4時　わらぐつの評判が悪いときと、大工さんがわらぐつを買ってくれたときのおみつさんの心情の変化を考える。
第5時　おみつさんと大工さんの心の通い合いを考える。
第6時　マサエの心を変えたものについて考える。
第三次　わらぐつの中の神様に込められたメッセージを考える。（1時間）
第1時　作品の主題について考える。

E教諭は、授業公開ごとに講師からの助言・同僚の意見交換によって得られた成果や課題を「単元研究レポート」として提出している。表13－2は、E教諭の各授業時間における目標と授業後の意見交換や助言によって得られた学びを「単元研究レポート」から抽出したものである（傍線は筆者による）。

表13－2　単元授業研究による授業者の変容(13)

学習計画	本時の目標 期待する発言	「単元研究レポート」の記事
第一次 第1時	漢字の読みがなやあらすじを捉えながら聞き、各場面の内容を整理することができる。	○今の私の授業は、上辺だけで進めようとしているだけで、中身がない。授業を創り上げる過程よりも、いかに予定通りに授業を終わらせるかという結果に重きを置いていた。そのことに今日気づいた。私の一番の課題は、自分自身と真正面から向き合うこと。まさに自己分析。口では上辺だけの理想論を並べていて、では一体自分がしていることは？と問われると、目を覆いたくなる現状。 ○子どもたちが自分を偽ることなく、今を本気でがんばる力をつけたい。子どもの本気の姿とは、自分で考えているとき、自分で判断しているとき、自分の頭と心を一生懸命につかって目の前の課題に向き合っているときだと思う。
第一次 第2時	登場人物の生き方や考え方、行動にふれる感想をもつことができる。	○反省会では自分の甘さを痛感した。今日の授業で子どもたちが一生懸命に考えていたことに満足していた自分の甘さ。私がめざす授業は自分を偽ることなく、自分の頭と心を一生懸命に使って、目の前にある課題に本気で向き合う授業。今日の授業は、子どもたちが考えていたのではなく、私に考えさせられていたということ。自分と向き合って自分なりの感想を持たせることを目標にしておきながら、子どもの思考を限定していたということ、子どもの自由な発想や伸びる芽をつんでしまったということ。
第一次 第3時 第4時	意見交流の中で、自分の考えを深め、これからみんなで考えていきたい課題を持つことができる。	○まだまだ満足できる授業とはいえない。その原因は、①私の言葉や表情が淡々としているところ。声の強弱・抑揚・思考を広げたり縮めたり。②グッと考えるところと作業するところのメリハリがないこと。③授業計画の段階から時間的に無理があったということ。 ○教師の仕事は、チャンスを見逃さないということ。子どもの視点にたって、子どもの思考を追いながら、失敗や成功のもととなるチャンス（拾えるもの・つまづかせるもの・からめるもの・深められるもの）を見つける目を持ちたい。

第二次 第1時	第二次 第2時	第二次 第3時
見かけで判断し決め付けるマサエは自分たちと同じようだ。おばあちゃんは大切なのは見かけでなく、中身ということを伝えたかった。	雪げたがおみつさんに話しかけているように思われるほど、ほしくてほしくてたまらないおみつさん	おみつさんは使う人の身になってわらぐつを作る。いかにも不恰好で、だんだん不安を募らせ市に向かう。
○満足できないが、落ち着いてのぞむことが出来た授業。本時の授業をするにあたっての私の目標は、①ヒントを出しすぎたり、誘導しないこと。②チャンスを見逃さない目。③子ども同士の意見のつながりや対立で討論させること。④テンポの良い授業で動と静を作ること。 ○教師の立ち位置や目線に悩んでいる。子どもの意見を子どもの目を見てじっと聞いていると、子どもは私の方だけを見て話してしまう。板書のタイミングも逃してしまう。 ○自分の考えが持ちにくい子どもが生き生きと学ぼうとする姿が見られる授業をしたい。	○じっくり考えるところとそうでないところのメリハリのない授業。本時の授業をするにあたっての私の目標は、①子ども同士の意見をつなげること。②討論の軸を明確にして、意見の交通整理をすること。③導入から展開への流れをスムーズに行い、テンポのよい授業をする。 ○子どもたちがひとつひとつの言葉にこだわり始めてきたので、授業をしていて楽しいと感じる瞬間が出てきた。一時間で予定していたところまで到達できない。予定していたところまで授業を進めるためには、教師の発言を精選しおさえておかねばならないところと、さっと流してもよいところの見極めを事前にしておく必要がある。	○本時の目標と反省 （子ども）①自分の考えと友だちの考えを比べながら聞いて、友だちに質問したり、自分の考えを根拠をもって答えることができる。②友だちの考えを聞く中で、授業の最初よりも自分の考えを深めることができる。③全員発表。 （教　師）①子どもたちが発言しているときに途中で口を挟まない。②発問は明確にゆっくりと。③チャンスを見逃さない目、子どもの思考に寄り添う目、何を考えさせるのかを見極める目を持つ。 ○言葉にこだわる子どもが増えてきたが、すばらしい子どもの発言を私が見過ごしてしまっている。 ○切り返しと意見の交通整理との区別ができていなかったため、無駄な時間が多くテンポが悪くなってしまった。

第二次 第4時	第二次 第5時	第三次 第1時
大工さんはおみつさんの作ったわらぐつのいい仕事を見抜き、おみつさんにひかれはじめる。大工さんの考えを聞く中で、大工さんへの尊敬の気持ちを強める。	マサエの心を変えたのはおばあちゃんの話であり、マサエは物事を外見でなく、本質を大切にしようとする。	杉さんが伝えたかったことは「物事を外見で判断するのではなく、中身や本質を大切にする」ということである。人のために頑張る心や人の幸せを願う心に価値があり、人間としての尊い生き方がある。
○本時の目標　①子どもの発言の交通整理、②いかに子どもを困らせるか ○ひとつを意識すると他のことがおろそかになってしまう。授業の中で何が一番大切なのか、核になるものを常に意識して、遠回りしながらもそこに向かっていきたい。 ○発問に対する子どもの意見がふたつに分かれていたため、意見の対立があり、授業をしていて楽しかった。教室は子どもたちの社会。ここで創り上げる社会は将来子どもたちが作る社会と思う。子ども同士のつながりを大切にすることは、子どもたちが社会に出たときに人の心を思いやり、人を大事にし、人のために力を尽くせる人を育てるということである。子どもたちの将来を見据え、子どもたちの心を育てていきたい。	○時間内に終わることはできなかったが、目標に向かって一人一人が本気で考えることができた。今日はこの授業で何をおさえたいのかを自分なりに持てていたため、じっくりと子どもを見ながら授業に臨めた。 ○書く作業は大切だと思った。書くということは、自分と向き合うということである。書くことで発表の材料もできるし、友だちの意見と比べながら聞くこともできる。 ○評価を常に念頭に置き授業に臨んだ。授業中の刻々の評価と授業終了ラスト5分の評価はこれからも必ず行うようにしたい。	○私が一単元研究を希望した理由は「自分と本気で向き合って、自分の核になるものを創り上げること」でした。授業後の反省会では、毎回、自分の弱さや甘さを痛感していました。情けなく、悔しい思いもしていましたが、そのたびに「自分が本気になることの大切さ」を感じていました。 ○いつも、子どもの思考に寄り添って、子どもと共に学びあい、感じ合える教師になりたいです。そして、いつも子どもが誠実に一生懸命に頑張る姿を追い求めたいです。 ○一単元が終わった今こそ、自分の本当の力がためされるときだと思います。大切なことを教えてくださった多くの先生方への感謝の気持ちを、これからの自分の頑張る力にかえて、子どもたちに返していきたいです。

第一次において、授業者であるE教諭の「今の私の授業は、上辺だけで進めようとしているだけで、中身がない」「反省会では自分の甘さを痛感した」「満足できる授業とはいえない」という言葉からも分かるように、自分自身の授業と真摯に向き合い、単元授業研究がスタートしたことが理解できる。そして、「子どもたちが自分を偽ることなく、今を本気でがんばる力をつけたい」「私がめざす授業は自分を偽ることなく、自分の頭と心を一生懸命に使って、目の前にある課題に本気で向き合う授業」とあるように、単元授業研究において、自分の目指すべき教師像を思い描いている。また、第3・4時において、講師の助言、同僚との意見交換から、課題分析や課題克服のためのキーワードが記されていることに着目したい。これらは、今後の授業研究の指標ともなっている。

第二次においては、大きな変容が徐々に進行しているのが理解できる。まず、第1時より、自分自身の授業に臨む目標が箇条書きに設定されている。たとえば第1時では、「①ヒントを出しすぎたり、誘導しないこと。②チャンスを見逃さない目。③子ども同士の意見のつながりや対立で討論させること。④テンポの良い授業で動と静を作ること」と記され、授業者の課題を授業案とともに提出し、自己の授業改善に取り組んでいるのである。こうした姿勢は第二次にも通底している。課題の内容は指導技術や授業力の域を出てはいないものの、第2時「授業をしていて楽しいと感じる瞬間が出てきた」、第4時「意見の対立があり、授業をしていて楽しかった」の感想より、授業改善によって、明らかに子どもの成長と教師の成長があることが推察できよう。

注目されるのは、第4時「教室は子どもたちの社会。ここで創り上げる社会は将来子どもたちが作る社会と思う。子ども同士の繋がりを大切にすることは、子どもたちが社会に出たときに人の心を思いやり、人を大事にし、人のために力を尽くせる人を育てるということである。子どもたちの将来を見据え、子どもたちの心を育てていきたい」の記事である。ここには、指導技術や授業力の視点を越えた教師としての使命感、人間の成長・発達についての深い理解、および、人間的成長が感じられる。こうした人間的成長が授業研究のどの場面で培われたものか、「単元研究レポート」からだけでは明らかにできないが、間違いなく教科教育の単元授業研究に取り組むことを通して、コミュニケーション能力などの人格的資質、教職員全体と同僚として協力していく力が身につき、総合的な人間力に成長していったものと考えられよう。

第三次では、E教諭は単元授業研究を振り返りながら、「一単元研究を希望した理由は『自分と本気で向き合って、自分の核になるものを創り上げること』でした。（中略）毎回、自分の弱さや甘さを痛感していました。（中略）そのたびに『自分が本気になることの大切さ』を感じていました」と述べている。この単元授業研究によって、教師としての基盤となる実践的力量ができたことは間違いないだろう。そして、「子どもの思考に寄り添って、子どもと共に学びあい、感じ合える教師になりたい」「今こそ、自分の本当の力がためされるときだ」と締め括り、単元授業研究に携わった多くの先生方に感謝の意を示しているのである。

このように、単元授業研究を通して、授業者は教科教育研究と連動し、教師の仕事に対する使命感や誇り、子どもに対する愛情や責任感といった教職に直接に関わる側面、コミュニケーション能力などの人格的資質や教職員全体と同僚として協力していく人間的な成長に関わる側面が向上していったのである。

4　単元授業研究の有効性

以上、単元授業研究の方法と成果について述べてきた。最後に、本授業研究の有効性と課題について論じておきたい。前述したように、平成一七年（二〇〇五）、中央教育審議会は「新しい時代の義務教育を創造する」（答申）において、優れた教員の条件として、(1)「教職に対する強い情熱」、(2)「教育の専門家としての確かな力量」、(3)「総合的な人間力」の三点が示された。これらの条件はさらに細かく示され、(1)については「教師の仕事に対する使命感や誇り、子どもに対する愛情や責任感」、(2)については「子ども理解力、児童・生徒指導力、集団指導の力、学級づくりの力、学習指導・授業づくりの力、教材解釈の力」、(3)については「豊かな人間性や社会性、常識と教養、礼儀作法をはじめ対人関係能力、コミュニケーション能力などの人格的資質、教職員全体と同僚として協力していくこと」の例示がされている。以上の観点から、単元授業研究の有効性を検証してみたい。

まず、(1)についてであるが、前節にて検討してきたように、表13‐2の第二次第4時の記事「子ども同士のつながりを大切にすることは、子どもたちが社会に出たときに人の心を思いやり、人を大事にし、人のために力を尽くせる人を育てるということである。子どもたちの将来を見据え、子どもたちの心を育てていきたい」には、教師の仕事に対する使命感や誇りをはじめとする「教職に対する深い愛情」を感じ取ることができる。これはE教諭の感性の鋭さはもちろんであるが、単元すべての公開授業研究であるがゆえに、助言や意見交換を繰り返していくうちに、教職の特殊性、つまり、仕事への勤勉性や子どもへの模範性、高い職業倫理に言及しないではおけない状況が生まれるものと推察できる。

次に、(2)「集団指導の力、学級づくりの力、学習指導・授業づくりの力、教材解釈の力」は、単元授業研究が最もアプローチしやすい点である。たとえば、表13‐2の第二次第3時の記事には「①自分の考えと友だちの考えを比べながら聞いて、友だちに質問したり、自分の考えを根拠をもって答えることができる。②友だちの考えを聞く中で、授業の最初よりも自分の考えを深めることができる。③全員発表」「①子どもたちが発言しているときに途中で口を挟まない。②発問は明確にゆっくりと。③チャンスを見逃さない目、子どもの思考に寄り添う目、何を考えさせるのかを見極める目を持つ」といった子どもと教師の双方の目標が示されている。こうした目標設定が単元授業研究を通して行われ、教師と子どもの成長が連動する。教師の成長が子どもの成長を促し、子どもの成長が教師の成長を促すという相互作用が本授業研究に存在すると考えられよう。

そして、(3)については前節にて検討したように、コミュニケーション能力などの人格的資質、教職員全体と同僚として協力していく力が身についていることは明らかである。教員を取り巻く社会状況が急速に変化し、学校教育が抱える課題も複雑・多様化する現在において、同僚である教職員と協働していくことは必須になってきている。単元授業研究が同僚との良い関係を築き上げるために重要な役割を果たすことが求められよう。

このように、本授業研究を通して、授業者は教科教育研究と連動し、教師の仕事に対する使命感や誇り、子どもに対する愛情や責任感といった教職に直接に関わる側面、コミュニケーション能力などの人格的資質や教職員全体と同僚として協力していく人間的な成長に関わる側面が向上していったわけであるが、これらの要因は毎日の講師との質問・助言を通しての学び、それを背面からサポートしつづけた職員集団の存在があったからこそである。とくに、職員集団が協働の立場で共同研究を行ったことは大きいと言えるだろう。

最後に、課題を敷衍しておきたい。まず、本授業研究には多大な労力と時間が必要なことである。これまでに述べてきたように、毎授業時間に授業案を提出しなければならない。また、空き時間や放課後の時間を利用して、研修会を開くことになる。教員の多忙化が言われている今日であるが、さらに多くの時間を研修時間として割くことになる。次に、指導力ある講師の必要性である。本授業研究の性質上、毎日のように授業研究が行われ、授業者への助言を与えていかねばならない。同僚が授業公開に参加できる時間は限られており、しかも一単位時間すべてを参観できるわけではない。つまり、実質的な助言や意見交換は講師の役割が大きくなる。対象教科内容に精通していることはもちろん、教職の意義について論じることのできる講師が必要である。最後に、人権を視角として考えるならば、学校としての本授業研究に対する共通認識の必要性である。本授業研究は、授業者が多大な労力や時間が必要なうえに、毎日のように授業公開がなされるという精神的負担を負わねばならない。授業者を同じ職場の一員として尊重・敬愛し、学校全体が互いに研修を深めることができる学びの組織にならないと成功しない。授業者への深い理解、家族のような愛情があってこそ、授業者を含めた教員全体の資質向上に繋がることを指摘しておきたい。

注

（1）第一は、いつの時代にも求められる資質能力として、教育者としての使命感、人間の成長・発達についての深い理解、幼児・児童・生徒に対する教育的愛情、教科等に関する専門的知識、広く豊かな教養、これらを基盤とした実践的指導力といった側面である。第二は、今後とくに求められる資質能力として、地球的視野に立って行動するための資質能力、変化の時代を生きる社会人に求められる資質能力、教員の職務から必然的に求められる資質能力が挙げられる。第三には、得意分野を持つ個性豊かな教員の必要性についてとなっている。

（2）教育基本法第九条に「法律に定める学校の教員は、自己の崇高な使命を深く自覚し、絶えず研究と修養に励み、その職責の遂行に努めなければならない」とあり、教育公務員特例法第二一条に「教育公務員は、その職責を遂行するために、絶えず研究と修養に努めなければならない」とある。

（3）「教員となるために学級経営・生活指導の資質形成にどう取り組むか」東京学芸大学：教育実習に関するシンポジウム、一九八五年六月二六日（於：東京学芸大学教育実習研究指導センター）、「二一世紀のための教師教育改革の国際的展望」鳴門教育大学：教員の資質の向上と学校教育の改善に関する国際シンポジウム、一九九六年七月一五～一八日（於：鳴門教育大学学校教育研究センター）、「教員の養成・採用・研修の在り方をめぐって」兵庫教育大学：教員の資質向上に関するシンポジウム、一九九八年一一月八日（於：兵庫教育大学）、「教員の資質向上と『教職大学院』」第三回大学改革シンポジウム、二〇〇六年一一月二九日（於：学術総合センター一橋記念講堂）など多くの取り組みがある。

（4）尾木和英「教員協働の力を高める校内研修の充実」（『中等教育資料』八五二、文部科学省、二〇〇七年）二五頁。

（5）兵庫県上郡町立山野里小学校はかつて筆者が勤務した学校であり、筆者も本研究方法で研修に取り組んだ。資料などは筆者が在籍した当時の資料、および、平成二〇年度研究会資料を活用した。

（6）ここでの「単元授業研究」とは、戦後のいわゆる「単元学習」を意味するのではなく、一連の学習活動を通じて、学習者が獲得する知識内容や経験の有機的なまとまり、学習内容のまとまりとして、規定しておきたい。

（7）『実践国語研究』一三九（全国国語教育実践研究会、一九九四年）に「ごんぎつね」の全授業記録が掲載されている。同書には他にも文学教材をはじめ、説明文の全授業記録が特集されている。また、文芸研においても、文学教材の全授業展開が示されている。たとえば、山中吾郎『「やまなし」の授業』（明治図書、二〇〇三年）がある。

（8）『紀要』（上郡町立山野里小学校、二〇〇八年）六頁。研究テーマは「確かな読解力と伝え合う力の育成」としている。

（9）同右、六頁。

（10）講師の都合上、講師招聘時間数に差があるが、講師招聘時間数が少ない授業者については、講師宅への訪問、メールでの情報交換など、連絡を密にする工夫がなされていたという（二〇〇九年一月一七日、研修担当である竹位ひとみ氏へのインタビューによる）。本章作成に際し、多大なご協力を賜った。深甚なる学恩に感謝したい。

（11）二〇〇八年一二月一二日に研修担当である竹位ひとみ氏にインタビューを行った。また、「講師の必要性を痛切に感じている」とも述べている。

（12）表13－1のB教諭は「単元研究レポート」という形で学びの足跡を作り、今後の授業研究に役立つように全職員に配布している。

（13）『単元研究レポート』の記事」は、固有名詞は割愛し、焦点化しやすくするために、その一部を箇条書きに改めた。なお、第二次第6時のレポートは作成されていない。

第十四章　教員相互の協働する力を高める問題解決型研修

1　問題解決型研修の有効性

前章では、尾木和英氏の提言を受け[1]、教員の人間的成長と教科教育研究が相互に連動していく校内研修「単元授業研究」の方法と成果、および有効性について論じた。平成一七年（二〇〇五）、中央教育審議会は「新しい時代の義務教育を創造する」（答申）において、優れた教員の条件として、(1)「教職に対する強い情熱」、(2)「教育の専門家としての確かな力量」、(3)「総合的な人間力」の三点が示されたが、「単元授業研究」による研修は、(1)「教職に対する強い情熱」においては、単元すべての公開授業研究であるがゆえに、助言や意見交換を繰り返していくうちに、教職の特殊性、つまり、仕事への勤勉性や子どもへの模範性、高い職業倫理に言及しないではおけない状況が生まれること、(2)「教育の専門家としての確かな力量」については、集団指導の力、学級づくりの力、学習指導・授業づくりの力、教材解釈の力にアプローチすることで、教員の成長が子どもの成長を促し、子どもの成長が教員の成長を促すという相互作用が本授業研究に存在するということ、(3)「総合的な人間力」については、コミュニケーション能力などの人格的資質、教員全体と同僚として協力していく力が身についていくことを検証した。

このように、教員の資質向上に大きな成果が得られた「単元授業研究」であるが、尾木氏が述べる学校が学習する主体となり「すべての教職員が研修を通して、これまでの指導・対応に対して問いを発することができるようになる」研修という点からは決して充分ではない。そこで本章では、長崎栄三氏によって示された算数教育に取り組む四段階「算数の授業を始める」「算数の授業をちょっと変えてみる」「目標を明確にして授業に取り組む」「数学教育学の構成を意識する」を校内研修の基本的過程とし[2]、向山洋一氏によって示された「法則化クローズドアップメソッド（以下、「メソッド」と表記）[3]」を授業研究方法として援用した教員が主体的に研修する問題解決型研修の有効性について、兵庫県上郡町立高田小学校の事例に学びながら論じていきたい[4]。

2　問題解決型研修の方法

高田小学校では、研究主題を「分かる楽しい算数授業の創造」とし、「分かる」とは「基礎的な知識・技能を習得する」ということ、「楽しい」とは「それらを活用して、考え判断し表現することが楽しい、さまざまな問題を解決することが楽しい」ということと捉え、「分かる・楽しい」学習活動を積み重ねることによって、算数科の学力の向上はもちろん、「生きる力」の育成を目指そうとしている。こうした主題設定のもと、以下の五点の研修方法を基本として研修を推進している[5]。

ア．研究主題の共通理解を図りながら、授業研究を研修の中核として進める。
イ．授業研究においては、「教科書の基本型を授業研究する段階」「題材・発問・授業様式などに工夫を加える段階」「目標を明確にして授業改善を図る段階」に分け、系統的な授業研究を進める。
ウ．授業研究で明らかになった成果と問題点を授業実践に生かし、日常化を図る。
エ．授業研究で明確になった第3段階の目標を研修主題の副題として付し次年度へと引き継ぐ。
オ．学年部会を組織し、授業の検討、授業研究の授業記録、事後研究会の記録を行う。

これらのうち、注目されるのはイの記事である。本記事から系統的な授業研究を進めようとしていることが理解できる。イの記事の理論的背景は前述した長崎氏によって示された算数教育に取り組む四段階である。その考えの

表14－1　研究段階を意識した授業研究年間計画

研究段階	月日	内　容
教科書の基本型を授業研究する段階	6/4	提案授業（第一段階を意図した提案授業）
	6/19	6/4の研修の成果と問題点を生かした授業研究
	7/9	6/19の研修の成果と問題点を生かした授業研究
題材・発問・授業様式などに工夫を加える段階	10/21	提案授業（第二段階を意図した提案授業）
	11/5	10/21の研修の成果と問題点を生かした授業研究
	12/2	11/5の研修の成果と問題点を生かした授業研究
目標を明確にして授業改善を図る段階	1/21	提案授業・授業改善の目標を明確にするための講師招聘
	2/4	提案授業（第三段階を意図した提案授業）
	2/18	今年度研修のまとめ

（出典）『2008年度高田小学校研修記録』（上郡町立高田小学校，2009年）。

重要点を引用してみると次のようになる。

第一段階では「どのような活動にも基本となる型がある。授業においては、教科書を使うことが一つの基本的の型であることには異存がないであろう。数年間かけて、教科書通りの授業をすることで、教科書の意図を理解していくことが大切であろう[6]」とし、第二段階では「小さくても自分にとって新しい工夫と子どもの活動や思考の予測を含めた授業案を作成し、研究授業を行い、参観者の批評を得て、授業記録を作成する[7]」、第三段階においては「目標を明確にして、授業を改善しようとする。このような段階では、できるなら集団で研究を行いたい[8]」「重要なのは実践と理論の相互交流が図られていることである[9]」と述べ、第四段階では「算数教育を学問と考える『数学教育学』は、研究対象を授業における数学的活動・数学的思考とする学問であり、その性格として科学と技術と芸術からなる総合性を持つ学問ではないかと考えるようになってきている[10]」としている。

算数教育への入口が明確になる意義は大きく、高田小学校では表14－1のように年間計画を立てている。長崎氏の四段階のうち、第1～3段階を意識した研究計画になっていることが理解できよう。それぞれの研究段階のはじめには、提案授業が計画され、その提案からの成果と課題を受けた授業研究が展開されている。年間を通した授業研究で、具体的な到達目標を掲げ、授業改善が繰り返し行われていると考えることができよう。つまり、授業研究が個人レベルでの研究ではなく、学校単位での研究として捉えられており、授業研究後の課題が次の授業研究のテーマとなり、教員協働の研修方法となっているのである。

次に、授業研究方法について述べていきたい。授業研究方法は向山洋一氏によって提案された「メソッド」と呼ばれる方法を援用している。

向山氏は「メソッド」について「ビデオで授業を一〇分間視聴し、それについて『学んだこと』『問題にしたいこと』を列挙し、グループ別に討論する」と述べている[11]。そして、さらに詳しく一八項目を箇条書きにして表している。この一八項目を高田小学校にて公開授業研究を対象として再検討したものが次の一四項目である[12]。

① 授業者は、研究会の1週間前に講師先生に指導案（A4：二枚）を送付する。職員には3日前に配布する。
② 担当学年部は、授業記録を作成する。「B4一枚に収まったもの」がよい（研修会までに担任外の教師で印刷を行う）。
③ 授業前に全員に2種類（青・ピンク）の付箋用紙を配布する。
④ 授業時間の終了までに、「学んだこと」を青、「課題にしたいこと」をピンクに書く。「一枚に一つのこと」「それぞれ三枚以内」を厳守すること。
⑤ 課題にしたいことは「発問・指示」「授業構成」「その他」に分類・添付する（研修会までに担任外の教師で印刷を行う）。
⑥ 研修会のはじめには、A「指導案」、B「授業記録」、C「学んだこと一覧」、D項目別「課題にしたいこと」が参加者の手元に届くことになる。
⑦ 学年部に分かれてグループ討議を行う。担当学年部は二つに分かれて、参加する（記録進行は担当学年部とする）。

⑧「学んだこと」に目を通す。あえて話題にはしない。「課題にしたいこと」の中から、一つか二つを論点として取り上げ、30分間討論する。
⑨休憩を10分とる。その間に各グループの記録者は印刷する。
⑩グループごとに討論したことを発表し、全体として論点を絞り、20分間討論する。
⑪講師の先生より、助言を戴く。
⑫研修会の最後には、⑥に加えて、E「各グループの討論結果」と講師先生の資料が残ることになる。
⑬研修会の記録は、グループ討議から全体討議、助言までを、「授業研究報告」として、担当学年部がまとめることとする。
⑭授業研究（小）も基本的に上記の方法で行う。ただし、グループ討議は担当学年部を中心とする。

授業研究会に向けてのスケジュールをはじめとして、担当学年部の仕事、授業参観の仕方、授業研究会の方法や資料の作成の仕方など、細かな手順が記されていることが分かる。こうして、全教員の意見が研修会に反映するように留意していることが理解できるだろう。さらに、本校が重要視しているのは授業研究報告である。授業研究報告については、授業研究の課題とテーマが明確に記述されるように配慮され、研修の役割のひとつとして明確に位置づけられている。授業研究方法同様、向山氏による提言を受け、次のような留意点を設けている(13)。

(1)　討議のテーマをできるかぎり具体的に示す。
(2)　まとめ（結論）をテーマに正対して必ず示す。
(3)　まとめ（結論）を支える根拠をできるかぎり具体的に示す。
(4)　研究結果が分かち伝えられるように示す。

このように、研究段階を大きく三つに分け、提案授業とその成果と課題を生かした授業研究が仕組まれており、教員すべてが主体的に参加できるように配慮されているのである。以上が問題解決型研修の概略である。

3　問題解決型研修の実際

本節では、問題解決型研修の実際について具体的に述べていきたい。問題解決型研修の過程は、前節にて述べてきたように、「メソッド」を方法論とした授業研究を通しての成果と課題を明確にしたうえで、次の授業研究に引き継ぐことにある。以下の表14－2は、二〇〇八年度における高田小学校での授業研究の成果と課題、次回の授業研究テーマを一覧表にしたものである。

表14－2　問題解決型研修における授業研究テーマ

研究段階	期日	学年・単元	成果（○）と課題（▲）	次回の授業研究テーマ
教科書の基本型を授業研究する段階	6／4	5年「小数の計算の仕方を考えよう」	○教科書通りのスムーズな学習展開であった。 ▲児童が思考する時間が短い。算数的活動を通した体験が必要。	子どもの思考過程を大切にする算数授業をどう作るか。
	6／19	3年「たし算とひき算のひっ算」	○子どもたちの考えを引き出す工夫があった。 ▲算数的活動を通して、表現力にどう高めていくのか。	算数的活動を通して、表現力にどのように高めるのか。
	7／9	1年「のこりはいくつ　ちがいはいくつ」	○説明しようとする活動がみられた。 ▲新学習指導要領を見通して算数的活動をどう仕組んでいくか。	教科書をふくらませ、説明する算数的活動をどう取り入れるか。
	10／21	2年「かけ算」	○発表ボードなどの教具が有効に使われていた。 ▲児童のまちがいから、どのように授業を発展さ	算数的活動を取り入れ、子どもたちをいかに思考

			せるか。	させるか。
題材・発問・授業様式などに工夫を加える段階	11／5	6年「かさを調べよう」	○量感を捉えられるよう操作する算数的活動が行われた。 ▲授業・単元の目標に合わせた算数的活動を仕組む必要がある。	説明する力をつけるために発表やノート指導に系統性を持たせる必要がある。
	12／2	3年「べつべつに、いっしょに」	○児童に説明する力をつける問題解決的な授業展開である。 ▲説明する力をつけるための授業展開を学校として、どのように共通理解していくか。	説明する力をつけるための問題解決的な授業をどのように仕組んでいくか。
目標を明確にして授業改善を図る段階	1／21	5年「割合くらべ方を考えよう」	○自力解決の時間を保障⇒ペア学習やグループ学習⇒立式も含めて説明の流れを確認できた。 ▲説明する算数的活動をどのように取り入れるのか。自力解決する時間をどれくらい保障するのか。	説明する力を高めて、思考力を培う授業展開とは何か。
	2／4	4年「変わり方」	○児童にノートに説明を書かせることによって、児童の自力解決への思考を整理できる。 ▲授業展開上の区切りで、刻々の評価を行う必要がある。	説明する力を育成するために授業構成をどうするのが有効か。
	2／18	研修のまとめ	○「説明する力の育成」とは「算数の言葉で伝え合い、つなぎあう」ことにある。 ▲小学校6年間を視野にいれた体系的な指導の必要性	これまでの研修を総括する。

（出典）『二〇〇八年度高田小学校研修記録』（上郡町立高田小学校、二〇〇九年）、兵庫県小学校教育研究会算数部指定研究発表会『分かる楽しい算数授業の創造――説明する力の育成をめざして』（上郡町立高田小学校、二〇〇九年）。

まず、第一段階「教科書の基本型を授業研究する段階」においては、六月四日に行われた最初の授業研究にて、「教科書通りのスムーズな学習展開であった」という成果が見られたものの、「児童が思考する時間が短い。算数的活動を通した体験が必要」とする課題が明らかになっている。そこで、次回授業研究のテーマを「子どもの思考過程を大切にする算数授業をどう作るか」としている。このテーマを受け、六月一九日の授業研究では、算数的活動を生かし、子どもたちの考えを引き出す授業展開がなされていることが分かる。しかし、「算数的活動を通して、表現力にどう高めていくのか」という課題が残り、次回授業研究へのテーマを「算数的活動を通して、表現力にどのように高めるのか」としている。研究段階としては「教科書の基本型を授業研究する段階」であるが、すでに教科書をふくらませ、授業様式などに工夫が加わっていることがうかがえる。七月九日の授業研究では、二〇〇八年版学習指導要領を見据えた授業展開も課題となっている[14]。

次に、第二段階「題材・発問・授業様式などに工夫を加える段階」における一〇月二一日の授業研究では、第一段階の課題を受け、発表ボードなどの教具開発が行われたことが理解できる。しかしながら、次回研究テーマが「算数的活動を取り入れ、子どもたちをいかに思考させるか」ということからも理解できるように、第一段階での課題がそのまま残っていると考えられよう。一一月五日の授業研究では、量感を捉える算数的活動が授業に取り入れられている。課題の記事「授業・単元の目標に合わせた算数的活動を仕組む必要がある」から、授業研究の質の高まりを捉えることができよう。また、次回授業研究テーマ「説明する力をつけるために発表やノート指導に系統性を持たせる必要がある」の記事から、学校としての系統性にも研究視点が広がっていることが分かる。一二月二日の授業研究では、成果と課題「説明する力をつける問題解決的な授業展開であった」「説明する力をつけるための授業展開を学校として、どのように共通理解していくか」の記事より、説明する力を身につけるための授業展開に焦点化されつつある状況であることが理解できるだろう。

最後に、第三段階「目標を明確にして授業改善を図る段階」では、説明する力を高めて、思考力を培う授業展開とは何かについて検討している。一月二一日の研究授業では、(1)題意の把握（児童の身近な出来事をテーマに）、(2)個人で見通しを立てる（三分）、(3)線分図などを書く（実態に応じて教師と一緒に）、(4)それぞれに立式をさせる（自力解決・一五分）、(5)机間巡視は三回、(6)多様な考え方を出させ児童に説明させる（四つまで）という授業展開が有効であることが示されている。課題としては授業構成の明確化が残っているが、二月四日の研究授業ではその授業過程の有効性を検証しながら、自力解決部分でのノート整理が有効であることが明らかとなっている[15]。

　このように、問題解決型研修では各授業研究で成果と課題が明確にされ、その課題が次の授業研究でのメインテーマとなっている。こうして、個人レベルでの授業研究という枠組みを越えて、学校全体として協働で取り組んでいく授業研究となり得ていくのである。

　さらに、授業研究の過程を詳しく分析してみよう。たとえば、一〇月二一日授業研究の課題から次回授業研究のテーマは「算数的活動を取り入れ、子どもたちをいかに思考させるか」となっている。そこで、一一月五日授業研究では、資料1のような指導計画・授業展開案が提示された[16]。授業展開案からも理解できるように、「題材・発問・授業様式などに工夫を加える段階」として、万能枡という教材を用いている。万能枡は教科書には示されていないが、知識・技能を実際の場面で活用する算数的活動として活用することで、算数を学ぶ意義を感じ取らせようとしていることが分かる。こうした算数的活動を通して、子どもたちに量感を捉えさせるとともに、万能枡の測り方を考えさせている。

　本時の「メソッド」によって集まった授業研究シート（「学んだことシート」「課題シート」）を分析してみよう（表14-3）[17]。表の「学んだこと」の一覧から、参観者が「算数的活動によって、児童の思考がどのように深まっているか」「説明する活動はどうか」という指標をもって授業にのぞんでいることが分かる。授業研究のテーマが前もって設定されていることにより、参観者の授業を分析する視点が明確になっている。下線部分は参観者がこうした視点で自己の考えをメモしたものと考えられる（下線は筆者による）。とくに、「根拠や証拠を常に意識させている」「算数的活動により思考を深めている」とする意見が複数あることは、算数的活動の有効性や説明に根拠が必要であることの共通認識があるとみてよいだろう。

資料1　「かさを調べよう」指導計画と展開

1．指導計画（全13時間）
第一次　直方体と立方体の体積………4時間
第1時　直方体の大きさを数値化する方法を考え，体積の概念を理解する。
第2時　直方体や立方体の体積を計算で求める方法を考え，公式をまとめる。
第3時　$1000\,cm^3$ の直方体の形を考え，$1000\,cm^3$（1 ℓ）の入れ物作りをする。
第4時　万能枡を使って，体積の測り方を考える。
第二次　大きな体積…………………4時間
第1時　m^3 の単位を知り，体積を求める。
第2時　m^3 と cm^3 との関係を理解し，$1\,m^3$ の量感を捉える。
第3時　体積の公式を使って，辺の長さが少数値の場合の直方体や立方体の体積を求める。
第4時　体積の単位が身のまわりにどのように使われているかを考える。
第三次　体積の求め方のくふう…………2時間
第1時　L字型などの立方体の体積を求める。
第2時　様々な形の立方体の体積を求める。
第四次　評価と発展…………………3時間
第1・2時　角錐・円錐の体積の求め方を考える。
第3時　練習問題を行い，自己評価を行う。

2．本時の目標（第一次第4時分）
○万能枡に水を入れる作業的な活動と体積の測り方を考える活動を通して，公式を進んで活用することができる。

3．授業展開

児童の活動	指導上の留意点
1　万能枡に水をいっぱいにした体積について考え合う。 ・1 ℓ入りそうだ。 ・6 dℓじゃないかな。 2　万能枡で6 dℓの水を測る方法について話し合う。 (1)作業する (2)公式を活用する ・10×10×6 ・100×6 3　万能枡で3 dℓの水を測る方法について考え合う。 (1)作業する (2)公式を活用する ・10×6×10÷2 ・10×10×6÷2 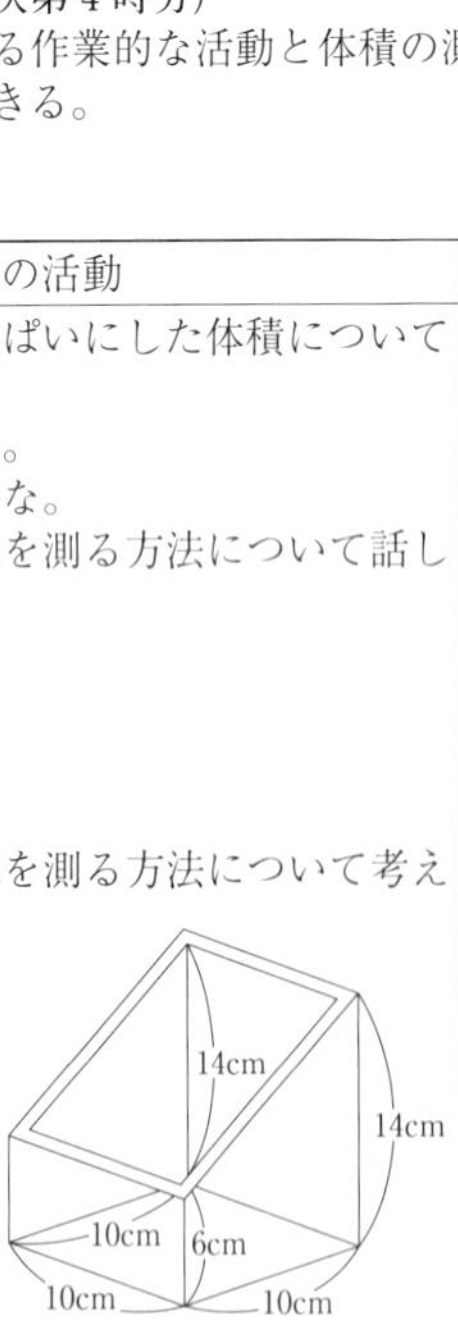 4　まとめをする。	○予想の際に，実感できなかった「傾ける」という考え方を，実際に水を入れるという算数的活動によって理解させる。 ○小グループごとの作業とする。6 dℓ＝$600\,cm^3$ 入れればよいことを児童のつぶやきからひろう。万能枡に入れた水をリットル枡に移しかえる活動を通して再確認させる。 ○作業的な活動を通して得られた考え方をノートにまとめながら立式させる。 ○思考過程が分かるようにノートに整理させ，図や文章，式を用いて，それぞれの考え方を説明できるようにする。 ○発表場面では，自分の考えを示す言葉や数値に留意させ，多様な考えを比較検討できるように配慮する。より高次な意見に練り上げられるよう留意する。 ○身近な生活の中に活用していけるよう助言する。

表14－3　「かさを調べよう」授業研究シート一覧

学んだこと	課　題
○根拠や証拠を常に意識させている。 ○算数的活動により思考を深めている。 ○児童に鍛えられている姿が見える。 ○基礎基本が授業でおさえられている。 ○子どもの発言や思考を助ける教具の準備。 ○子どもの手本に合わせて班で操作させること。 ○ノート指導ができていて，考えが整理されている。 ○発表の仕方・聞き方が提示されている。	▲万能枡で計れない理由を分かっている児童と分かっていない児童がいる。グループ学習の中で個が埋もれないか。 ▲授業をふくらませる教具がほかにもあるのか。 ▲学校として，話すこと聞くことをどのように系統立てて指導するか。説明する力の根本となる。

また、「課題」の一覧からは、学習する集団の大きさを問うもの、教具の質問、児童の説明する力をどのように系統立てて指導していくかの三点が示されている。授業研究グループ討議では第三点目が論点となっている。グループ討議での内容を挙げてみると、「班内でよく意見を出していた」「個人の考えはノートに具現化されていた」「ノートにつぶやきを書かせるようにしている」。それが説明する力のもとになっていた」「発言の途中でも他の児童が発言してもよいルールを作っていた」といった意見が出されている(18)。指標をもって公開授業に臨んだ教員の一人ひとりが、グループ討議では児童に説明する力を育成していくための手立てについて話し合いがなされているのである。このように、「メソッド」による授業研究シートを活用することにより、グループ討議では個人の意見がしっかりと全体に示されることを可能にしている。

次に、全体討議ではどうだろうか。明らかになった諸点を「第5回職員研修記録」から抜粋してみた(19)。

「教材教具の工夫」

・教科書の内容をふくらませた内容だった。万能枡を使って体積を求める学習は、前時まで学習した1000 cm^3をもとにし、直方体の体積＝縦×横×高さから、三角柱の体積を求めるという発展した教材であった。

・他のグループのやり方を参考にしたり、既習の学習を生かしたりして、繰り返し操作することでイメージをつかませることができる。イメージがわいたところで公式化する。具体物から公式化することによって、量から数の世界に入っていくことができた。

「思考力を培う授業」

・万能枡を使った操作活動から公式化へと授業の流れを組み立てた。試行錯誤して操作し、イメージ化し、式へとつなげることにより、思考力を高めている授業であった。

「次回授業研究に向けて」

・説明する算数的活動の充実のために子どもたちの発表訓練をしなければならない。また、ノート指導なども全校で系統的に考える必要がある。

「三角柱の体積を求めるという発展した教材であった」「具体物から公式化することによって、量から数の世界に入っていくことができた」「試行錯誤して操作し、イメージ化し、式へとつなげることにより、思考力を高めている授業であった」という記事から、「教材教具の工夫」「思考力を培う授業」において、一定の成果があったことが予想できる。そして、こうした成果を学校全体に共有していく手段として、子どもたちの発表訓練・ノート指導の充実が検討されている。つまり、全体討議では、グループ討議の内容をもとに学校全体に関わる内容が決定されているのである。このように、問題解決型研修では、「メソッド」による一人ひとりの書き込みが生かされたグループ討議が行われ、グループ討議によって焦点化された内容がさらに全体討議で学校全体の協働のシステムとして高いレベルで決定されていくのである。

4　学年部および研修担当の役割

一般的に校内研修は学校長の強いリーダーシップや講師および研修担当の資質能力に大きく左右されてきた。本章で考察してきた問題解決型研修は、すべての教員がこれまでの学習指導や対応に問いを発し、それを教員全体で解決していく協働の研修方法であるところに決定的な違いがある。

その詳細はすでに述べてきたので、ここで繰り返すことをしないが、その要点のみを述べると、授業研究を通して、学習指導への個人の疑問や課題が明らかにされ、学年部といった小集団単位の教員によるグループ討議がなされる。グループ討議によって、焦点化された内容での討議がなされ、いくつかの類型化ができる。そして、全教員による全体討議によって、学校全体に関わる系統的な内容の学習指導の修正、および改善がなされていくのである。

以上、高田小学校の事例を通して問題解決型研修の有効性について述べてきたが、本研修方法で重要な役割を担う学年部および研修担当の役割について、付言しておきたい。学年部の役割は、⑴「授業研究にかかわる事前研修」、⑵「授業記録の作成」、⑶「授業研究シートの整理・印刷」、⑷「グループ討議の司会と記録」、⑸「授業研究報告の作成」の五点であるが、重要なのは⑴「授業研究にかかわる事前研修」、⑸「授業研究報告の作成」である。⑴については、授業研究テーマを受けての授業研究に関わる事前研修であるため、授業者を含めて数回の事前研修会をもつ。そこで、授業の形が明らかにされ、学年部の提案授業的な性格を有することになる。⑸については、次回授業研究に向けてのテーマ設定となるため、授業研究シート・グループ討議内容・全体研修会討議内容をはじめとして、講師の先生の助言に至るまで、すべての討議内容を網羅・要約した研究報告とならねばならない。また、それが教員に分かち合えるよう明確に示される必要がある。従来、授業研究というと事後研修会の記録は軽視されがちだったが、そこに価値を持たせた点が問題解決型研修の優れた点であろう。

次に、研修担当の役割については、⑴「研修組織・計画の立案」、⑵「研究主題の提案」、⑶「講師との連絡調整」、⑷「担当学年部との連絡調整」、⑸「全体研修会決定事項の提案」、⑹「理論研修会の開催」がある。⑴～⑶については、他の研修方法でも大きな差はない。⑷については、授業研究会の中核部分を担う学年部との密な連携が必要になる。授業研究テーマに即した提案授業など、研修担当との緊密な連携が研修の質を高めることになる。⑸については、全体討議にて決定した内容について、研修担当が企画提案していくことになる。また、必要に応じ

表14－4　「説明する力」をつける学年別系統表

学年部	話　す		聞　く
	自己を表現する力	より理解を深める力	聞き取る力
低学年	筋道を順序だてて話す ・「まず」「それから」	・黒板に出て図や式を指しながら発言する ・黒板に図や式を書き加えながら発言する	質問して聞く ・「分からないからもう一度…」 ・「でも」「だって」
中学年	自分なりの分かり方に置き換えて話す ・「例えば」	・自分の話を区切り，相手の反応を確かめながら発言する。 ・質問を受けて応える形で発言する。	話を区切りながら聞く ・「そこまではいいんだけど」
高学年	一般化を図ろうとして発展を考え話す ・「もしも」	・友だちの考えをよみとり，代わりに説明をする。	自分の分かり方に置き換えてたずねる ・「それはこういうこと？」

て、研究推進委員会[20]などの開催も視野に入れる。たとえば、高田小学校においては、一一月五日の第六学年授業研究後に表14－4のような説明する力をつけるための提案がなされている[21]。(6)については、研修内容と教員の実態を適宜、把握しながら、理論研修を企画開催していくことが肝要である。たとえば高田小学校においては、「算数的活動」に研究視点が当てられる際には、「算数的活動」についての文献研修、講師招聘による研修会が年度当初の研修計画のほかに開催されている[22]。

以上、問題解決型研修が、課題解決を徐々に積み重ねていく積層型の授業研究として有効な成果が得られたことを高田小学校の事例に学びながら明らかにした。

注

(1)　尾木和英「教員協働の力を高める校内研修の充実」(『中等教育資料』八五二、文部科学省、二〇〇七年)。

(2)　長崎栄三「算数教育に取り組む」(『楽しい算数の授業』二八四、明治図書、二〇〇八年)五七～五九頁。氏は「算数教育を学問と考える『数学教育学』は、研究対象を授業における数学的活動・数学的思考とする学問であり、その性格として科学と技術と芸術からなる総合性を持つ学問ではないかと考えるようになってきている」と述べている。
（3）向山洋一『「授業研究」で教える力を伸ばす』（明治図書、二〇〇一年）一三一～一三七頁。
（4）兵庫県上郡町立高田小学校は、筆者がかつて勤務した学校である。資料などは本校研修資料ならびに職員会議録から引用した。
（5）「校内研修計画」（上郡町立高田小学校、二〇〇八年）より抜粋した。本研修計画は二〇〇八年四月一六日職員会議にて提案がなされている。
（6）長崎前掲論文、五七頁。
（7）同右、五八頁。
（8）同右。
（9）同右、五九頁。
（10）同右。
（11）向山前掲書、一三一頁。
（12）「授業研究で『分かる楽しい授業』をする力を伸ばす」（上郡町立高田小学校、二〇〇八年）より抜粋した。本資料は二〇〇八年六月一一日に職員会議で提案がなされている。
（13）向山洋一『校内研究を組織化する』（明治図書、一九九九年）三八～四〇頁に詳しく示されている。
（14）二〇〇八年版学習指導要領では、算数科の目標を「数量や図形についての算数的活動を通して、基礎的な知識と技能を身に付け、日常の事象について見通しをもち筋道を立てて考える能力を育てるとともに、活動の楽しさや数理的な処理のよさに気付き、進んで生活に生かそうとする態度を育てる」としている。「算数的活動」が重要視され、「問題解決の方法を説明する活動」が新たに位置づけられている。
（15）兵庫県小学校教育研究会算数部指定研究発表会『分かる楽しい算数授業の創造――説明する力の育成をめざして』（上郡町立高田小学校、二〇〇九年）による。
（16）高田小学校では、授業研究にあたって、学年部での事前研修会をもっている。事前研修会を経て、授業展開案が提示される。本資料は筆者が作成した「6学年算数科学習指導案『かさを調べよう』」から抜粋した。
（17）表14‐3は「6学年『かさを調べよう』授業研究会資料」（上郡町立高田小学校、二〇〇八年）から作成した。

(18) 「第5回授業研究会グループ討議資料」（上郡町立高田小学校、二〇〇八年）より抜粋した。
(19) 「第5回職員研修記録」（高田小学校、二〇〇八年）。
(20) 学校長、教頭、教務主任などを含む学校全体に関わる内容を事前に検討していく機関のことである。
(21) 「『説明する力』をつける学年別系統表」（上郡町立高田小学校、二〇〇八年）。
(22) 文献研修については、六月二五日に行われ、講師招聘研修は八月一九日に行われている。

終章　近世身分を学ぶ意義

現在、学校教育は、いじめや差別の問題などによって生命の尊厳をも脅かす状況に直面している。ここには、様々な要因があることが指摘されている。その要因への積極的なアプローチを行うことはもちろんであるが、主体的に生きる子どもたちの育成が、今こそ、問われていると言ってよい。

田渕五十生氏は同和教育の成果と問題点を論じるなかで、五つの問題点を述べている(1)。その四番目は自分の問題として捉える当事者意識の欠落である。筆者はこの問題点は社会科教育に関わる課題でもあると考える。それは、近世身分についての学習が政治的身分編成を強調するがあまり、民衆たちとの関係を取り結ぶ視点が希薄化し、差別が政治による差別政策に一元化され、分裂支配政策へと矮小化する傾向があるからである。そうなると、部落差別に繋がる身分制の問題は政治側の問題に置き換えられ、自分たちの問題として取り結ぶべき課題意識が低くなり、当事者意識の欠落に繋がる。

しかしながら、これまでに述べてきたように、前近代の身分制研究は政治的側面だけでなく、社会的側面から明らかにされ、身分編成は双務的・相互規定的なものとして定着してきている。本来、身分というものはその時代の、その社会構造に規定され、政治的な要件によって左右されてきたことを軽視してはならないだろう。

一般的に、近世の身分は「がんじがらめの」「固定的な」イメージとして捉えられているが、それは近世国家権力との関係で理解されたものである。深谷克己氏が述べた近世身分の様相を以下に引用してみよう(2)。

身分としては士農工商的存在のままであったとしても、上下の関係だけをそこそこに案配しながら過ぎていくだけでなく、視野を広げながら意思的な生涯を選んだ者も少なくない。「武士」らしく、「百姓」らしく、「商人」らしく、「職人」らしく、その社会貢献性の面を徹底させていった見事な人物も数多い。その場合にも、「御百姓」としての行動と意識を典型的に体現している人物が、同時に士分化願望を持ち続けていたというような、両義的な生き方が可能であり現実であったことを、柔軟な眼で認めた方がよい。

このような近世の身分意識も近世身分のひとつの真実と捉えられよう。さらに深谷氏は、「人々が生まれついた身分（家業家格）の人間らしく、仕事を覚え、言葉や立ち居振舞いを身につけ、屈辱も失望も味わいながら、自分の階梯的立場を弁えるようになり、そこでの生き甲斐や悦びも知るようになることの中に、身分制社会の現実味があったのである」(3)と結論的見解を述べている。このように、身分を集団（共同体）との関連において理解する視点は、第Ⅰ部にて論じた先行研究のみならず、近世身分を理解するうえで非常に重要なことである。たとえば、筆者は浄土真宗を研究視角として、近世身分について研究をしているが、大坂渡辺村の被差別寺院徳浄寺の事例に次のような史料（安政五年〈一八五八〉）が存在する。(4)

河州丹北郡更池村称名寺江此度色衣御免被為遊、当時着用仕居候、右ニ付私共手次徳浄寺義も右称名寺色目相違御座候へ共、類寺於者官位不及申、御殿於而御用ヒ無之色衣ニ御座候、何れ之方上席相成ニ而何れ之方下輩候哉、其次第不同御座候、尤三官衆中着用色衣同色ニ御座候得ハ、双方之内此方院家之色衣、彼方余間之着用与、其次第明白ニ御座候、御用ヒ外色衣与申事ニ御座候故、是又席も同列仕候、左候而者同寺同様成行候事、一統歎敷奉存候、

（中略）

御本山御取扱之義、往古ゟ徳浄寺義外村方与者格別被為成下難在奉存候、尤先年ゟ身分過候御馳走も奉成上居候、尚又信恵院様御代ゟ住職江御免御免物数々被仰付、弥難在奉存罷在候所、此度更池村同様ニ成行候義、実ニ歎敷

仕合ニ奉存候、往古ゟ当今ニ至迄忠誠尽し候義水之泡与相成、末々迄日夜愁歎仕居候、尤河州向井之村・吏池村右両村之義者屠者村与申、近国類稀成下村ニ而御座候処、右様御免相成候義、甚以不審ニ奉存候、只今ニ而者上納金取集義も夫故兼々六ケ敷、気辺破候段重々歎敷奉存候、仍之此段以書附ヲ奉言上候

（後略）

本史料は、渡辺村門徒が天保九年（一八三八）に徳浄寺住持に色衣着用が許可され、他被差別寺院と差別化された地位を獲得したにもかかわらず、安政五年（一八五八）に河内国称名寺が色衣許可を得たことにより、渡辺村門徒が西本願寺に抗議を行ったものである。史料から、称名寺に色衣着用の許可が下りたことによって、渡辺村徳浄寺門徒は、身分が視覚的に明らかになる席次において、称名寺と「同列」となることを危惧していることが分かる。被差別寺院においては、僧位僧階で席次が決定するのではなく「色目」が重要であることを主張し、徳浄寺の「色目」は院家相当であり、称名寺は余間相当であるとして、明らかに徳浄寺が優越することを記している。後段では、これまで西本願寺の渡辺村徳浄寺の扱いが「格別」であったことを述べ、多くの宗教的象徴物の下付や渡辺村門徒の働きを強調している。そして、今回の称名寺の色衣着用許可によって、徳浄寺の「往古ゟ当今ニ至迄忠誠尽し候義水之泡」となることを主張しているのである（5）。

この強硬姿勢の背景には、渡辺村門徒の同身分集団内での最上位の地位を確保したいという強い願望が存在していた。事実、同年（安政五年〈一八五八〉）六月、徳浄寺門徒は津村御坊への再度の願書を提出するが、その願書には、「私共手次徳浄寺義外類村類寺与一廉相立候様奉願上候、先年も外類村与混シ候様成行候ニ付、御歎申上候ニ処、早速御沙汰奉蒙難有仕合奉存候、当度も格別御仁恵を以一際相立候様奉願上候（6）」とあり、渡辺村門徒は他被差別寺院と比して「一際相立候」ことを望んでいたのである。

このような事例から鑑みて、塚田孝氏が述べるように、近世人は各集団に所属することが近世国家に承認される要件となり（7）、その集団内での自己実現も重要な要素であったと思われる。この日本独自の共同体意識、「集団」の

概念を理解することこそが、近世身分を歴史的に理解する第一要素であると考えられる。

　中根千枝氏は、その名著である『タテ社会の人間関係』（講談社、一九六七年）において、集団分析のカギを「資格」と「場」とした。集団構成の第一要件を、構成する個人の「資格」の共通性と「場」の共有によるものとし、日本社会の特徴を「場」を強調する点に求めた。つまり、一定の地域とか、所属機関などのように、資格の相違を問わず、一定の枠によって集団を構成している社会を日本の特徴としたのである。この「場」を中心とした繋がりが地縁的集団ということになろう。百姓身分、町人身分などはその最たる例ということになるだろう。しかしながら、近世被差別民である「かわた」村・長吏村は、単なる地縁的集団という括りでは理解ができない。そこには、中根氏が特定の職業集団・一定の血縁集団をその典型例とした、「資格」による集団が見出せよう。換言するならば、これは中世から受け継いだ日本近世の種姓的構造ともいえるのではないだろうか。

　若干、この点について付言しよう。日本近世の種姓的特質を論じたのは横田冬彦氏である。横田氏は、家と〈種姓〉の再生産に着目し、近世の戸籍制度（宗旨人別帳）が別帳化されることで、武士と平人と「其外」を区別し、「其外」が何を含むかは各地の実情に任されたが、平人でないという意味で賤民とされ、この身分は内婚制を伴うことでそれぞれが〈身分集団〉を構成し、〈種姓〉を再生産する社会的な仕組みが組織化されたとした[8]。また、峯岸賢太郎氏は「賤民、とりわけ『穢多』は、別火・別器、別婚、別居所、百姓家への立入禁止など、通常の人的交わりから疎外されるという習俗的差別を受けた。（中略）卑賤観念の特有形態（浄穢観念と種姓観念）と合わせ、かかる身分差別を、我々はカースト的差別と呼んでよいであろう[9]」と述べ、近世における習俗的差別がカースト的であることを指摘した。つまり、習俗的差別を政治と切り離した形で、〈種姓〉との関連から捉えたのである。さらに、筆者は横田氏の示した日本近世における種姓的特質をさらに発展させることを意図し、宗旨人別帳の別帳化と同性質の史料として、皮多村民衆の多くが檀那寺としていた浄土真宗西本願寺派の末寺帳（「穢寺帳」）[10]を用いて、習俗的差別を支えていた制度的側面の特質を考察した。西本願寺の制度的側面（「穢寺帳」記載）と習俗的差別の関係は相互に影響を与え合う関係であったことを明らかにし、この根幹に位置づいていたものが〈種姓〉であったことを実証的に示した(11)。

以上、近世における「集団」を理解するうえで、中根氏の言葉を借りるならば、「場」と「資格」の双務的関係として捉えることが重要であり、各身分階層、とくに、支配身分と被支配身分、賤民身分と他身分などの対比のなかで、両者がどのようなバランス関係にあるのかを理解することが大切になってこよう。そして、こうした前近代の「集団」が、あるいは、中根氏の言葉を借りるならば「ウチ」「ソト」を強く意識する日本的社会構造が、近代になって「家」構造にその要素が入り込んだことを忘れてはならないだろう。

次に、今後の展望として、近世身分と「職分」との関係を授業に取り入れることの重要性を指摘しておきたい。「職分」を授業化する重要性については、朝尾直弘氏の「地縁的・職業的身分共同体」論、高木昭作氏の「国役」論との関係性から、本書においても指摘したところである。さらに最近の研究によると、中世において「穢多」「河原者」「清目」「細工」「かわた」（いずれも皮革業・屠畜業に従事していたと捉えられる）の系譜を辿ると、近世の「かわた」「長吏」に繋がるところが多いとされる(12)。たとえば京都の場合、天部村（「かわた」村）は中世の四条河原の細工人、川崎「かわた」は中世末の川崎の河原者、野口の「かわた」は中世洛北の「野口河原者」に直結していると推定されている(13)。くわえて、近世の「かわた」「長吏」が斃牛馬処理を有しており、西日本では実際に解体処理していたことから、皮革業と深い関連があったことが指摘されている(14)。もちろん、これらをとって、中世に部落の起源があるとするのは早計であるし、起源論が大きな意味をもっているわけではないのは周知のところである。しかし、「職分」と身分との間に関係性があったことは中世史研究においては明らかとなっており、近世においても「職分」は大きな身分規定要因のひとつであったと考えられる。この点は脇田修氏の「身分的所有」論をめぐる議論があるが、ここには立ち入ることはしない(15)。

さて、のびしょうじ氏は「村民ではない」「地域住民ではない」視線が標準化されて被差別民社会となり、そこには定住系、巡廻系、来訪系といった被差別民社会があったことを提起する(16)。そして、被差別民の対象と具体相、近世人の捉えた被差別民、地域社会での被差別民などを検討していくなかで、本居内遠『賤者考』を紹介している。

以下のものである(17)。

ここにくさくさ今の世の普通に忌るる者の種類を挙ぐ。夙村宿トモ・巫村（巫女村）・傀儡師・俳優・傾城屋・観物屋（見世物）・野子（香具師カ）・田楽師・願人僧・化子（水主カ）・袖乞（乞食）・熅房（隠亡）・屠者（えた）・番太（非人番）・産所（散所・声聞師）・刑殺役・俑具師（土師）。是等の外もいささか名目かはりて比類なる者くさくさあり、此中に平民より同火・同婚せざる者と、火は忌まずして婚のみ通ぜぬ者と、火も婚もしひては忌まねど等並におもはざる者とあり、国により習俗によりて違う地もあり、厳にいむと緩なる所と、同国にても村里により て差異もあり

のび氏は本史料から(1)同火・同婚しない、(2)同火すれども婚姻せず、(3)同火・同婚すれど一等下と扱う、の三つの基準によって、習俗的差別の状況を分析している。そして、このような多様な被差別民の社会的位置は「穢多との距離・相違」が被差別民の社会的座標を計るモノサシであったとする(18)。数多くの近世被差別民がなぜ「穢多」との距離において、その身分的位置づけがなされたのだろうか。また、これは近代に入って他の諸身分が解体していくのに対して、なぜ、「穢多」などに対する差別だけは継続されたのかという点にも繋がる問題である。

この点を明示していくためには、「職分」との関係性を問うことが重要ではないかと考えている。たとえば黒田俊雄氏は、中世非人が権門体制＝荘園制社会の支配秩序の諸身分から外れている点を指摘し「身分外の身分」とした。氏は「塵添壒囊鈔」から「河原ノ者ヲエッタト云ハ何ノ字ソ、エッタト云付也、常ニハ穢多ト書ク、ケカレヲホキ故ト云ヲ、古キ物ニ餌取ト書ク、真ニハヱトリト云ヘシ、（中略）天竺ニ旃陀羅ト云モ、同餌取體ノ膩キ者也、屠殺ヲモエタトヨム也(19)」を引用し、不浄を強調する点に特色があったとする。なかでも、「エッタ」の場合は特定の仕事と不可分の関係で不浄が強調され、その不浄は容易に払拭できない〈種姓〉とみなされていた点が重要であるとした(20)。このように、中世においては「穢多」は「職分」との関係によって、その差別の基盤に「浄穢観念」

「貴賤観念」「種姓観念」などが存在したと推察できるのである。「浄穢観念」については、辻本正教氏が聖から賤への転換のなかで説明され、ケガレの構造を明らかにしている[21]。辻本氏は歴史学の成果のみならず、民俗学の成果を視野に入れて、分かりやすく述べられている。教材研究・教材開発にたいへん有益な情報を提供しており、今後は氏が示されたような「浄穢観念」を理解する多様な視座の明示が求められよう。「貴賤観念」「種姓観念」についても同様である。「浄穢観念」「貴賤観念」「種姓観念」を理解する体系的な視座をもとにして、「職分」を授業化する枠組みが、今後、必要となってくるのではないだろうか。

以上、部落差別の問題を歴史的に考えるうえで、近世身分を学ぶための「集団」を授業化する重要性とその意義を述べた。今後の展望としては、近世の「職分」を授業化する「浄穢観念」「貴賤観念」「種姓観念」などを止揚した系統性ある視座の必要性を述べた。

注

（1）田渕五十生編著『〝人権〟をめぐる論点・争点と授業づくり』（明治図書、二〇〇六年）一六～一八頁。
（2）深谷克己『江戸時代の身分願望』（吉川弘文館、二〇〇六年）二八頁。
（3）深谷克己「近世の身分」（歴史科学協議会編『歴史の「常識」をよむ』東京大学出版会、二〇一五年）一四一頁。
（4）留役所「大坂諸記」安政五年（一八五八）三月二七日条（「浪速部落の歴史」編纂委員会編『史料集浪速部落の歴史』六五九頁）。なお、本史料の検討については、拙著『近世国家における宗教と身分』（法藏館、二〇一六年）第一部第一章に詳しい。
（5）同右。
（6）留役所「大坂諸記」安政五年（一八五八）六月条（「浪速部落の歴史」編纂委員会編『史料集浪速部落の歴史』六六四頁）。
（7）塚田孝『近世身分社会の捉え方――山川出版社高校日本史教科書を通して』（部落問題研究所、二〇一〇年）二五～三二頁。

(8) 横田冬彦「近世の身分制」(『岩波講座日本歴史』第一〇巻、岩波書店、二〇一四年)。
(9) 峯岸賢太郎『近世身分論』(校倉書房、一九八九年)一二三～一二四頁。
(10) 「穢寺帳」には二系統があり、(1)幕府寺社奉行に提出するためのもの、(2)西本願寺作成の「御納戸御末寺帳穢寺之部」と題されたものが伝来する。左右田昌幸「『穢寺帳』ノート」(『教学研究所紀要』第五号、浄土真宗教学研究所、一九九七年)に詳しい。
(11) 拙稿「『本願寺末寺帳』における身分的特質」(近大姫路大学人文学・人権教育研究所編『翰苑』第二号、海風社、二〇一四年)。
(12) 落合重信氏によれば、「慶長国絵図」における兵庫県域の「河原物村」は現在の被差別部落に連結していると考察している(落合重信『未解放部落の起原』神戸学術出版、一九七三年、六頁・二五～二六頁)。寺木伸明氏も能勢郡東南部の「河原物村」も系譜的に現在の被差別部落に繋がっており、中世声聞師の後身ではないかと考察している(寺木伸明『近世部落の成立と展開』解放出版社、一九八六年、一二三～一二四頁)。また、寺木氏は被差別部落の歴史を総合的に解説するなかで、近世「かわた」「長吏」の成り立ちを中世からの連続性で解説している。寺木氏は基本的に近世における部落の成立を重視する立場であったが、研究史全体を俯瞰するなかで、このような連続性を重視する見解を客観的に論じておられる点は大きな価値があるだろう(寺木伸明・黒川みどり『入門被差別部落の歴史』解放出版社、二〇一六年、七七～八三頁)。
(13) 寺木伸明・黒川みどり『入門被差別部落の歴史』(解放出版社、二〇一六年)七七～七九頁に詳しく記されている。
(14) 同右。
(15) 脇田修「近世封建制と部落の成立」(『部落問題研究』第三三輯、部落問題研究所、一九七二年)に対し、峯岸賢太郎「近世賤民制の基礎構造」(『部落問題研究』八九、部落問題研究所、一九八六年)、吉田伸之「所有と身分的周縁」(塚田孝他編『シリーズ　近世の身分的周縁6　身分を問い直す』吉川弘文館、二〇〇〇年)にて批判が述べられている。
(16) のびしょうじ「被差別民社会論序説」(『人権問題研究』一四号、大阪市立大学人権問題研究センター、二〇一四年)一〇一頁。
(17) 同右、一〇九頁。( )内はのび氏による加筆である。
(18) 同右、一〇二頁。

(19)「塵添壒囊鈔」巻第五（十）餌取ノ事条。仏書刊行会編『大日本佛教全書』一五〇（名著普及会、一九八三年）一一八頁。
(20) 黒田俊雄「中世の身分制と卑賤観念」（『黒田俊雄著作集』第六巻、法藏館、一九九五年）二一二～二一九頁。
(21) 辻本正教『ケガレ意識と部落差別を考える』（解放出版社、一九九九年）。

参考・引用文献一覧

「浅野家文書」（東京大學史料編纂所編纂『大日本古文書』東京大学出版会、一九六八年）
「今様職人尽百人一首」（中村幸彦・日野龍夫編『新編稀書複製會叢書』第一二巻、臨川書店、一九八九年）
「吉川家文書」（東京大學史料編纂所編纂『大日本古文書』東京大学出版会、一九七〇年）
「校内研修計画」（上郡町立高田小学校、二〇〇八年）
「下本能寺前町町式目」（京都市歴史資料館所蔵）
「授業研究で『分かる楽しい授業』をする力を伸ばす」（上郡町立高田小学校、二〇〇八年）
「『説明する力』をつける学年別系統表」（上郡町立高田小学校、二〇〇八年）
「第5回職員研修記録」（上郡町立高田小学校、二〇〇八年）
「第5回授業研究会グループ討議資料」（上郡町立高田小学校、二〇〇八年）
「浪速部落の歴史」編纂委員会編『史料集浪速部落の歴史』（「浪速部落の歴史」編纂委員会、二〇〇五年）
「冷泉町町式目」（京都大学所蔵）
「冷泉町町式目」（京都市歴史資料館所蔵）
『社会』6（光村図書出版、二〇一五年）
『社会　教師用指導書』6（光村図書出版、二〇一五年）
『社会科中学生の歴史　日本の歩みと世界の動き』（帝国書院、二〇一六年）
『社会科中学生の歴史　日本の歩みと世界の動き　教師用指導書』上巻（帝国書院、二〇一六年）
『小学社会』6上（教育出版、二〇一五年）
『小学社会　教師用指導書』6上（教育出版、二〇一五年）
『小学社会』6上（日本文教出版、二〇一五年）
『小学社会　教師用指導書』6上（日本文教出版、二〇一五年）

『人権教育実践発表会研究紀要・学習指導案集』（上郡町立上郡小学校、二〇〇三年）
『新版新しい歴史教科書』（自由社、二〇一六年）
『新編新しい社会』6上（東京書籍、二〇一五年）
『新編新しい社会　教師用指導書』6上（東京書籍、二〇一五年）
『新編新しい社会歴史』（東京書籍、二〇一六年）
『新編新しい社会歴史　教師用指導書』指導展開編（東京書籍、二〇一六年）
『新編新しい日本の歴史』（育鵬社、二〇一六年）
『新編新しい日本の歴史　教師用指導書』（育鵬社、二〇一六年）
『新詳説日本史』（山川出版社、一九九四年）
『中学社会歴史的分野』（日本文教出版、二〇一六年）
『中学社会歴史的分野　教師用指導書』研究と資料編（日本文教出版、二〇一六年）
『中学社会歴史未来をひらく』（教育出版、二〇一六年）
『中学社会歴史未来をひらく　教師用指導書』学習指導編（教育出版、二〇一六年）
『中学歴史日本の歴史と世界』（清水書院、二〇一六年）
『中学歴史日本の歴史と世界（サポートＤＶＤ）』（清水書院、二〇一六年）
『ともに学ぶ人間の歴史』（学び舎、二〇一六年）
『ともに学ぶ人間の歴史　教師用指導書』（学び舎、二〇一六年）
『難民事業本部案内』（財団法人アジア福祉教育財団、二〇〇一年）
『平成二〇年度（二〇〇八年度）高田小学校研修記録』（上郡町立高田小学校、二〇〇八年）
『平成二〇年度（二〇〇八年度）山野里小学校研究紀要』（上郡町立山野里小学校、二〇〇八年）
朝尾直弘『朝尾直弘著作集』第七巻（岩波書店、二〇〇四年）
朝尾直弘編『日本の近世』七（中央公論社、一九九二年）
朝尾直弘・山口啓二・網野善彦・吉田孝編『日本の社会史』七（岩波書店、一九八七年）
網野善彦・横井清『都市と職能民の活動』（中央公論新社、二〇〇三年）

安達五男『部落史の研究と人権教育』（清水書院、一九九八年）
飯島忠夫・西川忠幸校訂、西川如見『町人嚢・百姓嚢・長崎夜話草』（岩波文庫、一九四二年）
飯島忠夫・西川忠幸校訂、西川如見『日本水土考・水土解弁・増補華夷通商考』（岩波書店、一九四四年）
石上阿希「訓蒙図彙と祐信春本・絵本――『色ひいな形』から『百人女郎品定』」（石上阿希編『西川祐信を読む』立命館大学アートリサーチセンター、二〇一三年）
岩田一彦「ここが心配〝総合的な学習の学力〟」（『総合的な学習を創る』一一二、明治図書、二〇〇〇年）
岩田一彦『社会科固有の授業理論・三〇の提言――総合的な学習との関係を明確にする視点』（明治図書、二〇〇一年）
ウィリアム・クライドラー著、国際理解教育センター編訳『対立から学ぼう』（国際理解教育センター、一九九七年）
上杉聰『これでわかった！部落の歴史』（解放出版社、二〇〇四年）
魚住忠久・深草正博『21世紀地球市民の育成』（黎明書房、二〇〇一年）
大桑斉「近世国家の宗教性」（『日本史研究』第六〇〇号、日本史研究会、二〇一二年）
大阪府教育委員会事務局教育振興室地域教育振興課『人権に関する学習プログラムとその展開　2』（大阪府教育委員会、二〇〇二年）
大阪府同和教育研究協議会編『わたし出会い発見Part2』（大阪府同和教育研究協議会、一九九八年）
大橋幸泰・深谷克己編『〈江戸〉の人と身分6　身分論をひろげる』（吉川弘文館、二〇一一年）
沖浦和光『「部落史」論争を読み解く――戦後思想の流れの中で』（解放出版社、二〇〇〇年）
尾木和英「教員協働の力を高める校内研修の充実」（『中等教育資料』八五二、文部科学省、二〇〇七年）
小澤弘・小林忠『「熈代勝覧」の日本橋――活気にあふれた江戸の町』（小学館、二〇〇六年）
落合重信『未解放部落の起原』（神戸学術出版、一九七三年）
開発教育協議会編『難民』（古今書院、二〇〇〇年）
角田尚子・ＥＲＩＣ国際理解教育センター著『人権教育ファシリテーター・ハンドブック基本編』（国際理解教育センター、二〇〇〇年）
片上宗二「調停としての社会科授業構成の理論と方法」（『社会科研究』第六五号、全国社会科教育学会、二〇〇六年）
川口浩「西川如見の経済認識と儒教」（『社會經濟史學』五六〈四〉、社会経済史学会、一九九〇年）
関西大学図書館編『西川祐信集』下巻（関西大学出版部、一九九八年）

菊地ひと美『江戸衣装図鑑』(東京堂出版、二〇一一年)
北尾悟『都市とは?歴史とは?』(部落問題研究所、一九九九年)
黒田俊雄『黒田俊雄著作集』第六巻(法藏館、一九九五年)
源三郎[絵]・正宗敦夫編纂校訂『人倫訓蒙図彙』(現代思潮社、一九七八年)
河野通明「西川祐信『絵本士農工商』農之部とその影響」(『歴史と民俗』一六、神奈川大学日本常民文化研究所、二〇〇〇年)
国史大辞典編集委員会編『国史大辞典』四(吉川弘文館、一九八四年)
国史大辞典編集委員会編『国史大辞典』一〇(吉川弘文館、一九八九年)
小林康夫・船曳建夫『知の技法』(東京大学出版会、一九九四年)
小原友行「社会科における意思決定」(社会認識教育学会編『社会科教育学ハンドブック』明治図書、一九九四年)
斎藤洋一・大石慎三郎『身分差別社会の真実』(講談社、一九九五年)
斎藤洋一・大熊哲雄・藤沢靖介・門馬幸夫・石田貞・佐藤泰治・松浦利貞「地域史をふまえた全体像の形成を——部落史研究の現在」(『明日を拓く』一七・一八、東日本部落解放研究所、一九九七年)
左右田昌幸「『穢寺帳』ノート」(『教学研究所紀要』第五号、浄土真宗教学研究所、一九九七年)
坂本賞三『日本王朝国家体制論』(東京大学出版会、一九九一年)
佐久間正「西川如見論——町人意識、天学、水土論」(『長崎大学教養部紀要人文科学篇』二六〈一〉、長崎大学、一九八五年)
笹川孝一「『個人の時代』の人権教育の基本的性格について」(『人権教育研究』第四巻、日本人権教育研究学会、二〇〇四年)
佐藤常雄・大石慎三郎『貧農史観を見直す』(講談社現代新書、一九九五年)
静岡県編『静岡県史料』第三輯(臨川書店、一九九四年)
社会系教科教育学会『社会系教科教育学研究』第一三号(社会系教科教育学会、二〇〇一年)
人権教育指導者用手引き編集委員会『気づく・学ぶ・広げる人権学習——人権教育指導者用手引き』(和歌山県教育委員会、二〇〇四年)
新保真紀子「小学校社会科・身分制度成立に関する教科書記述の変遷」(『神戸親和女子大学児童教育学研究』二五号、神戸親和女子大学児童教育学会、二〇〇六年)
スーザン・ファウンテン著、国際理解教育・資料情報センター訳『いっしょに学ぼう』(国際理解教育・資料情報センター、一九九四年)

鈴鹿市部落史作成委員会『部落史学習への誘い』（鈴鹿市教育委員会、二〇〇一年）
関山直太郎『近世日本の人口構造』（吉川弘文館、一九五八年）
全国国語教育実践研究会編『実践国語研究』一三九（全国国語教育実践研究会、一九九四年）
全国社会科教育学会編『社会科研究』第六四号（全国社会科教育学会、二〇〇六年）
高木昭作『日本近世国家史の研究』（岩波書店、一九九〇年）
竹林庄太郎「西川如見の商業思想」（『大阪経大論集』一五九～一六一、大阪経済大学、一九八四年）
多田顕「西川如見の社会思想――享保期社会思想研究の一掬」（『千葉大学教養部研究報告』A11、千葉大学、一九七八年）
田中圭一『百姓の江戸時代』（ちくま新書、二〇〇〇年）
谷和樹「『学び方』技能の教え方」（『社会科教育』四九二、明治図書、二〇〇〇年）
田渕五十生編著『〝人権〟をめぐる論点・争点と授業づくり』（明治図書、二〇〇六年）
多和田雅保「書評　塚田孝著『近世身分社会の捉え方――山川出版社高校日本史教科書を通して』」（『部落問題研究』一九六、部落問題研究所、二〇一一年）
塚田孝『近世日本身分制の研究』（兵庫部落問題研究所、一九八七年）
塚田孝『近世の都市社会史――大坂を中心に』（青木書店、一九九六年）
塚田孝『近世身分社会の捉え方――山川出版社高校日本史教科書を通して』（部落問題研究所、二〇一〇年）
塚田孝『近世身分制と周縁社会』（東京大学出版会、一九九七年）
辻本正教『ケガレ意識と部落差別を考える』（解放出版社、一九九九年）
寺木伸明『近世部落の成立と展開』（解放出版社、一九八六年）
寺木伸明『部落史の見方考え方』（解放出版社、一九八九年）
寺木伸明・黒川みどり『入門被差別部落の歴史』（解放出版社、二〇一六年）
寺木伸明・中尾健次編著『部落史研究からの発信』第一巻（解放出版社、二〇〇九年）
寺木伸明・藤沢靖介監修『街道絵図に描かれた被差別民――『五街道分間延絵図』解説篇補遺』（東京美術、二〇〇八年）
土井忠生・森田武・長南実編訳『邦訳日葡辞書』（岩波書店、一九八〇年）
外川正明『部落史に学ぶ１　新たな見方・考え方にたった学習の展開』（解放出版社、二〇〇一年）
外川正明『部落史に学ぶ２　歴史と出会い未来を語る多様な学習プラン』（解放出版社、二〇〇六年）

鳥取県教育委員会人権同和教育課『学習者の視点から学びを創る』（鳥取県教育委員会、二〇〇三年）
長崎栄三「算数教育に取り組む」（『楽しい算数の授業』二八四、明治図書、二〇〇八年）
永田勝之助編校『浮世絵類考』（岩波文庫、一九四一年）
中野陸夫『人権・部落問題学習への提言』（明治図書、一九九一年）
中村幸彦編『日本の思想』第一八巻（筑摩書房、一九七一年）
中村惕斎編・下河辺拾水画・力丸光序文『訓蒙図彙大成』（大空社、一九九八年）
奈良人権・部落解放研究所編『日本歴史の中の被差別民』（新人物往来社、二〇〇一年）
仁木宏『都市——前近代都市論の射程』（青木書店、二〇〇二年）
西川祐信『絵本士農工商』（東京国立博物館所蔵）
西野光一「熊沢蕃山の火葬容認論と近世の火葬論」（『仏教文化学会紀要』九、仏教文化学会、二〇〇〇年）
のびしょうじ「地域被差別民史の研究構想——近年の部落史研究の動向と課題」（『部落解放研究』一一七号、部落解放・人権研究所、一九九七年）
のびしょうじ「被差別民社会論序説」（『人権問題研究』一四号、大阪市立大学人権問題研究センター、二〇一四年）
畑中敏之『「部落史」の終わり』（かもがわ出版、一九九五年）
塙保己一編『群書類従』第三輯（平文社、一九三三年）
東日本部落解放研究所『明日を拓く』一七・一八号（東日本部落解放研究所、一九九七年）
兵庫県小学校教育研究会算数部指定研究発表会『分かる楽しい算数授業の創造——説明する力の育成をめざして』（上郡町立高田小学校、二〇〇九年）
平石隆敏「社会的合意の形成はいかにあるべきか」（『生命倫理問題に対する社会的合意の手法のあり方に関する調査』三井情報開発株式会社総合研究所、二〇〇〇年）
広島県編『広島県史』古代中世資料編Ⅱ（広島県、一九七六年）
広島県編『広島県史』古代中世資料編Ⅲ（広島県、一九七八年）
深谷克己『江戸時代の身分願望』（吉川弘文館、二〇〇六年）
深谷克己「近世の身分」（歴史科学協議会編『歴史の「常識」をよむ』東京大学出版会、二〇一五年）
藤沢靖介『部落・差別の歴史』（解放出版社、二〇一三年）

藤原孝章「地球的課題を学習する小学校社会科の授業構成――J. Rutter の『難民（小学校版）』を事例として」（『社会科研究』第五三号、全国社会科教育学会、二〇〇〇年）
仏書刊行会編『大日本佛教全書』一五〇（名著普及会、一九八三年）
部落解放・人権研究所編『部落問題・人権事典』（解放出版社、一九八六年）
部落問題研究所編『部落の歴史と解放運動』（部落問題研究所、一九六五年）
眞壁俊信・日本古典籍註釈研究会編集『天神縁起の基礎的研究』（続群書類従完成会、一九九八年）
正木ゆみ「京都女子大学図書館蔵『絵本双乃岡』――元文二年度版・西川祐信画『つれづれ草』出版史における一形態」（『国文論藻』一五、京都女子大学、二〇一六年）
松尾一「蓮如教団における身分意識」（『久留米工業高等専門学校紀要』第一八巻第二号、久留米工業高等専門学校、二〇〇三年）
水山光春「『合意形成』の視点を取り入れた社会科意思決定学習」（『社会科研究』第五八号、全国社会科教育学会、二〇〇三年）
源了圓「朱子学派の実学観と理の観念（二）――西川如見の場合」（『心』二九〈四〉、平凡社、一九七六年）
峯岸賢太郎「近世賤民制の基礎構造」（『部落問題研究』八九、部落問題研究所、一九八六年）
峯岸賢太郎『近世身分論』（校倉書房、一九八九年）
峯岸賢太郎『近世被差別民史の研究』（校倉書房、一九九六年）
宮本節子・阿久澤麻理子・林千恵子「姫路市民の『国際化』に対する意識と外国人受け入れの現状――ベトナム人定住者支援活動を中心に」（姫路工業大学環境人間学部国際理解推進研究班、二〇〇〇年）
向山洋一『校内研究を組織化する』（明治図書、一九九九年）
向山洋一『「授業研究」で教える力を伸ばす』（明治図書、二〇〇一年）
母利美和「高木昭作『日本近世国家史の研究』――『役』による政治的身分編成の再考」（『日本史研究』五九一、日本史研究会、二〇一一年）
森分孝治「市民的資質育成における社会科教育――合理的意思決定」（『社会系教科教育学研究』第一三号、社会系教科教育学会、二〇〇一年）
山中吾郎『「やまなし」の授業』（明治図書、二〇〇三年）
山本ゆかり「故実と絵本・美人画――多田南嶺との共同制作」（同『上方風俗画の研究――西川祐信・月岡雪鼎を中心に』藝華

書院、二〇〇九年）
横田冬彦「『女大学』再考――日本近世における女性労働」（脇田晴子、S・B・ハンレー編『主体と表現――仕事と生活』東京大学出版会、一九九五年）
横田冬彦「近世の身分制」（『岩波講座日本歴史』第一〇巻、岩波書店、二〇一四年）
吉田伸之『近世巨大都市の社会構造』（東京大学出版会、一九九一年）
吉田伸之『近世都市社会の身分構造』（東京大学出版会、一九九八年）
吉田伸之「所有と身分的周縁」（塚田孝他編『シリーズ近世の身分的周縁6　身分を問い直す』吉川弘文館、二〇〇〇年）
吉村功太郎「社会的合意形成をめざす社会科授業」（『社会系教科教育学研究』第一三号、社会系教科教育学会、二〇〇一年）
歴史科学協議会編『歴史の「常識」をよむ』（東京大学出版会、二〇一五年）
脇田修「近世封建制と部落の成立」（『部落問題研究』第三三輯、部落問題研究所、一九七二年）
和田幸司『近世国家における宗教と身分』（法藏館、二〇一六年）
和田幸司『浄土真宗と部落寺院の展開』（法藏館、二〇〇七年）
和田幸司「近世身分の種姓的特質――『火打村一件』を中心として」（『政治経済史学』五八九号、政治経済史学会、二〇一六年）
和田幸司「宗旨人別帳の別記載化と身分――摂津国川辺郡火打村を事例として」（『近大姫路大学教育学部紀要』第七号、近大姫路大学教育学部、二〇一四年）
和田幸司「『本願寺末寺帳』における身分的特質」（近大姫路大学人文学・人権教育研究所編『翰苑』第二号、海風社、二〇一四年）
和田幸司「二〇一六年度版中学校社会科教科書の比較と検討」（兵庫県人権教育研究協議会編『人権＊ファイル』兵庫県人権教育研究協議会、二〇一六年）
渡辺広『未解放部落の史的研究』（吉川弘文館、一九六三年）

あとがき

本書をまず届けたい人がいる。二〇一七年五月に逝去された安達五男先生である。先生は近世部落史研究において多大な業績を残され、特に、兵庫県下の数多くの近世被差別民関係の史料を発掘され、兵庫県の部落史研究を牽引された。先生は一九五三年に兵庫県高等学校教員として奉職されて以降、一九六九年に兵庫県立教育研修所指導主事として勤務され、『兵庫県同和教育関係資料集』の編纂に中心的役割を担われ、さらに武庫川女子大学文学部教授、ひょうご部落解放・人権研究所所長として、近世部落史研究にその生涯を捧げられた。

私と安達先生との出会いは、先生が構築された「部落寺院制」という理論をめぐる論文上の出会いであった。被差別部落と宗教との関連を研究しようとしていた私は、先生の「部落寺院制」にたいへん関心をもった。一九九九年の夏、不躾にも先生の御宅にお伺いし、「穢寺帳」の史料解読についてご教示いただいたり、兵庫県下の被差別寺院史料についてご示唆をいただいたりした。面識の全くなかった私に、優しく歴史研究の手ほどきを頂戴したことに感謝の言葉も見当たらない。

今から考えると僭越極まりないことだが、まだ研究者として駆け出しの私が先生の重層で緻密な理論「部落寺院制」に対して、拙稿「『部落寺院制』論への疑問——播磨国加東郡部落寺院を中心に」(『法政論叢』第三八巻第一号、日本法政学会、二〇〇一年)にて疑問を呈した論文を上梓した。先生にご指導を賜りたく、すぐに論文をお送りしたが、心のどこかで罪悪感のようなやるせない気持ちになった。そのような折の研究会で先生にお出会いした際、にこやかに微笑をたたえながらも凛とした表情で、「私の残る研究時間を和田さんへの批判論文を書こうと思っています」と、七〇歳の先生が仰ってくださったこと、本当に涙が出るほどに感無量であった。一人の研究者として、私を認めてくださった瞬間でもあった。

教育現場を知っている研究者であった先生は、いつも私にこう述べられていた。「和田さん、『研究』と『史料』と『教育』、この三つが一緒に進んではじめて部落差別解消は実現していく」と。拙著『浄土真宗と部落寺院の展開』（法藏館、二〇〇七年）、次いで『近世国家における宗教と社会』（法藏館、二〇一六年）と「研究」書を上梓してきたが、このたび「教育」書を上梓することができたことを、我がことのように喜んでくださる安達先生が目に浮かんできそうだ。

さて、近世被差別寺院を中心に宗教と政治の接点に歴史研究を進めている私が、教育分野の論考を執筆するに至るには二つの背景がある。

第一の背景は、姫路大学人文学・人権教育研究所での活動である。本研究所では市民向けの学術講座を行い、年間二回の学術雑誌『翰苑』を発刊している。学術講座においては、現在、私は「播磨の部落史に学ぶ」「学ぶ人権教育」「創る人権教育」と三つの講座を開設している。「播磨の部落史に学ぶ」では近隣地区の方々にご参加いただき、播磨地域をはじめとする近世被差別民史を具体的に考察している。「学ぶ人権教育」「創る人権教育」では兵庫県教育委員会の後援をいただき、県下の小中学校の先生方とともに、近世身分を教える社会科授業をどのように進めるべきかを検討している。現在、本書の内容をさらに具体的に授業化するにはどうすればよいかの教材開発を行っている。さらに、学術雑誌『翰苑』はそうした活動に関わる論考を発表する場となっている。本書の中核部分第Ⅱ部と第Ⅲ部は、その多くが『翰苑』での発表原稿が土台となっている所以である。

このような人文学・人権教育の貴重な研究実践の場を組織してくださったのは、姫路大学学長・本研究所所長である綱澤満昭先生である。綱澤先生には折にふれて学問の厳しさと深淵さをご指導いただいている。先生に衷心より感謝の意を申し述べたい。また、本書に収めた研究の途上において、学校法人弘徳学園共同研究費助成（テーマ「近世身分制研究を生かした社会科授業開発」）を受けている。ここに記して謝意を表す次第である。

第二の背景には、二〇一一年より兵庫教育大学大学院学校教育研究科で担当した「教員のための人権教育の理論と方法」の授業がある。当初は高校日本史教科書をはじめ、小中学校社会科教科書の変遷の背景にある近世史研究の進展について解説を行うだけであった。しかし、現職教員の院生・ストレートマスターと呼ばれる教職を目指す院生とディスカッションしていくうちに、「理論と実践の融合」の重要性を痛感した。歴史学研究者だけでは、到底達成できない研究と教育の連帯が、教育現場に軸足を有する熱心な院生の皆さんと成し遂げられるのではないかと感じ始めた。それは私がライフワークとして目指すものと一致していた。こうして熱心な院生の皆さんと大学院修了後も目的を同じく活動している。

このように、大学院授業と研究が螺旋的に高まっている充実感が味わえるのも、兵庫教育大学名誉教授であり岐阜聖徳学園学長である我が恩師の藤井徳行先生、兵庫教育大学副学長の米田豊先生、兵庫教育大学の山内敏男先生、たつの市立小宅小学校教諭の岩本剛先生のおかげである。ここに記して感謝の意を申し述べたい。

そして、何より本書の教科書資料提供においてご高配をいただいた日本文教出版の田代洋行様に感謝の意を申し述べたい。日本文教出版の教科書資料なしには本書第Ⅱ部・第Ⅲ部は成立しなかった。また、第Ⅳ部・第Ⅴ部の先行研究実践校であり、私の勤務校であった赤穂郡上郡町立上郡小学校・山野里小学校・高田小学校の先生方に心から感謝の意を申し述べたい。先生方とともに職員室で談笑しながら様々な研修を行ったことがどんなに私の人生にとって、かけがえのない時間であったことだろう。今の私を支えているのは間違いなく教育現場の子どもたちと教師集団であった。私の原点である。特に、個人的に資料提供をいただいた太子町立斑鳩小学校教諭の山本杏里先生には心から感謝の気持ちを表する次第である。さらに、第四回日本人権教育研究学会シンポジウム以降、研究交流を頂戴している公立鳥取環境大学の外川正明先生、上郡小学校の勤務時代に「合意形成」論でご示唆を賜った京都教育大学の水山光春先生にも感謝の意を申し上げたい。

これら多くの方のお力添えのもとで、本書の論考は書かれたのである。かくして小著は上梓するに至ったのであるが、これとても出版に際してご助力をいただいた慶應義塾大学の小川原正道先生、そしてミネルヴァ書房編集部の田引勝二さんの熱心なお仕事なくしては成し得なかった。心からお礼を申し述べたい。
さあ、次の仕事は本書をもとにさらに具体的授業実践の形にしていくことである。その準備はもう始まっている。

二〇一七年九月

和田幸司

人名索引

や　行

ら・わ　行

事項索引

た　行

な　行

は　行

ま・ら　行

《著者紹介》

和田幸司（わだ・こうじ）

1965年　兵庫県生まれ。

2005年　兵庫教育大学大学院連合学校教育学研究科博士課程修了。

兵庫県公立学校教員，近大姫路大学教育学部専任講師，同准教授，同教授を経て，

現　在　姫路大学教育学部教授。博士（学校教育学）。

著　作　『浄土真宗と部落寺院の展開』法藏館，2007年。

『近世国家における宗教と身分』法藏館，2016年。

「６学年『歴史学習』の授業」原田智仁編『社会科教育のルネサンス――実践知を求めて』保育出版社，2016年，など。

「士農工商」はどう教えられてきたか
――小中学校における近世身分学習の展開――

2018年３月20日　初版第１刷発行　〈検印省略〉

定価はカバーに
表示しています

著　者　和　田　幸　司
発行者　杉　田　啓　三
印刷者　江　戸　孝　典

発行所　株式会社　ミネルヴァ書房

607-8494　京都市山科区日ノ岡堤谷町１
電話代表（075）581-5191
振替口座　01020-0-8076

共同印刷工業・新生製本

ISBN978-4-623-08086-1
Printed in Japan